国家社会科学基金项目"法解释论视域下的法律文本汉译英研究"（14XFX002）最终成果

重大法学文库

法律解释视域下的
法律文本汉译英研究

Studies on the Chinese-English Translating of Legal Texts
from the Perspective of Legal Interpretation

杨署东　等著

中国社会科学出版社

图书在版编目 (CIP) 数据

法律解释视域下的法律文本汉译英研究 / 杨署东等著 . —北京：中国
社会科学出版社，2020. 7
（重大法学文库）
ISBN 978-7-5203-6759-2

Ⅰ . ①法… Ⅱ . ①杨… Ⅲ . ①法律—英语—翻译—研究 Ⅳ . ①D9

中国版本图书馆 CIP 数据核字 (2020) 第 115881 号

出 版 人	赵剑英	
责任编辑	梁剑琴	
责任校对	季 静	
责任印制	郝美娜	

出 版	中国社会科学出版社	
社 址	北京鼓楼西大街甲 158 号	
邮 编	100720	
网 址	http://www.csspw.cn	
发 行 部	010-84083685	
门 市 部	010-84029450	
经 销	新华书店及其他书店	

印 刷	北京君升印刷有限公司	
装 订	廊坊市广阳区广增装订厂	
版 次	2020 年 7 月第 1 版	
印 次	2020 年 7 月第 1 次印刷	

开 本	710×1000 1/16	
印 张	15. 75	
插 页	2	
字 数	265 千字	
定 价	98. 00 元	

凡购买中国社会科学出版社图书，如有质量问题请与本社营销中心联系调换
电话：010-84083683

《重大法学文库》编委会

出版寄语

　　《重大法学文库》是在重庆大学法学院恢复成立十周年之际隆重面世的，首批于2012年6月推出了10部著作，约请重庆大学出版社编辑发行。2015年6月在追思纪念重庆大学法学院创建七十年时推出了第二批12部著作，约请法律出版社编辑发行。本次为第三批，推出了20本著作，约请中国社会科学出版社编辑发行。作为改革开放以来重庆大学法学教学及学科建设的亲历者，我应邀结合本丛书一、二批的作序感言，在此寄语表达对第三批丛书出版的祝贺和期许之意。

　　随着本套丛书的逐本翻开，蕴于文字中的法学研究思想花蕾徐徐展现在我们面前。它是近年来重庆大学法学学者治学的心血与奉献的累累成果之一。或许学界的评价会智者见智，但对我们而言，仍是辛勤劳作、潜心探求的学术结晶，依然值得珍视。

　　掩卷回眸，再次审视重大法学学科发展与水平提升的历程，油然而生的依然是"映日荷花别样红"的浓浓感怀。

　　1945年抗日战争刚胜利之际，当时的国立重庆大学即成立了法学院。新中国成立之后的1952年院系调整期间，重庆大学法学院教师服从调配，成为创建西南政法学院的骨干师资力量。其后的40余年时间内，重庆大学法学专业和师资几乎为空白。

　　在1976年结束"文化大革命"并经过拨乱反正，国家进入了以经济建设为中心的改革开放新时期，我校于1983年在经济管理学科中首先开设了"经济法"课程，这成为我校法学学科的新发端。

　　1995年，经学校筹备申请并获得教育部批准，重庆大学正式开设了经济法学本科专业并开始招生；1998年教育部新颁布的专业目录将多个部门法学专业统一为"法学"本科专业名称至今。

1999 年我校即申报"环境与资源保护法学"硕士点，并于 2001 年获准设立并招生，这是我校历史上第一个可以培养硕士的法学学科。

值得特别强调的是，在校领导班子正确决策和法学界同人大力支持下，经过校内法学专业教师们近三年的筹备，重庆大学于 2002 年 6 月 16 日恢复成立了法学院，并提出了立足校情求实开拓的近中期办院目标和发展规划。这为重庆大学法学学科奠定了坚实根基和发展土壤，具有我校法学学科建设的里程碑意义。

2005 年，我校适应国家经济社会发展与生态文明建设的需求，积极申报"环境与资源保护法学"博士学位授权点，成功获得国务院学位委员会批准。为此成就了如下第一：西部十二个省区市中当批次唯一申报成功的法学博士点；西部十二个省区市中第一个环境资源法博士学科；重庆大学博士学科中首次有了法学门类。

正是有以上的学术积淀和基础，随着重庆大学"985 工程"建设的推进，2010 年我校获准设立法学一级学科博士点，除已设立的环境与资源保护法学二级学科外，随即逐步开始在法学理论、宪法与行政法学、刑法学、民商法学、经济法学、国际法学、刑事诉讼法学、知识产权法学、法律史学等二级学科领域持续培养博士研究生。

抚今追昔，近二十年来，重庆大学法学学者心无旁骛地潜心教书育人，脚踏实地地钻研探索、团结互助、艰辛创业的桩桩场景和教学科研的累累硕果，仍然历历在目。它正孕育形成重大法学人的治学精神与求学风气，鼓舞和感召着一代又一代莘莘学子坚定地向前跋涉，去创造更多的闪光业绩。

眺望未来，重庆大学法学学者正在中国全面推进依法治国的时代使命召唤下，投身其中，锐意改革，持续创新，用智慧和汗水谱写努力创建一流法学学科、一流法学院的辉煌乐章，为培养高素质法律法学人才，建设社会主义法治国家继续踏实奋斗和奉献。

随着岁月流逝，本套丛书的幽幽书香会逐渐淡去，但是它承载的重庆大学法学学者的思想结晶会持续发光、完善和拓展开去，化作中国法学前进路上又一轮坚固的铺路石。

陈德敏

2017 年 4 月

目　　录

第一章

绪　论

第一节　课题研究缘起

一　选题背景

中国法制现代化建设进程突飞猛进，中外法学和法律文化交流日益频繁。学术交流与文化交流需要通过语言、文字等载体来实现，而各国的语言文字都有自身的固定模式与传统，需要一个桥梁式工具将各自的模式与传统打通，使得彼此能够进入对方的领域进行融合与分离。翻译则是这一桥梁工具，语言、文化、法律文本的交际离不开翻译，因此翻译成了中外法学和法律文化交流中至关重要的一环。法律适用离不开法律解释，而法律解释又与法律文本有着密切的联系，但是目前的法律文本翻译基本上是脱离法律解释原理而进行的，这有悖于法律翻译活动的内在要求。纯粹基于传统语言、翻译理论进行的"法律翻译"仅仅是针对法律文本的躯壳进行机械解读的翻译，无法深入法律制度与文化的内核，是缺乏法律灵魂的翻译。脱离法律解释的译文无法实现体系庞杂的法律文本的等效表达，导致依托于翻译文本的法律认知问题重重。

从清代起，中国近现代法制建设开始了对西方国家法制经验的大规模借鉴，中国法制改革也大量参照了法德等大陆法系国家的西方法制经验，这使得中国法制的近代化呈现出西方化的表象。国内法体系在大量法律移植与借鉴需求下，翻译成了必不可少的工具，以引入先进的外来法文化。同时，建设中的中国法制进程在国际上占据重要的地位，影响深远的中国法制也一直是国外重点研究的对象。法律翻译在法文化的交流和传承中功不可没。但是，当前法律翻译实践存在各种各样的问题，如对原文理解不透，法律术语翻译欠妥，对不同法律文化认知错误，译文表达缺乏法律等效，等等。这些问题是造成目前中外法学和法律文化交流困难的主要障碍之一，影响到了法律的传承，甚至威胁到法律的实现。对此，法学界感觉尤为明显，是法学界的一大普遍认知。

如何才能让译者在法律翻译实践中对源语言进行正确通透理解、准确地表达译文、对译文进行有效的翻译检验，以确保译文表达准确不失真，从而获得一个优秀的翻译文本，最终实现法进程的畅通无阻，是学界最关注也是最亟待解决的重大难题。法律翻译实践，尤其是法律文本的翻译，需要法学理论、语言理论、翻译理论的指引和运用。通观现实，法律翻译中存在的问题不仅产生于翻译活动的"原文的理解"和"译文的表达"环节，还存在于"达意的验证"环节。导致问题产生的原因不仅是对源语言的理解出现偏差和译文表达的不到位，还在于忽略了翻译活动的"达意验真"所致，未能在理解和表达后及时、正确地进行翻译验证。在关键性的翻译验证环节，仅使用其他非法律解释的验证方法不足以使法律翻译目标成功实现，从而直接导致了法律翻译的失真。法谚云"法律不重诵读，而重解释"，由此可见，法律解释有利于作者对源语言的准确解读、有助于译文的等效表达和对译文的达意验真。

二　研究意义

近年来，中外法律文化交流日益频繁，大量中文法律文本被译成英文。不可讳言，法律文本汉译英中存在诸多问题，如对原文理解不准确，译文表达背离原意等。[1] 法律文本汉译英中存在的问题大多产生于"原文的理解""译文的表达"和"达意的验证"三大环节，主要是翻译失真问题。法律语言作为一种专门技术语言，具有自己的解码规则和范式，只有掌握这些规则和规律，译者才能知其所以然。[2] 法律解释理论对于译者正确理解原文是大有裨益的，同时对于译文的等效表达和达意的验证也是很有帮助的，将源语言转换为目标语言时的选词用句要受制于目标语言法律

---

① 金朝武、胡爱平：《试论我国当前法律翻译中存在的问题》，《中国翻译》2000 年第 3 期。

② 宋雷、张绍全：《英汉对比法律语言学》，北京大学出版社 2010 年版，"序言"。

体系所施予的法律解释规则。

　　但是，当前的法律翻译研究更多的是针对翻译中所涉及的语言理论和翻译理论而展开，将法律解释理论用于法律翻译实践的研究并不多见，将法律解释理论系统地用于法律文本汉译英翻译实践的研究尚无人涉猎。本书研究"运用法律解释理论来指引法律文本汉译英活动中的'理解、表达、验证'三大环节，以实现法律文本翻译的法律等效表达"这一新命题，意在将法学理论与语言学、翻译学理论有机结合，系统地运用法律解释理论来指引法律文本汉译英翻译实践，必将开拓译者的视野，扩大法律解释理论和法律翻译理论疆界；① 有助于解决法律文本翻译失真这一现实问题，有利于法律翻译事业的发展。

（一）拓展法律解释适用

　　法律解释理论能指导裁判者解释法律，以保障裁判者准确无误地理解法条、阐释和运用法律规范，从而最终实现法律的预期性和妥当性，从根本上实现法律公平正义之精神。"徒法不足以自行"，法律解释理论的中心任务就是将作为抽象表述的法律规范或法律文本进行解释，使得裁判者能够准确发现、解释和适用裁判规则。本书突破了法律解释理论仅为法官等裁判者所用的主体范围，法律文本的翻译人员也可利用法律解释规则进行法律翻译解释，帮助实现法律翻译目标，从而拓展了法律解释理论的适用疆域。

（二）解码法律翻译规则

　　翻译难，法律翻译更难，难就难在译者常常缺少对法律翻译所涉理论的系统、全面认知；无论法律翻译活动如何展开，如果没有系统理论的正确指引，只能是一种形而下的活动，是一种盲目的徒劳。法学理论渗透在法律翻译规则本身之中，只通过语言学或者翻译理论来解码法律翻译规则是不全面、不完整的。因此，通过法律解释理论的引入，对法律翻译规则进行归纳提炼，才能从根本上实现法律翻译的目标，这是法律翻译中达意准确、避免失真的基本前提。

（三）探索法律翻译实践

　　法律翻译方法从过去的语言学和翻译学方法到融入法学方法，是法律翻译方法的重大突破。其意义不仅在于发现法律翻译的新方法，更重要的

---

　　① 宋雷、张绍全：《英汉对比法律语言学》，北京大学出版社 2010 年版，第 220 页。

是能为法律翻译提供新的理论指导和操作标准，凸显法律翻译实践的流程与环节，尽可能地避免法律翻译的失真，解决法律翻译实践中面临的真问题。

第二节　研究现状

一　国内研究概况

（一）法律文本汉译英的语言学研究

该领域研究主要集中在文体学和对比语言学方面。文体学理论认为，法律语言具有庄重性、权威性、严谨性、准确性和专业性等特点，掌握源语言和目标语言的上述特点是翻译法律文本的根本；[①] 对比法律语言学从汉、英双语对比视角研究法律领域中的语言运用以及法律语言翻译的基本理论与实践活动[②]。

（二）法律文本汉译英的翻译学研究

该领域研究主要涉及一般翻译标准与方法的遵循与运用问题，如玄奘提出的"既须求真又须喻俗"翻译标准，严复提出的"信、达、雅"翻译标准，鲁迅提出的"信（忠实）与顺（通顺）"原则；[③] 苏联翻译理论家巴尔胡达罗夫提出的"必要和足够层次的翻译是等值翻译，层次偏低的翻译是逐词死译，层次偏高的翻译是意译"[④]；等等。

（三）法律文本汉译英的法律解释学研究

法律解释学研究主要涉及法律适用的解释问题：从研究目的来看，法律解释学旨在为裁判者准确阐释法律、寻找讼争案件的裁判依据提供方法指导，法律解释学的中心任务就是保证法官能够准确解释和适用法律[⑤]；偶有涉及译文表达的，如"使用法律解释来处理模糊词语的模糊问题，也

---

① 孙万彪：《汉英法律翻译教程》，上海外语教育出版社 2004 年版，第 267 页。

② 宋雷、张绍全：《英汉对比法律语言学》，北京大学出版社 2010 年版，"序言"。

③ 管新平、何志平：《汉英等效翻译》，华南理工大学出版社 2006 年版，"前言"第 1—2 页。

④ ［苏］巴尔胡达罗夫：《语言与翻译》，中国对外翻译出版公司 1985 年版，第 10—12 页。

⑤ 王利明：《法律解释学》，中国人民大学出版社 2011 年版，第 20—22 页。

是常用的方法"①。

二 国外研究概况

国外法律文本翻译研究也主要集中在一般翻译原则与标准的遵循和运用上，最突出的特点是注重功能的等效：在好的翻译文本中，原著的优点完全移注入另一种语言，从而使另一种语言所属国家的人能够获得清楚地理解和强烈的感受，程度与使用原著语言的人相等。② 功能翻译理论认为，译者的主要任务是在翻译中设法使源语言与目标语言之间达到几乎完全的等效，即译文达到法律功能上的等效。③ 德国功能翻译理论家提出了翻译目的论和翻译行为论，并将此确定为功能翻译理论的核心。翻译目的论认为，翻译是一种转换，应遵循的首要法则是"目的法则"；翻译行为论则认为，翻译行为的参与者不仅包括行为发起者及译者，还应包括翻译译文使用者即信息接受者。④ 同时，也注重翻译中的解释问题："翻译始终是解释的过程，是翻译者对先给予他的语词所进行的解释过程。"⑤

三 研究现状评析

综观这些研究不难发现，国内外研究与论著大多是从语言理论和翻译理论入手的，鲜见从法律解释理论入手对法律文本汉译英活动进行系统性的全面研究，法律解释理论研究与法律文本汉译英翻译理论研究极少产生关联。法律解释学是一个综合性学科，它不是封闭性的，⑥ 从法律解释学角度审视法律文本汉译英翻译失真问题，有利于这些问题的真正解决，也有助于法律解释学自身的发展与完善。同时，在运用法律解释理论指导译文表达的法律等效和对译文进行达意验证方面目前依然还是研究空白，法律文本汉译英中运用法律解释规则指引译文表达的法律等效和运用法律解

---

① 余素青：《法律语言与翻译》（第二辑），复旦大学出版社 2011 年版，第 5—8 页。

② Sarcevic Suan, *New Approach to Legal Translation*, NED: Kluwer Law International, 1997, p. 35.

③ Eugene A. Nida, *Toward a Science of Translating*，上海外语教育出版社 2004 年版, p. 17。

④ Ibid., p. 20.

⑤ Ibid., p. 21.

⑥ 陈金钊：《法律解释学——权利（权力）的张扬与方法的制约》，中国人民大学出版社 2011 年版，"自序"第 3 页。

释规则进行译文表达的达意验真，是法律翻译的一个不可或缺的应然要求，直接关系到能否避免达意失真、有效实现法律翻译目标，值得对此进行深入的研究。

第三节　研究设计

一　研究目标与思路

（一）研究的主要目标

1. 运用法律解释理论对法律文本汉译英活动进行实证研究，总结、分析法律文本汉译英失真问题及其成因，并予以类型化，为探求法律文本汉译英失真问题的解决对策之"果"打下"因"的基础。

2. 对法律解释理论在法律文本汉译英活动中的运用问题进行探究，探讨法律解释理论在法律翻译中的适用性，并提炼基于法律解释的法律文本汉译英主要环节的方略。

（二）研究的基本思路

本书以法律解释理论为视角和基准，着眼于法律文本汉译英活动的三大关键环节——原文的理解、译文的表达和达意的验证，以问题分析为出发点，以理论构建讨论为重心，以原则、标准与方法提炼为依归；以问题为主线，从问题的剖析出发、回归问题的解决，突出问题意识、紧扣问题线索。

详见图 1-1：

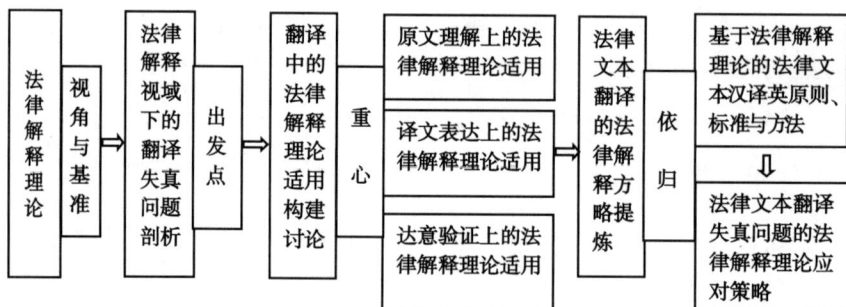

图 1-1　研究基本思路

二 研究内容与基本观点

（一）研究的主要内容

本书首先在第二章对"法律解释视域下的法律翻译命题"进行了理论建构讨论，其后以此为理论基础，主要研究如下四大方面内容：

1. 法律文本翻译的失真问题剖析。

本部分旨在对法律文本汉译英活动进行实证研究，选取代表性汉译英文本，以法律解释理论为基准进行原文与译文的比较对照，分析存在的翻译失真问题及其成因，并予以类型化。

2. 法律文本翻译的源语言真意探究。

本部分旨在对原文理解的法律解释理论适用进行构建讨论，梳理法律解释的基本原则和方法，厘清法律翻译之法律解释与法律适用之法律解释的异同，厘定法律翻译理解中常见的法律解释问题以及应遵循的解释原则与方法，进而探讨如何利用法律解释理论去探究源语言真意。具体包括法律解释的基本问题、法律翻译解释与法律适用解释的关系、法律解释理论在原文理解中的具体运用等主要研究内容。

3. 法律文本翻译译文的法律等效表达。

本部分旨在对译文表达的法律解释理论适用进行构建讨论，分析法律解释在法律翻译表达中的价值和要求，探讨如何利用法律解释理论在目标语言中实现源语言的真意表达，达成法律等效翻译目标。具体包括法律解释理论的等效翻译内涵与要求、法律等效表达上的亏欠问题、法律解释理论在译文法律等效表达中的具体运用等主要研究内容。

4. 法律文本翻译的目标语言达意验真。

本部分旨在对达意验证的法律解释理论适用进行构建讨论，分析法律解释理论的验证功能，厘定基本的验证方法和手段，探讨如何运用法律解释理论来检验目标语言是否表达了源语言真意，是否实现法律等效翻译目标。具体包括运用法律解释理论进行达意验真的必要性与可行性、法律解释理论的达意验真维度、法律解释理论在达意验真中的实际运用等主要研究内容。

本书第 1 部分内容立足于"问题分析"，第 2、3、4 部分内容侧重于"理论构建与方略讨论"，以第 2、3、4 部分的法律解释理论适用构建讨论为基础，提炼基于法律解释的法律文本汉译英原则、标准与方法，进而寻求第一部分归纳问题的应对之策，这是本书研究的最终目标，包括法律文本汉译英的法律解释方法论、翻译失真问题的法律解释理论应对策略等主要研究内容。

(二) 研究的基本观点

1. 法律适用之法律解释不等同于法律翻译之法律解释，法律翻译中的法律解释与法律适用中的法律解释存有诸多共性，也有其独特性。

2. 法律翻译的首要标准是准确不失真，该标准贯穿法律英译的三个环节：原文理解环节、译文表达环节和达意验证环节。法律解释理论不仅有助于法律文本的原文理解，还具有译文的法律等效表达价值和达意的验真功能。准确不失真标准的核心内涵就法律等效，需要从法律解释学中寻求法律方法论的指引，以全面迁移和传达法律文本原文含义，达成法律等效目标。

3. 法律等效是法律翻译的终极目标，法律解释理论在实现法律等效上不仅具有指引性价值，同时还具有工具性价值。法律解释是实现法律等效的指导和方法，法律等效是法律解释运用追求的结果和目标；二者是相辅相成的，是目标和实现目标方法的关系。法律等效在法律翻译中是基于四个方面的等效实现：立法意图、法律信息、立法语言的独特性和法律适用效果。

4. 法律等效表达需要经历如下步骤：法律等效表达的基础和出发点——原文理解形成的法律真意；法律等效表达宏观策略确定——转换过程中法律解释指导下的法律等效思考；法律等效表达实际操作——法律解释指导下的译文选择和法律等效表达。

5. "达意验真"是法律翻译必需的"对等检验"验证环节。法律翻译的"达意验真"包含"达意"和"验真"两方面的内涵，要经历三个子步骤：为了验证译文效果对译文进行译文环境下的理解；形成译文效果 (译者对译文的理解/译者预期读者对译文的理解)；将译文效果与原文效果对比检验是否实现法律等效。

6. "达意验真"主要是检验以下三个维度的"真"：验证翻译过程的严谨性，此为"逻辑真"；验证翻译 (解释) 方法的合理性，此为"方法真"；验证译文结论的妥当性，此为"结论真"。"达意验真"中的任一环节都包含法律解释的验证参与，能够有针对性、更专业地检验法律文本翻译的法律等效效果。

三 研究方法与创新

（一）研究的主要方法

1. 选样分析与统计分析相结合的实证研究方法。

本书将选取有代表性的汉译英文本进行统计分析，对当前法律文本汉译英实践中存在的原文理解、译文表达与达意验证问题进行实证研究。

2. 比较分析的研究方法。

本书将比较法律适用之法律解释和法律翻译之法律解释的异同，探求适宜于法律翻译的法律解释原则与方法。同时，在法律文本汉译英实证研究环节，对选取的代表性中文法律文本及其译文进行比较对照，以揭示存在的原文理解不准确、译文表达不对等、验证结果不等效等问题。

3. 演绎与归纳相结合的研究方法。

本书将对法律解释理论进行学理论证分析，并在其指引下归纳提炼出适宜于法律文本汉译英活动的原则、标准和方法。

4. 运用计算机辅助技术的研究方法。

在对汉译英法律文本选样和实例分析中，充分运用法律文本汉译英数据库，并运用计算机辅助技术帮助检索和分析。

（二）研究的创新之处

1. 研究思路的创新。

从语言理论和翻译理论视野研究法律翻译问题是惯常的法律翻译研究路径，但从"法律解释"视野来研究法律翻译问题目前鲜见，是一全新的研究领域。

2. 研究视野的创新。

本书从问题剖析出发，着眼于法律文本汉译英的三大关键环节——原文的理解、译文的表达和达意的验证，而不是传统的"原文的理解和译文的表达"两大环节，并从"法律解释"视角展开，迥异于传统的法律文本汉译英研究思路，是理论建构与实证分析于一体的综合性研究、探索性的法学与语言学交叉学科研究。

3. 研究方法的创新。

本书运用计算机辅助技术，这是法学研究中并不常见的研究技术运用。

4. 具体观点的创新。

前述研究立足的六大主要观点均是本书提出和强调的新观点。

第二章

法律解释视域下的法律翻译命题

随着各国在政治、经济、教育文化、科学技术等方面的相互依赖性日益增强，"法律翻译也变得不可或缺"①。依据翻译所承担功能，法律翻译可分为"法律法规翻译、法律资讯翻译、司法文书翻译等"②，法律法规翻译就是本书特指的法律文本翻译。我国法律法规的英译理论研究和实践工作随着法律领域中"国际交流与合作的深化也逐步发展和壮大"③，已经历了"入世后的高峰发展阶段"④。根据中国翻译研究院、中国翻译协会于2017年5月联合发布的《2016中国语言服务行业发展报告》显示，我国"语言服务业整体的中译外业务占比已经分别超过外译中和外译外业务"⑤。随着改革开放的深入，我国的翻译需求已经从对内译介西方文化文明为主转变为对外译介中国文化文明为主；随着走出去战略进一步地加大，我国法律文化走出去拓宽国际交流需求也进一步凸显出来，法律文本的翻译，尤其是中文法律法规的英译"已变得日益迫切，也得到了越来越多的重视"⑥，主要体现在以下几个方面。

第一，翻译制度完善。国务院办公厅在2003年就发布了《关于做好行政法规英文正式译本翻译审定工作的通知》，详细规定了行政法规英文

---

① 李克兴、张新红：《法律文本与法律翻译》，中国对外翻译出版公司2006年版，第6章。

② 张思洁：《法律英语翻译读本》，南京大学出版社2012年版，第1页。

③ 张新红：《文本类型和法律文本》，《现代外语》2001年第2期。

④ 杜金榜、张福、袁亮：《中国法律法规英译的问题和解决》，《中国翻译》2004年第5期。

⑤ 中国翻译研究院、中国翻译协会：《2016中国语言服务行业发展报告》，外文出版社有限责任公司2017年版，第64页。

⑥ 李克兴、张新红：《法律文本与法律翻译》，中国对外翻译出版公司2006年版，第6章。

正式译本翻译、审定工作职责，行政法规英文正式译本的质量，行政法规翻译、审定工作程序，行政法规英文正式译本的对外使用，行政法规英文正式译本翻译、审定工作的组织和保障等事项，还具体规定了行政法规的英文正式译本面世的时间限制，对翻译机构、翻译人才和翻译经费也做了要求。

第二，翻译队伍壮大。就官方机构而言，有全国人大法工委组织进行的法律英译，有国务院法制办公室组织进行的行政法规英译，还有地方政府法制机构组织进行的地方性法规和政府规章英译。除此之外，北大英华公司和北京大学法律翻译研究中心也共同进行了大规模的法律法规英译工作。

第三，翻译成果丰硕。据中国译协网所载张福的《我国法律法规规章对外翻译基本情况》，中国特色社会主义法律体系中，"宪法以及230多件法律已经由全国人大法工委组织翻译成英文，并出版了22本英文法律汇编；700多件行政法规已经由国务院法制办组织翻译成英文，并出版了21本《中华人民共和国涉外法规汇编（中英文对照）》；4500多件地方性法规和政府规章已经由有关地方政府法制机构翻译成英文"①。

除开这些出版物，在互联网上也能方便地检索大量的法律法规规章的英语译文。中国法制出版社网站提供的"法律法规公共服务信息系统"含有中英文对照法律法规大约有780篇；② 北大英华公司的"北大法宝—英文译本检索系统"为用户提供917部法律、1336部法规、10471篇规章、3089部地方政府法规规章和1312篇司法解释的英语译文③。

2014年10月十八届四中全会通过了《中共中央关于全面推进依法治国若干重大问题的决定》，无论是从法治社会建设需要还是从法律文化国际交流需要看，法律法规的英译理论研究和实践正在进入一个新的历史发展阶段，其重要性和文化战略意义也得到空前提升。但是，我国法律法规英译虽经历多年来的起步和发展，已得到很大改善和提高，但仍存在理论

---

① 张福：《我国法律法规规章对外翻译基本情况》（http://www.tac-online.org.cn/ch/tran/2011-10/17/content_4548684.htm）。

② 法律法规公共服务信息系统（http://fagui.zgfzs.com/）。

③ 北大法宝—英文译本检索系统（http://en.pkulaw.cn）。

和实践上基础性问题不清的状况，法律翻译研究和实践仍然是局限于语言学和翻译学视域，法律解释等法学理论和方法在法律翻译领域的研究和运用并不多见。

第一节　法律翻译中的法律解释价值

关于法律翻译是否需要法律认知指导、经由法律解释阐释的根本性问题，不少专家、学者已从理论角度论述了法律认知对法律翻译的重要价值。他们强调："法律译者除了需要具备基本的翻译学、语言学理论与技能外，也需要对源语言和目的语言国家或地区的宏观法律体系、法律文化、法律程序和法律语言等法律背景知识有系统性和基础性的了解和认知。"[1] 还特别强调了法律翻译者知晓法律语言可能产生的法律效果和后果（legal impact and consequence）的重要性。[2] 要了解法律语言产生的法律效果和后果，自然需要在法律翻译中运用法律解释规则来准确理解源语言的法律内涵，在目的语言里转化成等值的法律内涵并予以恰当表达，然后到目的语言的法律语境里通过法律解释方法验证源语言的法律内涵是否得到等效表达。只有在法律解释理论指导下，经过理解、（转换）表达、验证几大步骤，确保法律等效在各环节中得以实现，才能保障法律文本翻译的法律等效。

在实践层面上，不少学者也指出："法律译者法律认知匮乏、缺少法

---

① Eugene A. Nida, *Toward a Science of Translating*, 上海外语教育出版社 2004 年版，p. 4, 241; Enrique ALcarazand Brian Hughes, *Legal Translation Explained*, 上海外语教育出版社 2008 年版，p. 153; Deborah Cao, *Translating Law*, 上海外语教育出版社 2008 年版，p. 117; 李克兴、张新红:《法律文本与法律翻译》，中国对外翻译出版公司 2006 年版，第 7 章、第 8 章; 李克兴:《高级法律翻译与写作》，北京大学出版社 2013 年版，第 32 页; 李克兴:《法律翻译——理论与实践》，北京大学出版社 2007 年版，第 1 页; 屈文生:《中国法律术语对外翻译面临的问题与成因反思——兼谈近年来我国法律术语译名规范化问题》，《中国翻译》2012 年第 6 期; 张天飞:《法律法规的英译文本现状探析》，《考试周刊》2009 年第 46 期; 杜金榜:《法律交流原则与法律翻译》，《广东外语外贸大学学报》2005 年第 4 期; 张新红:《文本类型和法律文本》，《现代外语》2001 年第 2 期。

② Deborah Cao, *Translating Law*, 上海外语教育出版社 2008 年版，p. 7。

律解释理论指导是造成法律译文失真的重要原因之一。"①《布莱克法律词典》（第 10 版）*Black's Law Dictionary*（10th Ed.）扉页上的免责说明文句 "…this publication is not a substitute for an attorney's advice…" 表明，法律语言释义不等于法律解释，法律译者除需要从语言释义出发，还要综合考虑多种因素。沙尔切维奇（Sarcevic）和哈特（Hart）都明确指出："在法律文本的局部语境中，司法人员在其法律体制下所做的法律适用解释才是法律文本的鲜活意义"②，这样的鲜活意义正是法律翻译"理解的开始""表达的对象"和"验证的标准"。不仅词汇是这样（比如，常用词 case 在不同法律语境下意思可以各有不同③），句式结构、宏观语篇也是如此。

第二节　法律解释下的法律翻译过程

对翻译过程的研究历史悠久、角度多元，奈达总结了语用学、逻辑学、神经学、生理学、生物学和符号学以及交际理论对于翻译活动的认知④，然后从技术（technical procedure）和语篇（organizational procedure）两个角度做了非常详尽、富有操作性的描述⑤。后来其又与泰伯一起精简地提出了三段翻译过程理论，描述从原语（源语言）到接受语（目的语）经历的分析、转移、重构过程;⑥ 恩星克·阿尔卡拉兹（Enrique Alcaraz）和布赖恩·休

---

① 李克兴、张新红:《法律文本与法律翻译》，中国对外翻译出版公司 2006 年版，第 7 章;屈文生:《中国法律术语对外翻译面临的问题与成因反思——兼谈近年来我国法律术语译名规范化问题》，《中国翻译》2012 年第 6 期;李德凤、胡牧:《法律翻译研究——现状与前瞻》，《中国科技翻译》2006 年第 3 期。

② Sarcevic Suan, *New Approach to Legal Translation*, NED: Kluwer Law International, 1997, p. 60; Hart, H. L. A, "Definition and Theory in Jurisprudence", *The Law Quarterly Review* 70, 1954, pp. 37-60.

③ Enrique ALcaraz and Brian Hughes, *Legal Translation Explained*, 上海外语教育出版社 2008 年版, p. 174。

④ Ibid., p. 5.

⑤ Ibid., pp. 241-251.

⑥ 李克兴:《高级法律翻译与写作》，北京大学出版社 2013 年版，第 21 页。

斯（Brian Hughes）将其概括为理解、表达、验证三阶段。① 此外，有声思维派的"五步（七步）策略论"提及了译者在翻译过程中为实现等值采取的各种策略；② 认知语言学和心理学在描述翻译过程时体现了译者本身的认知与原文和译文的互动；③ 语用学和交际理论将语境概念引入原文理解和译文表达环节之中④。在法律翻译专业领域，李克兴强调作者、文本、读者三个要素，⑤ 在静态对等模式下提出了专门针对法律翻译的五步战略⑥。综观这些分析，我们可以概括性地得出：与其他类型的翻译一样，法律翻译从宏观上也会经历原文的理解、译文的（转换）表达、达意的验证这几大步骤。需要指出的是前两大步骤也就是奈达、泰伯提出来的分析、转移和重构，而验证环节在译者做翻译评判时均会有意识无意识进行。法律翻译的准确不失真要求极高，因此有必要将验证环节凸显出来，作为法律翻译的一个必要步骤，以确保译文的准确和法律等效得到程序上的保障。

法律翻译步骤明确之后，法律解释指引下的法律翻译活动与其他翻译活动会有什么不同呢？我们可以通过图 2-1 来做进一步了解：

图 2-1 直观地展示了立法文本翻译译者完成一个翻译单位活动的基本流程。从宏观上看，立法文本翻译要具体经历如下环节：

（1）原语环境下的原文理解（环节Ⅰ1）；

（2）形成原文效果（译者对原文的理解）；

（3）思考将原文理解转化成译文（环节Ⅱ1）；

（4）按照译文规则编码表达（环节Ⅲ2）；

（5）为了验证译文效果，对译文进行译文环境下的理解（环节Ⅰ2）；

（6）形成译文效果（译者对译文的理解/译者预期读者对译文的理解）；

（7）将译文效果与原文效果对比检验是否实现法律等效（环节Ⅲ）。

此外，将法律解释引入立法文本翻译之后，立法文本翻译还有自己独

---

① Enrique ALcaraz and Brian Hughes, *Legal Translation Explained*，上海外语教育出版社 2008 年版，p. 23。

② 李克兴：《高级法律翻译与写作》，北京大学出版社 2013 年版，第 21—22 页。

③ 同上书，第 22—25 页。

④ 同上书，第 23—24 页。

⑤ 同上书，第 22 页。

⑥ 同上书，第 31 页。

特的特性和要求，具体表现在：

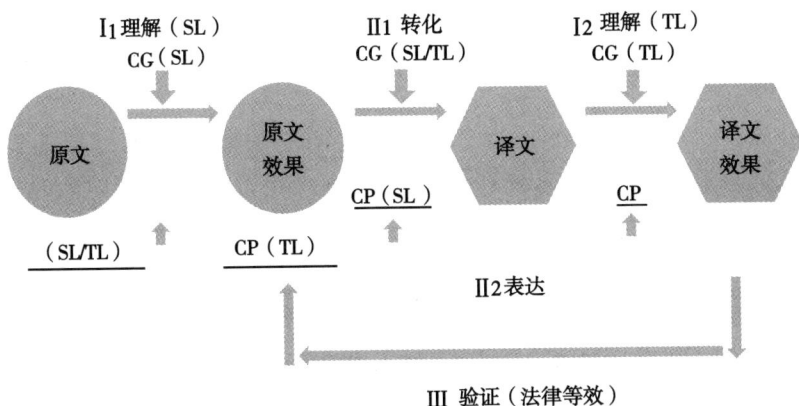

图 2-1　法律解释运用下的法律翻译活动流程

A. 缩写说明：

SL：Source Language（源语言）

TL：Target Language（目的语言）

CG：Competence in General Field（非职业领域能力），包括语言学、翻译学、符号学、交际学等非需要调用某一专门职业领域内知识和实践经验的能力。

CP：Competence in Professional Field（职业领域能力），包括法律、金融、医学、建筑等需要调用某一专门职业领域内知识和实践经验的能力，在法律翻译中尤其是指法律职业能力。

B. 颜色说明：

由于源语言和目的语言在不同的语言环境和法律环境下，所以图 2-1 采用不同的线条以示区分。

在 CP 作用的环节图示均用线条凸显，以表示该环节有法律解释原则和方法对法律翻译发挥效用。

　　其一，非职业领域能力（CG）和职业领域能力（CP）共同作用形成真意理解、真意表达，实现法律等效。

　　立法文本翻译不仅要运用语言学、语用学、逻辑学等通用的专业知识来解码原文，编码译文，同时也需要运用某一专门职业领域内的知识、方法和经验，特别是法律领域内的知识和方法，[1] 其具有语言层面和法律层面的双操作性[2]。法律解释规则就是法律领域内一项重要的、具有实际指导性和操作性的专门知识和方法。从图 2-1 上也可以清晰看出，CG 和 CP

---

① 张新红、姜琳琳：《论法律翻译中的语用充实》，《外语研究》2008 年第 1 期。

② 张新红：《文本类型和法律文本》，《现代外语》2001 年第 2 期。

在源语环境和目的语环境中共同作用，帮助译者寻求原文的真意理解和译文的对等表达，并进一步理解译文，以验证译文效果。

其二，法律解释在不同的法文化和法语境中以各自的规则指导着译者。

就法律文本英译工作而言，译者从汉语立法语篇出发，在环节 I 1 的原文理解中，使用法律解释原则和方法对我国法律法规进行法律解释，在 CG 和 CP 共同作用下形成原文理解。在环节 I 2 的译文理解过程中，译者面对的是英文译文，需要从译文读者（主要是英语语言国家和地区的法律专业人士）角度来解读译文，这时也需要使用英语语言国家和地区的法律解释原则和方法。在环节 II 1（转化）和环节 II2（表达）过程中，两种法律体系下的法律解释原则和方法都要在译者思维里发挥作用。由此可见，法律翻译是跨法系的语言活动，在理解和表达环节会适用不同法律体系下的法律解释原则和方法。在衡量表达基础（即原文理解）是否准确时，需要使用法律解释原则和方法；在考虑译文编码过程中为形成法律等效的译文效果，需要考虑英语语言国家和地区的法律解释原则和方法。

其三，法律翻译的终极目标是实现译文效果与原文效果的法律对等。

追求目的语读者和源语读者可以"同样顺利获得相同或基本相同的信息"① 是所有类型翻译追求的目标。具体到法律翻译中，也是要实现原文效果和译文效果对等。所不同的是这里的对等，不只是信息的基本对等，也不只是奈达所提到的"主要精神、具体事实、意境气氛"② 的对等，而是一种法律等效，它有着自己特有的内涵、要求和实现方式。对此，我们将在第五章里进行详细讨论，这里有必要特别说明的是：译者对原文理解后形成的原文效果和对译文理解后形成的译文效果，即对汉语立法文本的理解和对立法文本英译译文的理解，很有可能会与原文作者（汉语立法者）的表达意图、译文读者（英语语言国家和地区的法律专业人士）的译文理解有偏差，这其实就是在实践中出现的理解失真和表达失真，但这并不能否定追求法律等效是译者活动的终极目的。

---

① 金隄：《等效翻译探索》（增订版），中国对外翻译公司 1998 年版，第 40 页。

② 同上书，第 18 页。

第三节　法律解释下的法律翻译范畴

法律解释在法律翻译中的运用必然涉及法律解释、法律翻译、翻译解释、翻译验证等几个基本范畴问题。法律解释属于法学概念范畴，而法律翻译、翻译验证则归属于翻译学概念范畴。但是它们并非完全分离与对立，所包含共通之处使得它们结合成为法学和法律语言学以及翻译学的交叉学科，互相在对方的领域内渗透影响、汲取优势，进而使得彼此能够在一定程度上融合，指导各方实践。法律翻译中翻译解释的交叉学科性尤为明显，法律解释理论对法律翻译发挥着法学指导的作用，法律翻译和翻译验证又能通过对文本的精准翻译促进法律解释发挥其功能，从而保障法律实效的实现。

一　法律解释

每当人们论及法律解释时，大多只与法律适用中的法律解释有关，很少直接涉及法律翻译中的法律解释问题。但事实上，在法律翻译中也需要对法律进行解释，才能更好地理解法律原文并在译文中予以法律等效表达，法律翻译也必然存在法律解释问题。

（一）传统意义上的法律解释

传统意义上的法律解释，在英文中称为"Statutory Interpretation"，德文为"Gesetzesauslegung"，都是指"针对成文法所作的解释，是解释主体对法律文本进行理解和说明的活动"①。首先，成文法具有概括性和抽象性特征，因此只有将成文法进行解释之后才能具体适用。此外，法律总是具有不完善性和滞后性的，这需要借助法律解释来填补其漏洞和弥补其不足，从而让现有社会关系得到有效调整。如果我们不重视法律解释，成文法在现实生活中就难以明晰，法律与现实生活相比较之不确定性难以确定，其漏洞难以得到填充，立法机关所创立的法律只能是纸上的法律。因此，"法律解释是维持法律生命力的心脏"②，是法律从纸上走向生活的

---

① 王利明：《法律解释学》，中国人民大学出版社 2009 年版，第 11 页。

② 陈金钊：《法律解释及其基本特征》，《法律科学》2000 年第 6 期。

工具。

法律解释与一般的解释相比，有一定的共性，都依赖于自己的概念框架，都是以文本对象为载体，都受到解释学循环和语境因素的影响，但是法律解释也有自身的独特性：

1. 主体的特殊性

传统意义上，解释主体主要是法官。法官在个案中对相关法律规范进行法律解释。法律解释学是从裁判者解释法律的活动出发，"总结规律后又反过来指导法律适用活动"①，并为其提供理论基础，因而法律解释学一般以法官的解释活动为考察对象。

2. 对象的特定性

通说认为，法律解释的对象是法律文本。解释活动是基于一定方法对法律文本进行理解和阐释。成文法背景下法律的安定统一性的保持很大程度上需要依靠固定的文本形式来表现，因此，法律解释不得脱离法律文本，法律解释学与其他解释学不同之处就在于其解释对象是法律文本而非其他专业文本。

3. 结论的效力性

一般的理论性研究和探讨仅具有一定的学术意义和参考价值，而传统意义上的法律解释是法官在个案之中探求法律的应有含义并作出相应的裁判。当解释被确定下来写入判决书以后，法律解释就产生了相应的拘束力。

4. 方法的专业性

法律解释是综合了逻辑、经验和实证结论的阐释和说明。法律解释必须以法律适用为目标来对法律实务进行规律性总结，其实质就是一法律适用的过程，因此需要具有经验的法官来进行总结，具有较强的经验性。法律解释不仅注重应用层面的实践效果，也相当重视理论层面的逻辑分析，法律解释也具有极强的逻辑性，所以在解释中需要严格遵循法律解释规则，并运用专业的法律解释方法。

法律解释方法分为狭义的解释方法和广义的解释方法。狭义的法律解释，是指在法律文义范围内，"采用文义解释、论理解释等方法来确定法

---

① 陈金钊：《法律解释的哲理》，山东人民出版社 1999 年版，第 41 页。

律文本的含义"①。我国学说总结的狭义解释方法主要有十种：文义解释、体系解释、当然解释、反面解释、目的解释、限缩解释、扩张解释、历史解释、社会学解释、合宪性解释。广义解释方法主要包括不确定概念与一般条款的具体化和漏洞填补的方法。不确定概念是一种价值上的判断，对法律主体的行为提供必要的指引，比如民法中的"公序良俗"和"诚实信用"表达的是立法者作出的应然性指导规范；一般条款是基于避免法典内容过于庞杂，立法便坚持"宜粗不宜细"的指导思想，这在大陆法系的侵权责任法中体现得尤为明显。不确定概念和一般条款很难通过文义解释方法或其他狭义解释方法进行界定，所以必须用类型思维方式进行具体化操作。法律始终存在不完善之处，法典不可能没有缝隙，因此漏洞填补方法也成为狭义法律解释方法的必要补充，因为法律漏洞是无法借助狭义法律解释方法得出妥当性结论的。

法官适用法律之前必须得出一个形成了逻辑体系的解释，而这需要在法律解释方法的具体运用中注意各种方法的相互结合和相互辅助。第一，进行文义解释，若结论的含义清晰，则不需要使用其他解释；如果文义解释的含义存在复数解释可能性，则需要运用论理解释和社会学解释等其他法律解释方法。第二，各种狭义的解释方法有自己的适用要求和先后顺序。第三，法官在进行狭义的法律解释后方可运用概念与一般条款的具体化、漏洞填补等广义法律解释方法进行解释。

（二）法律翻译中的法律解释

传统意义上的法律解释外延较狭窄，它是给法律人以研究工具、方法、技术等知识的科学，但本书意在探求利用法律解释理论服务法律翻译实践这一法律边缘学科，提出了法律解释下的法律翻译命题。法官所作的有权解释是法律人职业群体智慧的结晶，它代表了法律职业群体对于法律的认知。法律翻译人员在有一定法律基础的前提下完全可以参照法官的解释对于一些有分歧、阐释不明、有漏洞的翻译文本原文和译文进行相应的翻译解释，该解释不涉及效力性问题，但是却是以效力性解释为参考，具有解释的专业性和权威性，能有效地促进法律翻译目标的最终实现。

法律解释能很好地指导法律翻译实践，若能有效地将法律解释运用于法律翻译的三大环节——原文的理解、译文的表达以及达意的验证，精准

---

① 杨仁寿：《法学方法论》，三民书局 1986 年版，第 123 页。

的译本则能促进法律解释发挥其功能，实现法律实效，成功完成法律翻译的使命。从现有研究来看，法律解释理论仅在翻译的前两个环节有少许运用，还尚未涉足于翻译验证环节。

1. 原文理解中的法律解释

翻译的实现过程需要从理解过渡到表达并成文化，"正确理解原文后，方能正确地用译文进行表达"①。在传统法律翻译中，原文理解常用的手段大多属于语言学理论和翻译理论层面的。然而，法律翻译是一门特殊的翻译分支，光靠语言学理论和翻译理论进行理解会使得一些译文大失偏颇。"法律解释学是介于法学和法律社会学之间的中介科学，法律解释学与法律翻译学在许多层面上，如对待作者、译者以及译文读者的态度，对原文的理解，对原文本的处理规则和方法等方面具有共性。"②法律翻译理解中法律解释介入后情况便大不相同了，例如对词汇"判例法"的翻译就能体现出法律解释在翻译理解中运用的重要性。一部分中国译者习惯将"判例法"与"case law"和"common law"等同起来，或将"判例法"译为"case law"，或将其译为"common law"。鲜有人去追究其中的不同之处，在使用过程中往往存在交叉替换、行文不统一的情况。但是二者却有着极大的内在区别，仅仅通过常规翻译手段对此进行理解，则容易望文生义和以讹传讹。法律解释在这里可以起至关重要的作用，译者可对上述目标词语作以下法律解释："case law"包括法官解释制定法时所创制的新规则和司法判决两部分内容，而"common law"则多在与制定法相对时可译为"判例法"，但"其只包括司法判决部分而不包括法官解释制定法时所创制的新规则部分"③。

当然，翻译理解中的"法律解释"与法律适用上的法律解释并不完全相同。在法律翻译中，译者的主动性和创造性比法律适用的解释者小，也即是说，法律翻译主体受原文限制的因素要强烈许多。尽管如此，对法律解释学的立场、目标、特征、本体和方法、原则等诸多方面深入了解必定会赋予法律翻译以新的动力和能量。

---

① 管新平、何志平：《汉英等效翻译》，华南理工大学出版社 2006 年版，第 13 页。

② 宋雷、张绍全：《英汉对比法律语言学——法律英语翻译进阶》，北京大学出版社 2010 年版，第 38 页。

③ 宋雷：《法律术语翻译要略》，中国政法大学出版社 2011 年版，第 87 页。

2. 译文表达中的法律解释

理解是基础，表达是目的，理解与表达是翻译过程中互为因果的对立统一体。对汉英法律翻译而言，难点在于表达阶段。在正确理解的前提下，实现准确的译文表达展示的是"译者的英语功底和对法学知识的理解"①。在语言转换阶段，译者除了需要具备卓越的目的语表达能力之外，还需要综合技能。法律语篇翻译对译者的目的语表达能力的要求要远远高于对一般科技语篇译者能力的要求，因为法律语篇"本身十分复杂，表述极为严谨，文体非常特殊，句子结构繁复"②，等等。翻译表达的过程也是贯穿着法律解释的，一旦离开法律解释，译文的表达则会出现瑕疵甚至纰漏，从而导致误译。例如，1981 年实施的《中华人民共和国婚姻法》的北京外文出版社 1982 年英译本将第 3 条"包办、买卖婚姻和其他干涉婚姻的行为"中的"包办"译为"upon arbitrary decision by third party"，意思是以"第三人武断决定"为限。经过对目标语言的验证，用"upon arbitrary decision by third party"不失为"包办婚姻"之义，但包办婚姻是指第三者违反婚姻自由原则，包办强迫他人的婚姻，所以这一表达存有失真之处：其一，并未体现出"包办"行动，仅表明其"包办"决定，其本质差异是不言而喻的；其二，"武断"的程度不明，"包办"需达到"违反婚姻自由""强迫接受"的程度。③因此，这一译文属于翻译表达失真，经不起法律翻译验证；"包办婚姻"在自然英语中有现成的表达"arranged marriage"，用在此处恰到好处。

二　法律翻译

法律翻译是指对法律法规、法律文献以及商务、经贸、金融等涉及法律的相关专业文本的翻译活动。本书所涉及的法律翻译是法律文本的英译，源语言是中文的法律文本，目标语言为法律英语。英美法学界所公认的法律英语（legal English）主要是指法官、律师、法学工作者所使用的习惯语言，包括法律工作者使用的规范化法律公务用语和规范性法律文件用语。本书所探讨的法律翻译范围局限于规范性法律文本的英译，不包括

---

① 管新平、何志平：《汉英等效翻译》，华南理工大学出版社 2006 年版，第 15 页。

② 李克兴：《英汉法律翻译案例讲评》，外文出版社 2011 年版，第 95 页。

③ 陈忠诚：《法窗译话》，中国对外翻译出版公司 1992 年版，第 178 页。

执法过程中的公务用语。

法律翻译过程包括三大环节：原文的理解、译文的表达和达意验证，三大环节存在先后顺序性和逻辑关联性。传统的法律翻译研究中，翻译验证是被弱化甚至忽略的环节，但翻译验证是法律翻译的有机组成部分，发挥着检验翻译文本是否达意、避免译文表达失真的重要作用。正如一道数学命题，在大胆假设后需要经过严密逻辑推导得出结果，并且通过精心论证将结论和设想进行检验后才能称为一项合理的、正确的数学命题。法律翻译也是同样道理，需要经过正确地理解原文、准确地进行译文表达以及对译文是否符合原文、是否存在表达失真进行对等检验后，才能称其为一项忠实于原文的合格译文。

（一）原文的理解

翻译是通过有意义的语言转换来实现交际活动目的的，是一种不同于其他的语言交际行为，因此译者对原文的理解至关重要。认知语言学认为，"译者应当首先对原文的各项背景进行识解，如情景、隐喻等，进而确定作者原意"[①]。法律翻译则应从法律语境出发，从法律视角和隐喻框架维度对法律语言进行识解。例如我国刑法学上的"身份犯"，一些译者将其译成"status criminal"，此种译文明显是译者将"身份犯"误解为"罪犯"的一种而译出的。实际上，我国刑法学上的"身份犯"是指"以实施犯罪的行为者在行为时所具有的刑法身份为定罪要件或法定量刑情节的犯罪"，是在定罪量刑时产生影响的要素之一，而非一个罪种。再如，1982年《中华人民共和国商标法》第3条：商标注册人享有商标专用权，受法律保护。工商出版社出版的英译单行本将"专用权"错译为"an exclusive right to use"。然而"专用权"并不能重"用"轻"专"而译，法律所保护的不仅是使用权，按照法律原文的实质内涵，应该译作"exclusive trademark right"，[②] 才准确表达了法律原意。译者常因对法律的理解不够精准而使得译文丧失了法律语言的严密性，导致译文貌合神离，甚至可能误导下文的理解，使通篇译文在某一个问题上面临失真威胁。

（二）译文的表达

法律翻译的表达不同于一般文体表达，公文表达的格式化、散文表达

---

① 肖坤学：《识解解读：翻译中原文理解的认知语言学视角》，《广州大学学报》2010年第11期。

② 陈忠诚：《法窗译话》，中国对外翻译出版公司1992年版，第188—189页。

的优美感和诗歌表达的韵律节奏都不是法律翻译的内在要求。对于法律翻译中的概念和词汇的表达并没有现成的语言体系来对应，规范性、严肃性是其表达的基本要求，但有时选择模糊词语对法律语言进行翻译表述，更为恰当、更为有效，更能"准确地表述客观对象、反映立法意图和法律理念"①。模糊词语的表达作用主要体现：第一，使表意更为简洁、周密；第二，使法律规范具有适度的弹性和余地；第三，便于表述那些不可或不宜精确表述的内容。例如，《中华人民共和国刑法》第 236 条规定："以暴力或者其他手段强奸妇女的处三年以上十年以下有期徒刑。奸淫不满十四周岁的幼女的，以强奸论，从重处罚。"这里的"从重处罚"一语具有明显的模糊性，既显示了立法意图，同时给法官的定性量刑以适度的自由裁量权。又如，在刑案审理的案卷中经常可以看到："情节显著轻微""危害不大"等，其中"显著"和"不大"都是模糊词语，都具有较高的模糊度。由于模糊词语的不清晰和不确定性，在司法工作中有可能导致主观随意性，从而造成司法运作的不规范性和不公正性。对此，司法实践中往往采取适当措施以降低其模糊度，尽可能避免或减小其负面影响，其方法有三：第一，借助于语境；第二，借助于语流；第三，借助于情景。这样就不会让司法工作者感到困难，不会导致操作上的麻烦问题了。在他们眼里，这些词语并不模糊，因为他们熟知当代中国相关的法律背景和制度。在法律翻译中，我们需要运用司法实践中的理解方法来帮助我们理解这些模糊词语，并在目的语中去寻求对应的模糊语词来进行译文表达。

（三）达意的验证

　　法律文本的翻译表达是否达到了对原文内涵的等效再现，翻译的过程是否实现了两种语言之间的桥梁媒介，需要通过达意验证环节来检验，这一环节就是翻译验证环节。翻译验证是法律翻译活动最后一关的"对等检验"环节，旨在考量翻译文本是否达到了对原文再现的目标。我们将法律翻译中的翻译验证环节凸显为"达意验真"，意在强调"对译文表达是否实现法律等效"这一终极目标的检验验证，以确保法律翻译准确不失真。译文表达是否准确不失真是可以通过"回译"进行达意验证的，达意验证必然涉及翻译的标准问题。关于翻译的标准，中外学者多有建树。鲁迅提出了"信（忠实）与顺（通顺）"的原则；玄奘提出了"既须求真又

---

① 余素青：《律语言与翻译》，复旦大学出版社 2011 年版，第 6 页。

须喻俗"的翻译标准；严复提出了"信、达、雅"的翻译标准。①当代翻译理论家美国学者奈达与中国学者谭载喜提出的等效翻译理论，② 重视接受者的感受，强调接受者对译文的反应；译文应该实现译者和原作者心灵上的契合，接受者和译文信息之间的关系应该与原文接受者和原文信息之间的关系基本相同。在汉英两种语言的转换过程中"只存在着交际功能上的对等，不存在从语言形式到思想内容的完全对等，在交际功能上实现等效应当是汉英翻译所追求的终极目标"③。

三　翻译解释

翻译过来的法律文本亦须通过解释才能更好地理解和把握，同时法律文本翻译整个过程中都是贯穿着解释的。对于"翻译解释"这一术语尚未有科学定义，法律翻译中的翻译解释是本书对法律适用解释创举性地借鉴，将法律解释范围扩展到翻译领域，解释主体延伸到裁判者之外的翻译工作者，此处所说的翻译解释是指翻译者在法律文本翻译过程中借鉴法律适用的法律解释在法律翻译过程中所进行的阐释与理解活动，是一种无权解释，并不意味着翻译者进行了法律解释活动就能成为严格意义上的法律解释主体。因此，我们可以将"翻译解释"定义为：翻译者在翻译全过程中对法律文本或法律规范与译文文本含义所作的阐释与理解。

四　翻译验证

翻译验证，也就是前述翻译环节中的达意验证，是法律翻译的最后一关。前人研究尚未提出完善的"翻译验证"概念，但是中外学者对此都有相关内容的探讨。当代翻译理论家美国学者奈达和中国学者谭载喜提出的等效翻译理论重点强调了翻译文本的接受者对译文的反应以及接受者的感受，实现翻译等效，这是法律翻译的终极目标。因此，本书对"翻译验证"这一术语简要概括为：翻译验证，即法律翻译的"对等检验"，是考量翻译作品是否达成了对原文的再现、实现了法律等效表达的翻译活动，在法律翻译中就是对译文表达进行达意验真。

---

① 管新平、何志平：《汉英等效翻译》，华南理工大学出版社 2006 年版，第 1 页。

② 同上书，第 2 页。

③ 同上书，第 5 页。

　　译文文本是否达成了翻译的目标是翻译验证实施的方向，通过检验译文的接受者和原文接受者对原文、译文信息的接受关系和效果是否相同来判断是否成功实现该项翻译。验证译文文本不单从感受出发，验证的内容和方式也纷繁复杂，应主要从如下三个维度着手：其一，验证翻译的过程。一项翻译在进行中是否遵循相应的逻辑推导，是否遵循了语言学、翻译学等相关学科的科学理论，以及对于源语言和目标语言文化大环境是否理解和把握，都是需要经过严格检验验证的，从而最终决定是否采纳此项翻译；有关法律文本的翻译是否在翻译过程中使用了法律解释对其进行指导，是否尊重法律文化背景，是否采用法言法语，也是需要进行验证的。其二，验证翻译的方法。翻译过程中对于语序是采用顺译还是逆译、对于选词是采用补词还是省略等，都不是译者可以凭空捏造的。根据上下文和原文的特征做出合理的抉择才是正确的翻译方法，死译、乱译是不可取的。法律翻译中需要采用法律解释方法时是否选择了合理的法律解释方法，是否尊重了法律解释的内在逻辑顺序，亦需要进行验证。其三，验证结论的妥当性。翻译最终的文本是建立在翻译结论上的，尽管此结论遵循了翻译的过程和方法要求，但一旦结论不妥当，违背法律文本的原意，或者扭曲了原作者意思，或者使得读者一头雾水无从理解的话，该项翻译在验证时则是不合格的，需要被舍弃。

第四节　法律解释下的法律翻译原则

　　法律解释和法律翻译都有各自的基本原则，它们在法律解释下的法律翻译活动中都具有指导性价值，甚至是起标准性作用，二者结合形成法律翻译的原文与译文理解原则和译文的法律等效表达原则，指导着法律翻译实践。

一　法律翻译的理解原则

　　法律解释原则是指解释主体在解释法律时应当遵循的指导性原则。法律解释的基本原则虽无明文规定，但由于是法律解释实践的产物，因此对法律解释活动起着很大的指导作用。随着法律解释实践的深入发展，法律解释的基本原则仍在不断地积累完善，新的原则也在不断产生。目前学界已总结出的基本原则大体有王利明的"六原则"：清晰文本本身无须解释、重视法律文本、忠实于立法目的和立法意图、妥当地进行价值判断、兼顾法的安定性与法的妥当性及充分说理论证的原则；[①] 张文显的"五原则"：合法性原则、合理性原则、整体性原则、文义与法义相统一原则及历史与现实相统一原则；[②] 等等。

　　不过论及这些原则时大多只关注了与法律适用解释或司法解释相关的实用性问题，而很少直接涉及法律翻译问题。但是，法律翻译中探究源语言真意与目的语真意理解的法律理解原则与法律适用中的法律解释原则有非常明显的相同之处，很多法律适用解释的基本原则几乎都可以为法律翻译理解所用，只不过在法律翻译中以下法律理解原则尤为显性：

（一）准确严谨

　　法律翻译并非机械地将法律条文源语言翻译成目标语言，而是将源语言的法律概念和法律内涵用目标语言准确等效地表达。法律翻译的准确不失真离不开准确严谨的法律解释，法律解释的精准度将直接影响翻译的法律等效效果。准确性原则是法律解释与法律翻译共同的基本原则，也是二者最基本的标准，正如宋雷先生所言："法律翻译最重要的标准是准确，如果不能辨别各术语含义的基本差异，'准确'只能成为奢望。"[③]

　　中文法律语体的词汇表达简洁、易懂。有些中文词汇在法律语体中和日常语境中的运用并没有区别，但是与其对等的英语词汇可能带有明显的语体特征，翻译成法律英语就必须体现法律英语的特征，否则均可能违背了准确不失真原则，例如，英语法律术语"unilateral contract"与"bilateral contract"，按照字面理解容易被翻译为"单务合同"与"双务合同"。[④]然而在法律汉语中，"单务合同"指的是只有一方当事人履行义务的合同，"双务合同"指的是当事人双方相互履行彼此的义务的合同；在法律英语中，"unilateral contact"指的是一方当事人给予允诺（promise），另一方当事人只以行为而非允诺予以接受的合同，"bilateral contract"指的是当事人双方相互交换允诺而成立的合同。从法律解释上看，"unilateral

---

　　① 王利明：《法律解释学》，中国人民大学出版社 2011 年版，第 44—49 页。

　　② 张文显：《略论法律解释及其原则》，《法学杂志》1989 年第 2 期。

　　③ 宋雷：《法律术语翻译要略》，中国政法大学出版社 2011 年版，"前言"第 5 页。

　　④ 陆谷孙：《英汉大词典》，上海译文出版社 1995 年版，第 83 页。

contract"与"bilateral contract"只与允诺相关而与义务（obligation）无关，因此将其翻译为"单务合同"与"双务合同"是典型的理解错误，如要正确翻译，应按照英文解释译为"单诺合同"和"双诺合同"。

又如，一些法规将"但是"翻译成"but"或者"however"，这样的翻译不符合法律英语的特点，应该改译成更符合法律英语语体的"provided that"。同样，"并且"不应译成"also"，而应译成"in addition"；英语法律文本中的"children"不应简单翻译成"儿童"而是需要根据语境据实翻译成"未成年人"；"异议"不能简单地译成"disagreement"，而应译成"objection"，因为"异议"在法律语境下是指不服从法律裁决或对具有法律意义的事实表示不认可的行为。

（二）整体性

法律原本是一个整体并且有自身的内在逻辑联系，所以法律才能发挥其应有的作用。法律是由原则和具体规则构成的系统，任何一个词汇或术语都不是独立存在的，这些字词构成了法律语篇的基本元素，其意义必须通过文本的整体体现出来，因而不能把法律的解释看成一个孤立的单元，应从彼此的相互关联中协调地进行整体解释，不能断章取义，否则不仅会曲解法律的本来含义，而且还会破坏法制的统一性。

整体性原则要求将法律作为一个完整的原则和规则体系，在尊重原意前提下，对法律作更加精准的解释与翻译。遵循整体性原则应树立全局观，将源语法律文本作为一个整体，切不可割裂法条与内容之间的联系。从具体操作上看，翻译法律文本需要结合全文进行理解，如果不结合全文而仅限于解释单个术语，则无法准确识解出原文的本义，因为单个术语可以拥有多重含义，而具体是哪一种含义则要看它在原文中如何使用。因此，译者在翻译法律术语时须厘清全文的结构、范围与概念之间的内在逻辑联系以及该文本与其所处法律体系的外在联系才能准确地理解原文，避免在翻译过程中断章取义，导致翻译失真。

整体性原则也要求对一般法律的解释不能违背宪法，对低位阶的法律进行解释时不能违反高位阶的法律规定，倘若法律解释违背法律位阶规定，将直接损害法律统一性。无论是对法律原则和具体规则的解释还是对法律概念和技术性事项的解释，都应置于法律体系中去理解和把握，使解释的内容从属于该法律文件的整体；法律原则、法律规则、法律概念和技术性事项都是构成法律体系的必要材料，对这些材料进行"加工处理"

必须服从系统的规格要求，否则就会成为"边角废料"。同时，对个别法律部门规定的解释应纳入更高级的法律部门和法律整体体系中去把握和理解，在我国法律效力构成体系当中，遵循的是由高到低以及个体服从一般的原则，即低级法律部门服从高级法律部门或个体法律部门服从整体法律体系的原则。

（三）合理性

合理性原则是指法律翻译与解释须合乎法理、情理、公理与常理，不得作违背常理、常情和常识的解释。法律文本从源语言翻译成目标语言，除了要考虑对原文本义的准确理解与逻辑结构的整体保留外，还应考虑到翻译后的目的语文本是否符合普适性的法理、公理与常理，特别是目标语言使用人群特有的社会情理，否则译者的翻译文本很难为目标语言使用者所接受。

首先，遵循合理性原则要求解释者必须是在合法的基础之上对法律进行阐释与说明，离开了合法性就没有合理性可言。法是大众理性的凝聚，而解释者所认定的"理"会因个人"人生经历、知识结构和知识背景的不同而存在不同的局限性"①，因此个人的"理"必须符合大众的"法"；"没有法理的依托，合理性也将沦为空谈"②。其次，法律解释必须符合人们普遍接受的价值观，即符合社会公理，因为人们普遍接受的价值观在一定程度上代表了社会的公正，至少是形式意义上的公正，尽管实质意义上的公正可能难以达成共识，其本身也是很模糊的。再次，法律解释要尊重经过长期历史沉淀确定的或者人们在长期的共同生产与生活过程中形成的公共秩序和风俗，即尊重公序良俗。最后，法律解释还要以党的政策和国家政策作指导，法律不是"独行客"，它需要与其他社会规范一道共同承担起相应的社会职能。

二　法律翻译的表达原则

法律翻译是法学与语言学、翻译学的交叉学科，因此法律翻译表达除了要遵守法律解释规则和遵循翻译的基本原则外，尤其强调如下译文表达原则。

---

① 吴传毅：《论法律解释及分类》，《长沙理工大学学报》（社会科学版）2006 年第 1 期。

② 郝天宇：《论民事法律解释的标准》，《法制博览》2014 年第 6 期。

（一）准确不失真

法律是由行使立法权的机关依照立法程序制定，由国家政权保障实施的行为规则。语言作为法律的表现形式，必须体现和反映法律的社会职能。法律的严肃性决定了法律语言必须准确严谨无误，准确严谨是法律语言的灵魂和生命，也决定了准确不失真是法律翻译的必然要求，忠实于原文内容、力求准确无误地表达译文是法律翻译区别于其他文体翻译的一个重要特征。

准确不失真对法律翻译来说有着非常重要的意义，是法律翻译最根本的原则，也是包括法律文本英译在内的法律翻译的首要标准。准确不失真在法律翻译中的重要性如何强调都不过分，因为法律文件，如法令、规定、合同、约定等均涉及有利害关系的各方的权利和义务，法律文件所要表达的往往就是具体的权利和义务。为了维护法律的尊严，不至于产生语义上的分歧而发生纠纷，译文中的一词一语都应力求无懈可击，所以准确不失真是指导法律文体翻译最重要的原则。

（二）清晰简明

国家的法律语言通常是这个国家最正式、最规范的语言。原则上讲，用精确的词语表达明晰的法律概念是法律语言最重要的特点和最基本的要求，尽管法律文本起草人往往喜欢使用那些奇特、深奥的专业词汇或词组，结果使法律文体充斥着过多难懂的行话或专业术语，让普通民众，甚至是业内人士，要想真正地理解这些法律语言也并非易事。同样，如果法律条文翻译得不清晰，含糊其辞，模棱两可，这些法律条文不但会无法执行，甚至也可能成为陷阱，"即使原文没有陷阱，译文也会使之成为陷阱"①。

法律翻译的清晰和简明体现在使用清晰简明的语词和清晰简明的句式两方面。一是使用清晰简明的语词。例如："外商投资企业生产的出口产品，除国家另有规定的产品之外，免征关税。"有译为："Export Products manufactured by foreign-invested enterprises, except those under other existing regulations by the State, shall be exempted from Customs duty." 如果译为："Exports manufactured by foreign-invested enterprises are duty-free, unless otherwise regulated by the State" 可能更加清晰简明。"出口产品" 完全可

---

① 陈中绳：《法律译文要力求精练》，《上海科技翻译》1995 年第 1 期。

用一个单词"exports"表示，其含义完全等于"export products"；"免税"直接用"duty-free"表意清晰明了，为何舍简求繁用"exempt from customs duty"？"除另有规定外"改译为"unless"引导，更简洁明快。二是使用简明的句式。英语是形合语言，造句注重形式接应，要求结构完整，主语具有显著的作用，除省略句外每个英语句子都必须有主语。法律英语中没有省略句，所以句句都有主语，这也是造成法律英语中被动语态多的原因之一。而汉语是意合语言，造句注重意念连贯，主语的作用不显著，无主句随处可见，所以没有太多的被动语态。无主句不是省略了主语的句子而是习惯了就这么讲，其主语究竟是什么，往往不容易判断，但是在各种语言环境里它都能表达完整而明确的意思。如果法律英语原句中的被动语态强调的只是行为本身，而无须说明行为主体，则可以译成无主句，达到句式简明的效果。

法律文字本来就已经给人累赘烦琐的感觉，法律文本的翻译人员有责任把原文的意思表达得清晰明了。如果原文运用了复杂、冗长的句式，译者未必需要用同样复杂的句式来翻译原文，简明清晰是法律翻译的一个必要原则，译者可采用灵活的手段，尽量将译文的意思用简洁精炼的词语和句式表达出来，以便准确地传递相关信息，否则将会陷入越解释越让人难以领会的死胡同。

（三）前后一致

法律翻译的前后一致性原则，又称同一性原则，是指法律翻译过程中用同一法律术语表示同一法律概念的原则。在法律翻译过程中，译者应自始至终地坚持用同一术语表示同一概念，那些看似同义或近义的词语，都有可能表示不同的含义。在法律翻译的过程中如果碰到两个或两个以上看似同义或近义的法律术语，我们应该清楚地认识到它们并非同义术语，而应尽最大的努力去分辨它们之间存在的语义差别，运用确切的词语将它们准确地表达出来。

法律文体行文中，无论是在原文的写作还是在翻译中，所用的词汇和句型的重复率是非常高的，越是正式程度高的法律文本就越是如此。法律文献写作和翻译的内在要求不允许创新，不能追求词汇与句型的丰富和变化性。

（四）语体规范

语体包括语言和文体。所谓法律翻译语言规范化，就是要求翻译人员不但要具有较高的双语水准，而且要对法律语言表达规则，尤其要对普通的法律概念、基本术语的表述规则有相当的了解，否则译文也许符合翻译的基本要求，但在专业人士看来，可能仍然是外行话，严重的情况下甚至会造成法律概念的混淆。比如在规范的立法语言中不能随意删减用字，我们不能把"应当"简化成"应"，把"或者"简化成"或"，也不能想当然的认为"第三者""第三人"和"第三方"意思相同，可随便换用。当然，这里所说的"规范"还包括法律语言文体格式的规范。无论是立法语言、司法文书语言还是查证语言，都有其自身的格式规范和表现程式，译者要尽量保持原文的格式与程式风貌。法律专业术语是法律英语中最重要的元素，准确翻译法律专业术语自然是"法律语言规范化"的必然要求。法律专业术语的作用在于以最简洁的单词或词组叙述一项普遍接受的复杂的法律概念、学说或法则，使法律从业者能用较简单的语言相互沟通，因此词的内在意义通常远比其外在形式复杂，译者如单就字面意义直译或望文生义，将无法正确而完整地传达原文语词的真正含义。语体规范化原则主要是指在法律翻译中使用官方认可的规范化语言或书面语，避免使用方言和俚语；译文要尽可能从格式上体现原文，保留原文的格式风貌。虽然法律文书起草和翻译中有许许多多的清规戒律，如慎用被动语态、外来语、重复语、缩略语等，但译者必须采用专业规范的法律用语，尤其是现行法律中已有界定的词语，真正做到"法言法语"，译文得体。法律翻译除了要求语言功能的对等之外，还应考虑法律功能对等，所谓法律功能对等就是说源语言和译入语在法律上所起的作用和效果的对等。唯有如此，才能使译入语精准地表达源语言的真正含义。

三　法律翻译的验证原则

翻译验证过程需要遵循相应的验证原则，包括消极的翻译验证原则和积极的翻译验证原则。消极翻译验证原则是针对"不为"层面，即翻译者需要做到不违反要求；积极的翻译验证原则是针对"应为"层面，即翻译者需要积极遵守相关要求。

（一）消极翻译验证原则
消极翻译验证原则主要有以下三个具体要求。

1. 不分裂翻译要求

不论是"信、达、雅"，还是"忠实、通顺、美"，或是"形似、意似、神似", 提法虽有不同, 但把翻译的标准分裂为三个独立的要求都是不可取的。"信""忠诚"或"形似"在翻译上自然有它的地位, 可不能算是标准。"达""通顺""意似"或"雅""美""神似", 是中文的语法问题, 更算不上是翻译标准。翻译要说有标准, 那就只有一个: 译文必须准确不失真。

2. 不分裂直译与意译要求

翻译界有主张直译的人反对意译, 也有主张意译的人反对直译。法律解释的翻译验证运用遵循了直译、意译不分裂的原则, 并不因为法律文本的严谨性特征就一味追求直译, 甚至死板地逐字翻译; 也不因为解释的需要就否定直译文本意思而选择法律解释背后的含义, 让译文读起来没有了原汁原味。

3. 不完全据中文心理要求

无论是"拘泥逐字翻译, 不可称为真正的翻译", 还是"译者需完全依据中文心理", 这两种说法都是相对极端的。译者如果完全根据中文心理, 就容易发生两种偏向: 一种是舞文弄墨, 一种是糊涂过去。舞文弄墨必然会造成牵强附会; 当遇到无从下手的译文依靠中文心理又无法办到的时候, 许多译者往往不肯使用新词语或者欧化其译文, 只好含糊涂过去, "与其伤洁, 毋宁失真"。因此, 翻译时一方面反对不必要的欧化, 一方面在必要时可以采用外来的字句和表现法。法律解释的翻译验证应对此采取折中做法, 一是验证翻译是否为死译、逐词翻译, 如果是, 则改译为依据中文心理的译法; 二是若完全依据中文心理有失偏颇, 则"与其失真, 毋宁伤洁", 大胆地取消该种译法, 抑或采用已有外来词, 抑或保守使用现有译法。

(二) 积极翻译验证原则

积极翻译验证原则有以下两个基本要求。

1. 内容与形式统一要求

翻译只有两种: 一种是正确的翻译, 一种是错误的翻译。何谓正确的翻译? 正确的翻译就是按照语言习惯, 忠实表达原文。"忠实表达原文"是把原文准确无误地翻译出来; "按照语言习惯"是指翻译的形式也要正确。正确不代表硬要完全根据中文心理, 要同时兼顾形式的优美和内容的准确。内容如果有误, 则形式就是空中楼阁, 即便看上去很美, 也是不可取的。

2. 宁可信而"不顺"要求

翻译者主要的任务是把原文中所有的意义忠实地表达出来。正确的翻译是翻译的内容，流利的译文是翻译的形式，内容与形式完全统一是译者努力的方向，若二者不可兼得，那么与其迁就译文的流利而牺牲了原文的意义，不如尽量保存原文意义而牺牲译文的流利。法律解释的验证首先检验是否"信"，其次再保全是否"顺"，一旦二者不可兼得，则舍"顺"而保"信"。

第三章

法律文本英译实证剖析

我国法律文本英译工作一路走来取得了巨大进步，但是相对于文学、科技、商业的翻译，却难以让人满意。陈忠诚指出，"这些译文总的说来是成绩很多，但是缺点也不少"①，他主要从术语和句法层面分析了译文存在的理解错误和表达错误。② 事实上，除了语言层面的问题外，从法律和法律方法论认知角度看我国法律文本英译工作也存在诸多翻译失真的严重问题。概而言之，主要是法律信息与内涵的理解、转换与表达失真问题，反映出：（1）译者对相关法律知识不甚了解，对相关法律概念与法律体系间的差异性认识不清；（2）译者对英汉法律语言缺乏感性认识，缺乏对差异性的识别、分析能力；（3）译者对英汉两种法律语言的使用及其转换规律缺乏全面性、正确性认知；等等。法律文本汉译英活动是一种语言间的转换活动，需要遵循一定的翻译标准，如理解准确、表达规范等；是内化在翻译过程和步骤之中的创作活动。我们应该从文体、句法和词汇等不同的层面吸收语言、文化，尤其是法学方法论研究成果，采用不同的视角扣住翻译标准和翻译过程与步骤等翻译活动的基本要素去分析和解决法律文本英译实践中存在的翻译失真问题。

第一节　法律英译的首要标准：准确不失真

翻译标准是翻译实践的准绳和衡量译文好坏的尺度。对于普通翻译而

---

① 陈忠诚：《法窗译话》，中国对外翻译出版公司 1998 年版，第 165 页。
② 李克兴、张新红：《法律文本与法律翻译》，中国对外翻译出版公司 2006 年版，第 8 章。

言，要把握的是"忠实、通顺"四个字。所谓忠实，是指忠于原文内容和尽量保持原文风格，译者"必须把原文内容完整而准确地表达出来，不得有任何篡改、歪曲或增减现象"①；所谓通顺，是指译文语言"必须通顺易懂，符合规范"②。

具体到法律文本英译之中，国务院法制办译审处提出的翻译标准为：（1）准确、符合立法原意；（2）专业（行业）术语正确规范；（3）遣词造句符合英文表达方式，尤其符合法律英语语言特征；（4）与国际条约和国际惯例表达相衔接。③ 张法连在《法律文体翻译基本原则探究》一文中也提出了法律翻译的基本原则："准确严谨、清晰简明、前后一致、语体规范。"④ 可以看出，无论是国家机构还是学者都把准确这一标准放在了首要的位置，凸显了该标准的重要性。法律制定的目的在于调整社会关系，规范和指导人们行为，语言作为法律的表现形式和法律信息的载体，必须体现法律的社会功能和使命。法律的严肃性决定了法律语言必须准确和严谨，原文如此，译文也应如此。如果译者在翻译时没有准确理解甚至歪曲了立法原意，对读者很可能造成罪与非罪的理解后果或遭遇权利损失和违法等风险。所以说，准确不失真对法律翻译，尤其是法律文本翻译来说，有着非常重要的价值和意义，是法律翻译最根本的原则和标准。对法律文本英译准确不失真的追求不仅体现在法律用语，尤其是法律术语翻译上，还需要从法律解释学中寻求更多的法律方法论指引，以实现法律文本英译中原文含义准确不失真地全面迁移和表达，最终达成法律等效目标，准确不失真标准的核心内涵就是法律等效。

以"准确不失真"为标准检视现有法律文本英译实践，当下法律文本英译成果的翻译失真问题不可小视。例如，在法律英译中最受诟病的法律用语当属"shall"一词的使用。陈忠诚在《〈民法通则〉AAA 译本评析》一书中多处指出"shall"一词的不当使用："shall"应当用于表述行为人的义务而非其权利。《布莱克法律词典》（第 10 版）*Black's Law Dictionary*（10th Ed.）在"shall"词条下有 5 项释义，第一项和第五项分别

---

① 张培基：《英汉翻译教程》，上海外语教育出版社 1980 年版，第 7 页。

② 同上。

③ 胡道华：《法律文本翻译标准——以文本类型论为视角》，《探索与争鸣》2011 年第 3 期。

④ 张法连：《法律文体翻译基本原则探究》，《中国翻译》2009 年第 5 期。

是："1. Has a duty to; more broadly, is required to…5. Is entitled to"。第一项说的是义务，第五项说的就是权利。但该词典对于第一项还有说明："This is the mandatory sense that drafters typically intend and that courts typically uphold. Only sense 1 is acceptable under strict standards of drafting."也就是说，在严格法律意义上，"shall"当用于表述行为人的义务，但事实上"shall"一词在法律英译本中的误用随处可见，从如下实例可以得到更为充分的印证。

例一：2014 年 11 月 1 日修订后公布的《中华人民共和国行政诉讼法》第 2 条。(北大法宝—英文译本检索系统，2015 年 5 月 1 日检索)

(原文) 第 2 条　公民、法人或者其他组织认为行政机关和行政机关工作人员的行政行为侵犯其合法权益，有权依照本法向人民法院提起诉讼。

(译文) Article 2　A citizen, a legal person, or any other organization which deems that an administrative action taken by an administrative agency or any employee thereof infringes upon the lawful rights and interests of the citizen, legal person, or other organization shall have the right to file a complaint with a people's court in accordance with this Law.

例二：2014 年 3 月 13 日公布的经修订后的《中华人民共和国海关进出口货物征税管理办法》第 29 条第 2 款。(北大法宝—英文译本检索系统，2015 年 5 月 1 日检索)

(原文) 前款所称无代价抵偿货物是指进出口货物在海关放行后，因残损、短少、品质不良或者规格不符原因，由进出口货物的发货人、承运人或者保险公司免费补偿或者更换的与原货物相同或者与合同规定相符的货物。

(译文) The term "goods compensated at no cost" as cited in the preceding paragraph shall mean the goods identical with the original goods or conforming to the contract, which are, after the originally imported or exported goods are cleared with the customs, offered free-of-charge by the consigner, carrier or insurer as their compensation or replacement, due to such reasons as damage, shortage, inferior quality, or incompatible specification, of the original goods.

例一中的"shall"是用以表述权利的，例二中的"shall"是用以表达定义的，均属于法律内涵迁移不当，译文表达失真。

汉语法律条文中存在大量的法律术语，如"犯罪集团""犯罪团伙"等。这些法律专业术语相当于科技术语，在概念上具有明确的、特定的法律内涵与特征，它们可以"准确地表达复杂的法律概念，是不可替代的词汇"①。法律术语是"法律语言词汇体系中的核心，反映了法律体系的独有特性"②。因此，法律术语的准确翻译需要传递出该概念的内涵和特征。

例三：最高人民法院于 2005 年 4 月 1 日印发的《关于增强司法能力、提高司法水平的若干意见》第 9 条。（北大法宝—英文译本检索系统，2015 年 4 月 30 日检索）

（原文）第 9 条　经济社会转型时期滋生和诱发犯罪的因素大量增加的客观形势，决定了必须长期坚持严打方针。各级人民法院要坚持严打的针对性、实效性，注重与其他政法机关的协调配合。继续贯彻依法严打方针不动摇，坚持严打的经常性、长期性，继续重点打击严重暴力犯罪、有组织犯罪和盗窃、抢劫、抢夺等多发性侵犯财产权的犯罪，加大对毒品犯罪、赌博犯罪以及网络犯罪的惩处力度，净化社会环境，确保社会稳定。

（译文）Article 9　The objective situation in which the factors that breed or cause crimes increase largely in the economic and social transition period determines that we must adhere to the guideline of "striking hard" all along. The people's courts at all levels shall uphold the pertinence and effectiveness of "striking hard", pay attention to the coordination and cooperation with other political and law enforcement organs. They shall continue implementing the guideline of "striking hard" without swaying, persist in the frequent and protracted natures of "striking hard", and continue focusing on combating severe violence crimes, organized crimes, and frequently occurring crimes of encroaching upon property such as the crimes of theft, robbery and seizure, etc. They shall make greater efforts to punish narcotic crimes, gambling crimes and network crimes, so as to purify the social environment, and guarantee social stability.

---

① 李克兴、张新红：《法律文本与法律翻译》，中国对外翻译出版公司 2006 年版，第 89 页。

② 刘金龙：《中西法律文化交流视角下的翻译史研究——〈从词典出发：法律术语译名统一与规范化的翻译史研究〉评述》，《中国翻译》2014 年第 3 期。

例四：中国人民银行 2013 年 5 月 1 日印发的《金融机构洗钱和恐怖融资风险评估及客户分类管理指引》第二章第二节第 2 条第 3 款。（北大法宝—英文译本检索系统，2015 年 4 月 30 日检索）

（原文）国家（地区）的上游犯罪状况。金融机构可参考我国有关部门以及 FATF 等国际权威组织发布的信息，重点关注存在较严重恐怖活动、大规模杀伤性武器扩散、毒品、走私、跨境有组织犯罪、腐败、金融诈骗、人口贩运、海盗等犯罪活动的国家（地区），以及支持恐怖主义活动等严重犯罪的国家（地区）。对于我国境内或外国局部区域存在的严重犯罪，金融机构应参考有权部门的要求或风险提示，酌情提高涉及该区域的客户风险评级。

（译文）Upstream crimes in certain countries（regions）. Financial institutions may refer to the information released by the relevant authorities of China, the FATF, and other international authorities, and focus on countries（regions）with serious terrorist activities, proliferation of weapons of mass destruction, drug crimes, smuggling, cross－border organized crimes, corruption, financial frauds, human trafficking, piracy and other crimes, as well as countries（regions）supporting terrorist activities and other serious crimes. For serious crimes inside China or certain areas outside China, financial institutions shall refer to the requirements or risk alerts issued by the relevant authorities, and appropriately assign higher risk levels to customers located in such areas.

上两例中都将"有组织犯罪"译成了"organized crime"。《布莱克法律词典》（第 10 版）有"organized crime"词条，释义为："1. Widespread criminal activities that are coordinated and controlled through a central syndicate"。该词典在解释"economic crime"时说道："This type of economic crime is often called organized crime because the necessity of economic coordination outside the law leads to the formation of criminal groups with elaborate organizational customs and practices."根据这些释义，似乎将"有组织犯罪"译成"organized crime"是准确的，但是随着时间推移，从社会学解释分析，"organized crime"的指称内容已发生变化，现在的"organized crime"往往指帮会性质犯罪，属于"有组织犯罪"的一种情形，自 20 世纪八九十年代起，英美法律工作者就开始逐步使用"enterprise crime"指称"有组织犯罪"。

所以，用 "enterprise crime" 翻译 "有组织犯罪" 更为准确。① 以上两例的译文缩小了概念的内涵，没有完全传递出立法原意。

例五：2012 年 3 月 14 日经修订后公布的《中华人民共和国刑事诉讼法》第 62 条第 1 款。（北大法宝—英文译本检索系统，2015 年 4 月 30 日检索）

（原文）第 62 条　对于危害国家安全犯罪、恐怖活动犯罪、<u>黑社会性质的组织犯罪</u>、毒品犯罪等案件，证人、鉴定人、被害人因在诉讼中作证，本人或者其近亲属的人身安全面临危险的，人民法院、人民检察院和公安机关应当采取以下一项或者多项保护措施：

......

（译文）Article 62　Where a witness, identification or evaluation expert, or victim testifies in a crime of compromising national security, a crime of terrorist activities, <u>an organized crime of a gangland nature</u>, or a drug crime, endangering the personal safety of the witness, identification or evaluation expert, or victim or his or her close relatives, the people's court, people's procuratorate, and public security authority shall take one or more of the following protective measures：

......

例六：2001 年 12 月 29 日公布的《中华人民共和国刑法修正案（三）》第 7 条第 1 款。（北大法宝—英文译本检索系统，2015 年 4 月 30 日检索）

（原文）将刑法第 191 条修改为："明知是毒品犯罪、<u>黑社会性质的组织犯罪</u>、恐怖活动犯罪、走私犯罪的违法所得及其产生的收益，为掩饰、隐瞒其来源和性质，有下列行为之一的，没收实施以上犯罪的违法所得及其产生的收益，处五年以下有期徒刑或者拘役，并处或者单处洗钱数额百分之五以上百分之二十以下罚金；情节严重的，处五年以上十年以下有期徒刑，并处洗钱数额百分之五以上百分之二十以下罚金：（一）提供资金账户的；（二）协助将财产转换为现金或者金融票据的；（三）通过转账或者其他结算方式协助资金转移的；（四）协助将资金汇往境外的；（五）以其他方法掩饰、隐瞒犯罪的违法所得及其收益的来源和性质的。"

---

① 张法连：《法律英语翻译中的文化因素探析》，《中国翻译》2009 年第 6 期。

（译文）Article 191 of the Criminal Law is amended as："Whoever, while clearly knowing that the funds are proceeds illegally obtained from drug-related crimes or from crimes committed by mafias or smugglers or from terrorist crimes and gains derived therefrom, commits any of the following acts in order to cover up or conceal the source or nature of the funds shall, in addition to being confiscated of the said proceeds and gains, be sentenced to fixed-term imprisonment of no more than five years or criminal detention, and shall also, or shall only, be fined no less than 5% but no more than 20% of the amount of money laundered; if the circumstances are serious, he shall be sentenced to fixed-term imprisonment of no less than five years but no more than ten years, and shall also be fined no less than 5% but no more than 20% of the amount of money laundered：(I) providing fund accounts; (II) helping exchange property into cash or any financial negotiable instruments; (III) helping transfer capital through transferring accounts or any other form of settlement; (IV) helping remit funds to the outside of the territory of China; (V) covering up or concealing by any other means the source or nature of the illegally obtained proceeds and the gains derived therefrom."

例五将"黑社会性质的组织犯罪"译为"an organized crime of a gangland nature"，例六将其译为"crimes committed by mafias"。那么哪一译文更为准确呢?《柯林斯英汉双解大词典》将"mafia"解释为："The Mafia is a criminal organization that makes money illegally, especially by threatening people and dealing in drugs"；将"gangland"解释为："Gangland is used to describe activities or people that are involved in organized crime"。"gangland"的同源名词指称行为人的单词是"gang"，其释义为："A gang is a group of criminals who work together to commit crimes"。就"mafia"和"gang"这两个单词而言，哪个更能准确表达原文内涵呢? 这就需要根据立法本意来予以确定了。

2011年2月25日公布的《中华人民共和国刑法修正案（八）》第43条对黑社会性质的组织应当具备的特征进行了界定，黑社会性质的组织应当同时具备以下特征：

"（一）形成较稳定的犯罪组织，人数较多，有明确的组织者、领导者，骨干成员基本固定；（二）有组织地通过违法犯罪活动或者其他手段获取经济利益，具有一定的经济实力，以支持该组织的活动；（三）以暴力、威胁或者其他手段，有组织地多次进行违法犯罪活动，为非作恶，欺压、残害群众；（四）通过实施违法犯罪活动，或者利用国家工作人员的包庇或者纵容，称霸一方，在一定区域或者行业内，形成非法控制或者重大影响，严重破坏经济、社会生活秩序。"

所以，相比之下，"mafia"一词更能准确传达立法意图，但是具有黑社会性质的组织毕竟不是黑社会，其外延要大得多，因此，"黑社会性质的组织犯罪"可译为"an enterprise crime of a mafia nature"。

例七：2011 年 2 月 25 日公布的《中华人民共和国刑法修正案（八）》第 12 条。（北大法宝—英文译本检索系统，2015 年 4 月 30 日检索）

（原文）十二、将《刑法》第七十四条修改为："对于累犯和犯罪集团的首要分子，不适用缓刑。"

（译文）12. Article 74 is amended as："Probation shall not apply to recidivists and ringleaders of criminal gangs."

例八：2004 年 9 月 1 日公布的《国务院关于进一步加强食品安全工作的决定》第二节第 5 条。（北大法宝—英文译本检索系统，2015 年 4 月 30 日检索）

（原文）依法彻查大案要案，震慑违法犯罪分子。集中力量及时查处食品安全大案要案，依法严惩违法犯罪团伙和首恶分子。对发案率高、重大案件久拖不结的地区和单位，上级政府和有关行政执法、司法部门要组织力量直接查办，严肃追究有关人员责任。重大典型案件查处结果及时向社会公布。

（译文）You should, in accordance with the law, make thorough investigations into the severe cases so as to coerce criminals. You should concentrate on investigating severe food safety cases by losing no time in punishing illegal and criminal gangs and chief criminals. With regard to the regions and entities with high rates of incidence of cases and long-term pending severe cases, the governments at the next higher level and relevant administrative law enforcement departments and judicial departments should organize personnel to directly investigate into the said cases and punish the pertinent liable persons, and should timely announce the investigation and punishment results of the severe typical cases to the public.

"犯罪集团"是《中华人民共和国刑法》明确规定的概念，而该法并未就"犯罪团伙"作出规定，只是在司法解释和行政规章中有所提及，这两个法律术语本身是有差别的。

"犯罪集团"具有以下主要特征：

"（1）犯罪集团由三人以上组成。必须是三人以上，重要成员固定或基本固定，并有明显的首要分子。三人以上组成犯罪集团的目的是为了共同实施犯罪。

"（2）犯罪集团具有固定的组织。犯罪集团的组织固定性、稳定性，主要表现为集团内部成员固定，有明显的首要分子，即所谓首领、头儿，犯罪集团在首要分子的组织、领导下形成统一的组织形式与纪律，进而实施各种较为严重的犯罪活动。

"（3）犯罪集团有预谋、有计划地实施犯罪活动。一般来讲，犯罪集团组成的目的，多数是为了进行一种或几种需要较多的人或较长的时间才能完成的重大犯罪活动。"①

"犯罪团伙"是指三人以上纠集在一起进行共同犯罪的一种犯罪组织形式，是犯罪活动的一种群体组织，往往具有青少年居多，胆大妄为、手段残忍、不计后果，犯罪行为的偶发性较强等特征。与犯罪团伙相比，犯罪集团往往"都有明确的领导者，组织更为严密，成员更为稳定，作案更具有预谋性"②，所以用"criminal gang"来翻译"犯罪集团"和"犯罪团伙"两个含义有差别的法律概念是有违达意"准确不失真"这一翻译标准的。"犯罪集团"和"犯罪团伙"可分别译为"crime syndicate"和"criminal gang"，以示区别。《布莱克法律词典》（第 10 版）对"syndicate"释义为："A group organized for a common purpose; esp. , an association formed to promote a common interest, carry out a particular business transaction, or（in a negative sense）organize criminal enterprises"；对"gang"的释义为："A group of persons who go about together or act in concert, esp. for antisocial or criminal purposes. Many gangs（esp. those made up of adolescents）have common identifying signs and symbols, such as hand

---

① 大众法律图书中心：《新编常用法律词典》，中国法制出版社 2013 年版，第 286 页。

② 孙建安：《侦查学中几个易混淆名词概念辨析》，《犯罪研究》2012 年第 6 期。

signals and distinctive colors"。该词典也有"crime syndicate"和"street gang"的用法，如在解释词条"racketeering"时第 2 个释义为："A pattern of illegal activity（such as bribery, extortion, fraud, and murder）carried out as part of an enterprise（such as a crime syndicate）that is owned or controlled by those engaged in the illegal activity"。《柯林斯英汉双解大词典》对于"gang"还有一个释义为："A gang is a group of people, especially young people, who go around together and often deliberately cause trouble"。由此可以看出，"syndicate"更具"犯罪集团"的特征，而"gang"更具"犯罪团伙"的特征。所以，"犯罪集团"和"犯罪团伙"分别译为"crime syndicate""criminal gang"是恰当的。如例九和例十所示。

例九：1997 年 3 月 14 日经修订后发布的《中华人民共和国刑法》第 26 条第 2 款和第 3 款。（北大法宝—英文译本检索系统，2015 年 4 月 30 日检索）

（原文）三人以上为共同实施犯罪而组成的较为固定的犯罪组织，是犯罪集团。

组织、领导犯罪集团的首要分子，按照集团所犯的全部罪行处罚。

（译文）A crime syndicate is a more or less permanent crime organization composed of three or more persons for the purpose of jointly committing crimes.

The head who organizes or leads a crime syndicate shall bear criminal responsibility for all the crimes committed by the syndicate.

例十：2012 年 6 月 29 日国家版权局公布的《2011 年度查处侵权盗版十大案件》第 6 件案件的典型意义。（北大法宝—英文译本检索系统，2015 年 5 月 1 日检索）

（原文）【典型意义】此案系制售盗版图书的典型案例，案情重大、情节恶劣，查处这一侵权盗版犯罪团伙有效净化了行业版权环境。

（译文）[Significance] It was a model case of production and sale of pirated books. With difficult and complicated case facts and vicious circumstances, the punishment on the criminal gang that committed the crime of infringement upon copyright effectively cleansed the industrial copyright environment.

普通翻译标准有"信"这一条，要求译者忠实于原文，译文要有较高程度的准确性，在传递原文所包含的信息方面做到准确不失真。文学翻译，尤其是诗歌翻译方面，为了追求声韵、节律或修辞效果或为了迎合读者的文化层次，"信"的程度上可以灵活一些。但是，法律翻译上这样灵活处理会造成"准确性"程度降低，是不可取的。译者应合理运用法律解释规则，依据相关法律规定，充分利用学术研究成果和专业工具书，使法律法规规章等立法规范类文本的英语译文具有准确性，让译文表达不失真，这是包括法律汉译英在内的法律翻译活动最根本的标准。

第二节　法律英译主要环节的失真检视

翻译工作极其复杂，科学性很强，译者必须遵循相应程序和步骤或曰翻译环节按部就班地进行。对于翻译的应然环节，译界学者提出了多种不同的划分。"奈达将之分为四步：分析、传译、重组、检验，其中分析最为复杂也最为关键。乔治·斯坦纳将之归纳成另外四个步骤：信任、进攻、吸收、补偿或恢复。"① 我国的翻译教材既有将这一过程分为两个阶段的：理解和表达；也有将这一过程分为三个阶段的：理解、表达、审校。从法律文本翻译活动看，法律文本翻译的三阶段划分更为合理，着眼于法律文本汉译英活动的三大关键环节——（原文的）理解、（译文的）表达和（达意的）验证。

理解是基础，理解是表达的前提；没有准确透彻的理解，就不可能有准确不失真的表达。在法律文本英译中首要的、最关键的是理解，② 译者必须首先运用合理的法律解释方法从上下文关系中来探求准确严谨的理解。"上下文可以是法律文本的一个句子或一个段落，也可以是法律文本的一个章节，甚至可能是整个法律文本。"③ 有学界前辈对翻译理解做过如下具体的操作建议："第一遍粗读原文，掌握全文大意，并对一些疑难词句做上记号；第二遍细读原文，逐词、逐句、逐段仔细研究，解决疑难问题；第三遍通读原文，以便'见树见林'，将全文精神'融会于

① 孙致礼：《新编英汉翻译教程》，上海外语教育出版社2003年版，第15页。
② 同上书，第15页。
③ 张培基：《英汉翻译教程》，上海外语教育出版社1980年版，第9页。

心'。"①在理解阶段，译者应主要致力于"理解原文所涉及的事物，理解原文中的语言现象和逻辑关系，对原文作语言、语境和逻辑上的分析"②。表达是理解的结果，但理解正确并"不意味着表达一定正确"③。在不违背译文语言规范前提下准确地表达原文内容时，"内容优先、忠实优先"④。"直译法显然有其可取之处"⑤，但必要时意译法或许更能体现内容上的忠实。验证阶段是理解与表达的深化，是对原文内容进一步核实和对译文语言反复推敲和思量的环节。在翻译验证环节中，译者的工作是校核有无错译漏译，改正补充优化译文，既着重校核内容，又要着重润饰文字。⑥

　　在法律文本的汉译英工作中，译者要去理解的原文是中文的法律法规规章，它们是以条款形式呈现的，其原文是整篇法规，其上下文可能是整个法律体系。译者应将立法本意牢记心间，用好法律解释方法，勤查相关法规规定及其解释，做到正确通透理解原文。表达时遵循内容优先原则，能直译则直译，需要意译时果断采用意译方式，并使用法律英语的常用词、行话和术语，使用地道的法律英语的句式结构。此时，法律词典和相关法律文献查阅能够起到很好的辅助作用，但可能更多的是要充分运用好法律解释规则。准确不失真是法律英译时要遵循的最根本的原则，也是法律英译工作的首要标准，该原则或标准贯穿法律英译的三个阶段或曰三个环节：原文理解环节、译文表达环节和达意验证环节。在这三个环节上原文内容的准确迁移和法律等效表达尤为重要。

　　例十一：2002 年 7 月 30 日公布的《关于审理企业破产案件若干问题的规定》第 55 条第 2 款。（北大法宝—英文译本检索系统，2015 年 5 月 1 日检索）

　　（原文）以上第（五）项债权以实际损失为计算原则。违约金不作为破产债权，定金不再适用定金罚则。

　　（译文）The claims in the above Item (5) shall be subject to the

---

① 张培基：《英汉翻译教程》，上海外语教育出版社 1980 年版，第 10—11 页。

② 孙致礼：《新编英汉翻译教程》，上海外语教育出版社 2003 年版，第 17—18 页。

③ 张培基：《英汉翻译教程》，上海外语教育出版社 1980 年版，第 12 页。

④ 孙致礼：《新编英汉翻译教程》，上海外语教育出版社 2003 年版，第 22—23 页。

⑤ 张培基：《英汉翻译教程》，上海外语教育出版社 1980 年版，第 13 页。

⑥ 同上书，第 15 页。

calculation principle of actual loss. The penalty of breach shall not be regarded as bankruptcy claim, nor shall the deposit be subject to the penalty provisions on deposit.

例十二: 2012 年 5 月 10 日公布的《最高人民法院关于审理买卖合同纠纷案件适用法律问题的解释》第 28 条。(北大法宝—英文译本检索系统, 2015 年 5 月 1 日检索)

(原文) 第 28 条　买卖合同约定的定金不足以弥补一方违约造成的损失, 对方请求赔偿超过定金部分的损失的, 人民法院可以并处, 但定金和损失赔偿的数额总和不应高于因违约造成的损失。

(译文) Article 28　Where liquidated damages agreed upon in a sales contract are insufficient to compensate one party's losses due to the breach of contract by the other party, and the compensation requested by the party exceeds the liquidated damages, the people's court may handle the matters concurrently; however, the total amount of the liquidated damages and the compensation for losses may not be greater than the losses caused by the breach of contract.

例十三: 2012 年 12 月 8 日公布的《最高人民法院关于适用〈中华人民共和国担保法〉若干问题的解释》第 118 条。(北大法宝—英文译本检索系统, 2015 年 5 月 1 日检索)

(原文) 第 118 条　当事人交付留置金、担保金、保证金、订约金、押金或者订金等, 但没有约定定金性质的, 当事人主张定金权利的, 人民法院不予支持。

(译文) Article 118　The parties who provide money of lien, security, guarantee, contract conclusion deposit, pledge or deposit have not agreed on the nature of deposit, if the parties require the right of deposit, the court will not support it.

例十四: 2000 年 10 月 14 日经修订后公布的《广东省商品房预售管理条例》第 23 条。(北大法宝—英文译本检索系统, 2015 年 5 月 1 日检索)

(原文) 第 23 条　预购人与预售人签订书面的商品房预购销合同前, 经双方协商同意, 预售人可以向预购人收取一定数额的商品房预购订金; 预售人收取订金前, 应当向预购人提供商品房预购销合同草案。

(译文) Article 23　Before the advance seller and the advance buyer make the written contract of advance sale and purchase of commercial housing, the advance seller may draw from the advance buyer a certain amount of <u>earnest money</u> of commercial housing of advance purchase after the two parties negotiate and reach agreements; and the advance seller shall provide the draft of the contract of advance sale and purchase of commercial housing to the advance buyer before drawing the <u>earnest money</u>.

　　例十一将"定金"译作"deposit"，例十二将"定金"译作 "liquidated damages"，例十三将"订金"译作"deposit"，例十四将"订金"译作"earnest money"，何其乱也！那么"定金"和"订金"是一回事吗？这需要从法律语义上去追根溯源，求得准确的理解，先做到原文理解环节的不失真。

　　中国法律既有关于"定金"的规定也有关于"订金"的规定，它们是有区别的。《中华人民共和国合同法》第115条规定："当事人可以依照《中华人民共和国担保法》约定一方向对方给付定金作为债权的担保。债务人履行债务后，定金应当抵作价款或者收回。给付定金的一方不履行约定的债务的，无权要求返还定金。收受定金的一方不履行约定的债务的，应当双倍返还定金。"《中华人民共和国担保法》还规定，"定金应当以书面形式约定。当事人在定金合同中应当约定交付定金的期限。定金合同从实际交付定金之日起生效"。"定金的数额由当事人约定，但不得超过主合同标的额的百分之二十。"因此，定金是债的一种担保方式，指以确保合同的履行为目的，由当事人一方在合同订立前后，合同履行前预先交付于另一方的金钱或者其他代替物的法律制度。定金作为一种担保方式，具有以下特点："（1）定金合同的成立不仅需要双方当事人的意思表示一致，而且还必须有交付定金的行为；（2）定金担保的主合同，一般是给付金钱债务的合同；（3）法律对定金的数额有限制，即不能超过主合同标的额的20%，超过的部分无效。当事人可以依据法律的规定，约定一方向对方给付定金作为债权的担保。债务人履行债务后，给付定金的一方有权收回定金，或者将定金抵作价款；收受定金的一方不履行债务的，应当将双倍的定金返还给付定金的一方。给付定金的一方不履行债务的，则无权要求返还定金。"①

对于"订金"，其含义目前在法律上没有明确规定，一般被视为"预付款"，其效力取决于双方当事人的约定；如果没有约定，其性质就是"预付款"，商家违约时应无条件退款；"消费者违约时可以与经营者协商要求经营者退款，但也要承担因违约而给商家造成的损失。"② 关于"预付款"，1984 年 12 月 28 日发布的《国家工商行政管理局仲裁委员会关于定金和预付款性质的复函》中明确指出，预付款不具有"定金"的担保性质。如果预付款的一方不履行合同，可将预付款一部分或者全部抵作违约金或者赔偿金，余款应退还给预付方；如果接受预付款一方不履行合同，应将预付款返还给预付方。

至此，译者对于原文法律术语"定金"和"订金"的准确理解业已完成，其后就要着力于表达阶段的选词与用词，以求得译文表达准确，做到译文表达上的不失真。那么，"deposit""earnest money" 和 "liquidated damages" 的含义是否有差别？

《布莱克法律词典》（第 10 版）对词条 "deposit" 的第 3 个义项为："Money placed with a person as earnest money or security for the performance of a contract. The money will be forfeited if the depositor fails to perform. Also termed security deposit"；对词条 "earnest money" 的释义为："A deposit paid（often in escrow）by a prospective buyer（esp. of real estate）to show a good-faith intention to complete the transaction, and ordinarily forfeited if the buyer defaults"；对词条 "liquidated damages" 的释义为："An amount contractually stipulated as a reasonable estimation of actual damages to be recovered by one party if the other party breaches"。

显然，"deposit" 和 "earnest money" 都具有"定金"的性质，作为法律术语"定金"的译文表达是准确的，而 "liquidated damages" 指的是"违约金"，用来翻译"定金"是错误的，是法律内涵迁移与表达的失真。"订金"既然被视为"预付款"，则可将其译为 "advance payment"。《布莱克法律词典》（第 10 版）对 "advance payment" 词条的释义为："A payment made in anticipation of a contingent or fixed future liability or obliga-

---

① 大众法律图书中心：《新编常用法律词典》，中国法制出版社 2013 年版，第 117 页。

② 赵荟杰：《"订金"非"定金"一字之差引纠纷》，《人民调解》2013 年第 1 期。

tion"；Collins 在线词典对"advance payment"的解释为："a sum of money paid in advance as a part or the whole of the sum due"。所以，将"订金"译为"advance payment"是准确的。

纽马克主张，译者应根据文本的难易程度，花费翻译所用时间的50%—70%来审校自己的译文。[①] 法律英译的达意验证环节对于原文内容的准确传达必不可少，译者在本阶段的角色是个批评者，主要着眼点仍然在于原文理解不失真、译文表达不失真。在本环节中，摆在译者面前的是原文和译文，原文理解和译文表达"互相联系、往返反复的统一过程"[②] 的特性表现得更为充分。

例十五：1999 年 12 月 25 日公布的《中华人民共和国海事诉讼特别程序法》第 69 条第 2 款。（北大法宝—英文译本检索系统，2015 年 5 月 3 日检索）

（原文）利害关系人对海事证据保全提出异议，海事法院经审查，认为理由成立的，应当裁定撤销海事证据保全；已经执行的，应当将与利害关系人有关的证据返还利害关系人。

（译文）If an interested party lodges an objection to maritime evidence preservation, the maritime court shall order to cancel maritime evidence preservation if it deems the causes are tenable through investigation; if preservation has been imposed, evidence related to the interested party shall be returned to the interested party.

本例中将"审查"译为了"investigation"，而《元照英美法词典》将其同源动词"investigate"解释为"调查、侦查、查问：指系统地查究某一事项，尤指将某一嫌疑人列为刑事侦查的对象以查明犯罪事实的活动"。从理解方面看，对"审查"的理解准确吗？其与"调查"是一回事吗？从表达方面看，"investigation"用以表达"审查"是准确的吗？

首先解决理解的问题。《近现代辞源》有"审查"与"调查"两个词条，含义分别是："审查：检查核对是否正确、妥当"；"调查：为了了解情况而进行考察"。针对《中华人民共和国民事诉讼法》而言，从广泛意

---

① Newmark, Peter, *A Textbook of Translation*，上海外语教育出版社 2001 年版，p. 37。

② 张培基：《英汉翻译教程》，上海外语教育出版社 1980 年版，第 9 页。

义上理解，证据调查是指与证据的收集、审查、判断和运用有关的各种调查活动的总称。为了与当事人收集证据相区分，证据调查特指以法院为主体的证据取得和审查的活动。证据调查制度由两大主要内容组成：一是证据的取得；二是证据的审查。证据的取得仅仅指法院对证据材料的搜集，与当事人收集证据是相对应的。证据的审查则指法院对已经提交或者自己调取来的证据材料进行证据资格认定，从而成为事实认定的依据；证据的审查过程"总是伴随着法官的评价，是证据取得的目的实现"①，比证据的单纯取得更为重要。因此，"审查"与"调查"不同，前者重在于证据是否属实、是否合适的检查核对判定，后者则还包括没有证据先要去取得证据的含义在内。

　　然后再来解决表达的问题。《新汉英法学词典》"审查"词条下提供的第一个选择是"examine"，也有近义词"investigate"的解释："Examine: a general word, suggests a check in order to determine the nature, condition or quality of a thing"；"Investigate: suggests a methodical, searching inquiry into a complex situation"。《布莱克法律词典》（第 10 版）中"examination"词条的第一个义项为："1. the questioning of a witness under oath"。相关的词条有两个："direct examination"与"cross-examination"，其释义分别为："The first questioning of a witness in a trial or other proceeding, conducted by the party who called the witness to testify"和"The questioning of a witness at a trial or hearing by the party opposed to the party who called the witness to testify. The purpose of cross-examination is to discredit a witness before the fact-finder in any of several ways, as by bringing out contradictions and improbabilities in earlier testimony, by suggesting doubts to the witness, and by trapping the witness into admissions that weaken the testimony"。《布莱克法律词典》（第 10 版）对"investigate"词条的解释为："1. To inquire into (a matter) systematically; to make (a suspect) the subject of a criminal inquiry. 2. To make an official inquiry"。

　　由此可以判定，"examination"比"investigation"更加接近于"证据是否属实、是否合适的检查核对判定"活动的本质，所以，作为"审查"

---

① 吐火加、包建华、陈宝贵：《论证据调查与证明责任的关系》，《法律适用》2014 年第 5 期。

的译文选用"examination"比"investigation"更准确。

当然，在本环节还有一个重要的工作就是检查是否漏译。

例十六：2009 年 8 月 27 日经修订后公布的《中华人民共和国民法通则》第 59 条。(北大法宝—英文译本检索系统，2015 年 5 月 17 日检索)

(原文) 第 59 条　下列民事行为，一方有权请求人民法院或者仲裁机关予以变更或者撤销：

(一) 行为人对行为内容有重大误解的；

(二) 显失公平的。

被撤销的民事行为<u>从行为开始起</u>无效。

(译文) Article 59　A party shall have the right to request a people's court or an arbitration Agency to alter or rescind the following civil Acts：

(1) those performed by an actor who seriously misunderstood the contents of the Acts；and

(2) those that are obviously unfair.

Rescinded civil Acts shall be null and void <u>from the very beginning</u>.

该条第 2 款"从行为开始起"中的"行为"漏译了，而这一词语却是很重要的，在原文中具体指明了行为无效的起算时间点，如果漏译了"行为"，读者在读到译文时就会存在疑惑，因为弄不清楚从何时开始。我们可以在"from the very beginning"后加上"there of"一词来补正原来的漏译，改译为"from the very beginning there of"，其意思相当于"from the very beginning of these acts"。此例原译文是典型的词语漏译情形，在法律文本英译中更严重的是整句、整项或整款的漏译并不少见。

例十七：2014 年 8 月 31 日公布的《中华人民共和国政府采购法》第 10 条。(北大法宝—英文译本检索系统，2015 年 5 月 17 日检索)

(原文) 第 10 条　政府采购应当采购本国货物、工程和服务。但有下列情形之一的除外：

(一) 需要采购的货物、工程或者服务在中国境内无法获取或者无法以合理的商业条件获取的；

(二) 为在中国境外使用而进行采购的；

(三) 其他法律、行政法规另有规定的。

前款所称本国货物、工程和服务的界定，依照国务院有关规定执行。

（译文） Article 10　Government procurements shall be based on the procurement of domestic goods, projects and services with the exception of the following circumstances:

a. The goods, projects or services that are needed cannot be obtained within the territory of China or cannot be obtained under reasonable commercial conditions;

b. The procurement is made for the use without the territory of China;

c. It is otherwise provided in other laws or administrative regulations.

显然，原文第 2 款漏译了。

例十八：2014 年 8 月 31 日公布的《中华人民共和国政府采购法》第 7 条。（北大法宝—英文译本检索系统，2015 年 5 月 17 日检索）

（原文） 第 7 条　政府采购实行集中采购和分散采购相结合。集中采购的范围由省级以上人民政府公布的集中采购目录确定。

属于中央预算的政府采购项目，其集中采购目录由国务院确定并公布；属于地方预算的政府采购项目，其集中采购目录由省、自治区、直辖市人民政府或者其授权的机构确定并公布。

纳入集中采购目录的政府采购项目，应当实行集中采购。

（译文） Article 7　Both the method of centralized procurement and decentralized procurement may be employed in government procurements. The range for centralized procurement shall be limited to the lists for centralized procurement which are published by the people's government on the provincial government or above.

本条漏译就更严重了，原文第 2 款、第 3 款都漏译了。

以上列举从法律英译活动的三个环节进行了剖析，由此也说明，译者需要围绕原文内容的准确迁移和法律等效表达从理解、表达和验证三个环节作出不懈的努力，才能最大程度地保证法律文本翻译的准确不失真。但事实上，在面世的法律英译本中，我们依然能发现大量翻译失真问题。下面将以法律文本翻译的准确不失真为根本原则和首要标准，从不同视角扣住三个环节，对这些翻译失真问题进行类型化和成因分析，以期深化对翻译失真问题的认识和解决。

第三节　非法律解释视角下的失真类型与成因

陈忠诚①，金朝武、胡爱平②，杜金榜、张福、袁亮③，蒙启红④，金晓燕⑤等在其文献中采用不同的视角分析了中国法律法规英译中存在的翻译失真问题，主要是从原文理解环节和译文表达环节对这些问题进行了归纳，总结了问题的类型。总体看来，这些视角来自相关学科的研究成果，具体包括语言、逻辑、文化和法律知识等，而论述较多、较成体系的则属前三项，可归纳为语言失真、逻辑失真和文化失真。

一　语言失真

语言失真包括语法失真、语义失真和文体失真。

（一）语法失真

例十九：2009 年 8 月 27 日经修正后公布的《中华人民共和国民法通则》第 59 条第 1 款。（北大法宝—英文译本检索系统，2015 年 5 月 17 日检索）

（原文）第 59 条　下列民事行为，一方有权请求人民法院或者仲裁机关予以变更或者撤销：

（一）行为人对行为内容有重大误解的；

（二）显失公平的。

（译文）Article 59　A party shall have the right to request a people's court or an arbitration Agency to alter or rescind the following civil Acts：

（1）those performed by an actor who seriously misunderstood the contents of the Acts；and

（2）those that are obviously unfair.

在译文中，"Agency" 和 "Acts" 首字母都大写了，这是错误的，至

---

① 陈忠诚：《法律英译的失真问题》，《外国语》1990 年第 1 期。

② 金朝武、胡爱平：《试论我国当前法律翻译中存在的问题》，《中国翻译》2000 年第 3 期。

③ 杜金榜、张福、袁亮：《中国法律法规英译的问题和解决》，《中国翻译》2004 年第 5 期。

④ 蒙启红：《地方性法规英译的若干问题和解决》，《学理论》2008 年第 24 期。

⑤ 金晓燕：《法律术语的英译问题探究》，《常州工学院学报》（社科版）2013 年第 2 期。

少是不严谨的。

例二十：2014 年 8 月 31 日修订后公布的《中华人民共和国政府采购法》第 19 条。（北大法宝—英文译本检索系统，2015 年 5 月 17 日检索）

（原文）第 19 条　采购人可以委托集中采购机构以外的采购代理机构，在委托的范围内办理政府采购事宜。

采购人有权自行选择采购代理机构，任何单位和个人不得以任何方式为采购人指定采购代理机构。

（译文）Article 19　The purchaser may entrust the procurement agencies recognized by the other than the centralized procurement institutions to make the government procurements within the scope of entrustment. The purchaser shall be entitled to select its own procurement agencies, no entity or individual may designate by any means any procurement agencies for the purchaser.

译文中 "procurement" 一词使用的是复数形式，但该词是不可数名词。《柯林斯英汉双解大词典》对 "procurement" 的释义为："Procurement is the act of obtaining something such as supplies for an army or other organization"。

例二十一：2002 年 4 月 28 日公布的《全国人民代表大会常务委员会关于〈中华人民共和国刑法〉第二百九十四条第一款的解释》第 2 款。（北大法宝—英文译本检索系统，2015 年 5 月 17 日检索）

（原文）（二）有组织地通过违法犯罪活动或者其他手段获取经济利益，具有一定的经济实力，以支持该组织的活动；

（译文）（2）it gains economic interests through organized illegally acts, criminal acts or other means, with a certain amount of economic strength to support its activities；

很明显，译文中有语法错误，用副词作了名词的定语。

例二十二：1997 年 3 月 14 日经修订后公布的《中华人民共和国刑法》第 68 条第 1 款。（北大法宝—英文译本检索系统，2015 年 5 月 17 日检索）

（原文）第 68 条　犯罪分子有揭发他人犯罪行为，查证属实的，或者提供重要线索，从而得以侦破其他案件等立功表现的，可以从轻或者减轻处罚；有重大立功表现的，可以减轻或者免除处罚。

（译文）Article 68　Criminal elements who perform meritorious service by exposing other people's crimes that can be verified or who provide important clues leading the cracking of other cases may be given a lesser punishment or a mitigated punishment. <u>Those who performed major meritorious service</u> may be given a mitigated punishment or may be exempted from punishment.

原文中"有重大立功表现的"描述的是法律规范中的假定情形，时态应该用一般现在时态，而此处用的是过去时态，是语法错误，属于语法失真。

例二十三：2005年1月4日公布的《湖北省劳动合同规定》第45条。（北大法宝—英文译本检索系统，2015年5月17日检索）

（原文）第45条 用人单位有下列情形之一的，由县以上劳动保障行政部门给予警告，责令限期改正；逾期不改的，处以3000元以上1万元以下的罚款，构成犯罪的，依法追究刑事责任：

（一）违反规定延长试用期的；

（二）故意订立无效劳动合同或部分无效劳动合同的；

（三）不按规定参加社会保险的；

（四）违反规定侵害女职工或未成年工合法权益的；

（五）违反规定擅自使用境外人员的；

（六）国家规定须持证上岗的技术工种岗位招用未取得相应职业资格证书人员的；

（七）违反本规定或劳动合同的约定解除劳动合同的；

（八）强迫职工集资、入股的；

（九）以暴力、威胁或者非法限制人身自由的手段强迫劳动者劳动的。

（译文）Article 45 Where there exists any of the following situations concerning the employing unit, the administrative department of labor protection at the county and the level above shall give the warning to and require the employing unit to correct and remedially sign the labor contract within the required time limit. If the employing unit refuses to make the correction within the time limit, a fine of over three thousand yuan but under ten thousand yuan shall be imposed. If the situation constitutes a crime, the criminal responsibilities shall be investigated according to law.

（1）Prolongs the probation period in violation of the provisions;

（2）Deliberately signs an invalid labor contract or a labor contract which is partially invalid;

（3）Does not participate in the social insurance in accordance with the provisions;

（4）Infringes on the lawful rights and interests of the women employees or the minors in violation of the provisions;

（5）Employs the foreign people without authorization in violation of the provisions;

（6）Employs the laborer without the corresponding professional qualification certificate, which is prescribed by the State for the technical posts;

（7）Dissolves the labor contract in violation of these Provisions or the agreement in the labor contract;

（8）Forces the employee to raise funds and buy a share;

（9）Uses violence, threatening or illegal means to suppress personal freedom and force the laborer to work.

单看该条第一款这九项译文，都是动词打头，还是第三人称单数形式，担当的是句子的谓语部分，却找不到相应的主语部分，在离它们最近的句子"If the situation constitutes a crime, the criminal responsibilities shall be investigated according to law"中也找不到与这些谓语部分搭配的主语，译文读者也就找不到这些法律行为的行为主体。本例译文句子结构不完整，是句法错误，属于语法失真。

例二十四：1992 年 12 月 26 日公布的《农业化学物质产品行政保护条例》第 15 条。（北大法宝—英文译本检索系统，2015 年 5 月 17 日检索）

（原文）第 15 条　有下列情形之一的，行政保护在期限届满前终止：

（一）农业化学物质产品独占权在申请人所在国无效或者失效的；

（二）农业化学物质产品独占权人没有按照规定缴纳行政保护年费的；

（三）农业化学物质产品独占权人以书面形式声明放弃行政保护的；

（四）农业化学物质产品独占权自农业化学物质产品行政保护证书颁发之日起一年内未向国务院农业行政主管部门申请办理登记手续的。

（译文）Article 15　In any of the following cases, the administrative protection shall cease before the expiration of its duration：

（1）Where the exclusive right of an agricultural chemical product proves invalid or becomes invalid in the country where the applicant resides；

（2）Where the owner of the exclusive right of an agricultural chemical product does not pay an annual fee as prescribed；

（3）Where the owner of the exclusive right of an agricultural chemical product waives the administrative protection by a written declaration；

（4）Where the owner of the exclusive right of an agricultural chemical product does not apply to the competent administrative department of agriculture under the State Council for going through the registration procedures within a year from the date on which the certificate of administrative protection of the agricultural chemical product is issued.

原文中，（一）（二）（三）（四）项是"下列情形"的列举式解释，在译文中（1）（2）（3）（4）项应该是第一款中"cases"的具体内容，或者说是对"cases"的具体解释，列举出每一种具体情形。从语法上看，（1）（2）（3）（4）项中每一种情形的"where"从句修饰的是第一款中"cases"这个指称全部情形的单词，因此显然不当，存在语法失真问题。此处，可在第一款中"cases"词后加上"where"这个从句的引导词，同时删除掉（1）（2）（3）（4）项中的"where"。

（二）语义失真

语义失真既包括一般词汇的语义失真，也包括法律术语的语义失真。

例二十五：2015年4月7日公布的国家工商行政管理总局《关于禁止滥用知识产权排除、限制竞争行为的规定》第3条第2款。（北大法宝—英文译本检索系统，2015年5月17日检索）

（原文）本规定所称相关市场，包括相关商品市场和相关地域市场，依据《中华人民共和国反垄断法》和《国务院反垄断委员会关于相关市场界定的指南》进行界定，并考虑知识产权、创新等因素的影响。在涉及知识产权许可等反垄断执法工作中，相关商品市场可以是技术市场，也可以是含有特定知识产权的产品市场。相关技术市场是指由行使知识产权所涉及的技术和可以相互替代的同类技术之间相互竞争所构成的市场。

（译文）For the purposes of these Provisions，"relevant market" includes the relevant product market and the relevant geographic market，as defined in accordance with the *Anti – Monopoly Law* and the *Guide of the Anti – Monopoly Committee of the State Council to the Definition of the Relevant Market* and in consideration of the impact of intellectual property rights, innovation, and other factors. In the law enforcement against monopoly involving intellectual property licensing, <u>among others</u>, the relevant product market may be the technology market or the product market containing particular intellectual property rights. The relevant technology market is the market formed by the competition between the technologies involved in the exercise of intellectual property rights and the existing interchangeable technologies of the same kind.

原文中"等"是语气助词，表示列举的项目未尽，如"被评为全国卫生城市的有北京、上海、南京等十个城市""代表团走访了辽宁、吉林、河北等地""今年我国在工业、农业、交通运输业等各方面都取得了巨大成就"。① 译文中"等"被译成"among others"，这在语义上是有差别的，属于语义失真，因为该短语的意思是"其中；尤其；除了别的之外"。

例二十六：2005 年 1 月 4 日公布的《湖北省劳动合同规定》第 10 条第 3 款。(北大法宝—英文译本检索系统，2015 年 5 月 17 日检索)

(原文) 采用格式条款订立劳动合同的，提供格式条款的一方应当遵循公平原则确定当事人之间的权利义务，并对相关条款予以说明；格式条款不得免除提供格式条款一方的责任、加重对方责任、排除对方主要权利；对格式条款的理解发生争议的应当按照通常理解予以解释，有两种以上解释的应当作出不利于提供格式条款一方的解释，格式条款和非格式条款不一致的，应当采用非格式条款。

(译文) Where the labor contract is signed in the format terms, the party offering the format terms shall define the rights and obligations of the parties concerned, following the principle of equality, and shall elaborate on the relevant provisions. The party offering the format terms shall not shirk obligations, or increase the responsibilities of the opposite party, or to exclude the primary rights of the opposite party. Whenever there exist the disputes over the understanding of the format terms, they shall be settled on in accordance with the generally acknowledged concepts. If there exist simultaneously two and more understandings,

---

① 张清源主编：《现代汉语常用词词典》，四川人民出版社 1992 年版，第 17 页。

the one which is disadvantageous to the party providing the format terms shall be adopted. Where the discrepancy exists between the format terms and the non-format terms, the former shall be adopted.

原文"格式条款和非格式条款不一致的，应当采用非格式条款"的内容被译者采用分译方法译成了单独一句话："Where the discrepancy exists between the format terms and the non-format terms, the former shall be adopted"。在本句中译者并未重复使用"non-format terms"去翻译原文中重复的短语"非格式条款"，而是采用了英语中定冠词"the"加上形容词的结构来表示某类名词性内容的方法，修辞功能是避免重复，值得称道，但是"the former"的意思是"前者"，即"format terms"，与原文内容正好相反，是语义失真的问题。

在法律翻译中受到诟病更多的是法律术语语义失真。法律术语是表达法律专业特殊概念的词或短语，不但形式相对固定且其语义范围准确，译者应力争做到语义不冗余、不减省、不错误。

例二十七：1999 年 12 月 25 日公布的《中华人民共和国海事诉讼特别程序法》第 83 条。（北大法宝—英文译本检索系统，2015 年 5 月 17 日检索）

（原文）第 83 条　海事法院向当事人送达起诉状或者答辩状时，不附送有关证据材料。

（译文）Article 83　When serving a statement of complaint or a defence on any party, the maritime court shall not attach thereto any relevant evidential materials.

例二十八：2014 年 11 月 1 日经修订后公布的《中华人民共和国行政诉讼法》第 67 条。（北大法宝—英文译本检索系统，2015 年 5 月 17 日检索）

（原文）第 67 条　人民法院应当在立案之日起五日内，将起诉状副本发送被告。被告应当在收到起诉状副本之日起十五日内向人民法院提交作出行政行为的证据和所依据的规范性文件，并提出答辩状。人民法院应当在收到答辩状之日起五日内，将答辩状副本发送原告。

（译文）Article 67　A people's court shall, within five days of docketing a complaint, serve a copy of the written complaint on the defendant. The defendant shall, within 15 days of receipt of a copy of the written complaint, provide evidence for taking the alleged administrative action and the regulatory documents based on which the administrative action was taken, and submit a written statement of defense. The people's court shall, within five days of receipt of the written statement of defense, serve a copy thereof on the plaintiff.

"起诉状"是法律术语，指民事案件的原告人和刑事案件的自诉人用以向法院提出诉讼请求的文书，亦称"诉状"。起诉状应当载明以下事项：（一）当事人的姓名、性别、年龄、民族、籍贯、职业、工作单位和住址，企事业单位、机关、团体的名称、所在地和法定代表人的姓名、职务；（二）诉讼请求和所根据的事实和理由；（三）证据和证据来源，证人姓名、工作单位或住址。①

与"起诉状"的含义和功能相对应的英语法律术语是"complaint"。《柯林斯英汉双解大词典》对"complaint"词条的第一个项义是："A complaint is a statement in which you express your dissatisfaction with a situation"；《布莱克法律词典》（第 10 版）中的"complaint"词条的第一项释义是："The initial pleading that starts a civil action and states the basis for the court's jurisdiction, the basis for the plaintiff's claim, and the demand for relief"。再查"pleading"，其释义为："A formal document in which a party to a legal proceeding (esp. a civil lawsuit) sets forth or responds to allegations, claims, denials, or defenses"，意思是"为启动民事诉讼程序时最先提交的诉讼文书，内容包括法院管辖、原告的诉讼主张以及法律救济的请求"。由此可见，译文中"statement"和"written"都是多余的，上两例存在语义冗余，存在语义失真。

例二十九：2003 年 12 月 24 日公布的《人民法院民事诉讼风险提示书》第 13 条第 1 款。（北大法宝—英文译本检索系统，2015 年 5 月 17 日检索）

（原文）十三、不按时出庭或者中途退出法庭

原告经传票传唤，无正当理由拒不到庭，或者未经法庭许可中途退出法庭的，人民法院将按自动撤回起诉处理；被告反诉的，人民法院将对反诉的内容缺席审判。

（译文）XIII. Failing to appear in court on schedule or withdraw during a

①　栗劲、李放主编：《中华实用法学大辞典》，吉林大学出版社 1988 年版，第 1497 页。

court session

If a plaintiff, having been served with a <u>summons</u>, refuses to appear in court without justified reasons, or if he withdraws during a court session without the permission of the court, the people's court may consider the case as being withdrawn by him. If the defendant files a counterclaim in the mean time, the people's court may make a judgment on the matter counterclaimed by default.

"传票"也是法律术语，是司法机关为传唤诉讼当事人或其他特定人于指定时间、地点到案所发出的诉讼文书。传票应写明受传唤人的姓名、性别、年龄、住址，传唤的事由，到案的时间、地点及其他有关事项。①诉讼当事人既包括原告也包括被告。而英语法律术语"summons"的含义如何呢？《布莱克法律词典》（第 10 版）中"summons"词条的适切义项是："1. A writ or process commencing the plaintiffs action and requiring the defendant to appear and answer"，"summons"是原告为启动诉讼程序、要求被告出庭应诉的令状，送达人为被告。所以，在本例中用"summons"翻译"传票"存在语义减省性失真。

与"传票"语义更适切的英语法律术语是"process"，在法律词典网站"http：//legal - dictionary.thefreedictionary.com"上，"Service of Process"词条下对"process"有着清楚的解释："the general term for the legal document by which a lawsuit is started and the court asserts its jurisdiction over the parties and the controversy. Process must be properly served on all parties in an action"。可见，"process"一词概念较宽，该词对原被告皆适用，因此条文中的"传票"应译为"process"。

例三十：2011 年 8 月 1 日公布的《关于人民法院加强法律实施工作的意见》第（六）条。（北大法宝—英文译本检索系统，2015 年 5 月 17 日检索）

（原文）（六）加强民商事审判工作，正确实施民商事法律。准确把握国家经济形势和政策，依法妥善处理民商事案件，促进经济平稳较快发展；平等保护当事人合法权益，依法制裁违约、侵权行为，维护社会诚信和市场秩序；加大调解力度，有效化解社会纠纷，促进家庭和睦、社会和谐；依法规范法官自由裁量权，确保办案法律效果和社会效果有机统一；

---

① 邹瑜、顾明主编：《法学大辞典》，中国政法大学出版社 1991 年版，第 527 页。

依法简化诉讼环节，积极探索小额速裁机制；完善诉讼服务，加大<u>司法救助</u>，方便当事人诉讼，提高诉讼效率。

（译文）6. We shall strengthen the trial of civil and commercial cases and correctly implement civil and commercial laws. We shall have an accurate understanding of the national economic situation and policies, properly handle civil and commercial cases according to law, and promote the stable yet rapid development of the economy; equally protect the legal rights and interests of the parties concerned, legally penalize breaches of contract and infringements, and maintain social good faith and the market order; intensify mediation, effectively resolve social disputes, and promote family harmony and social harmony; regulate the discretion of judges according to law, and integrate legal effects with social effects in trying cases; simplify litigation procedures according to law, and actively explore the speedy trial mechanism for small claims; and improve litigation services, strengthen <u>judicial reparation</u>, facilitate parties' lodging actions, and enhance litigation efficiency.

"司法救助"亦是法律术语，《最高人民法院关于对经济确有困难的当事人提供司法救助的规定》第2条规定："本规定所称司法救助，是指人民法院对于当事人为维护自己的合法权益，向人民法院提起民事、行政诉讼，但经济确有困难的，实行诉讼费用的缓交、减交、免交。"由此可见：（1）最高人民法院在此所规定的司法救助的适用范围仅限于民事、行政诉讼中符合条件的个人或者单位。（2）最高人民法院在此所规定的司法救助的方式为"实行诉讼费用的缓交、减交、免交"，主要是涉及诉讼费用，具有确定的内涵。

那么，用"judicial reparation"来翻译"司法救助"是否正确呢？《布莱克法律词典》（第10版）对 reparation 词条的释义为："1. The act of making amends for a wrong. 2. (*usu. pl.*) Compensation for an injury or wrong, esp. for wartime damages or breach of an international obligation"。在司法救助中不存在审判机关对诉讼当事人因损害导致的补偿或者赔偿，更不存在战争赔款，所以，用"judicial reparation"来翻译"司法救助"，在语义上是错误的，可将该术语译为"judicial aid"。

（三）文体失真

法律汉语和法律英语都有着各自独特的文体特点，分别体现在词汇和句式上。法律汉语在词汇方面的特点主要有：法律专业术语；法律行话；四字词格；精准词语、模糊词语。法律汉语在句式方面的特点主要有："的"字短语使用较多；多用陈述句和祈使句；使用超常规复句；使用句群。① 法律英语的词汇主要有十大特点："具有独特含义的常用词；古英语和中世纪英语词语；拉丁语单词和短语；古法语及法律法语词语；法律术语；法律行话；赘言赘语；模糊词语；精准词语；规约性情态动词。"② 英语法律文本的句式特征有："总是使用陈述句；通常使用完整句；多使用长句、复杂句和名词化结构，而疑问句和省略句几乎不用。"③ 所以，译者在原文理解环节和译文表达环节应该充分考虑到汉语法律文本和英语法律文本的文体特点，否则极有可能引起文体失真的问题。文体失真虽说不影响语义的准确传达，但是会影响译文作为法律文本的严谨性和规范性。

例三十一：2014 年 4 月 22 日修订后公布的《银行调运外币现钞进出境管理规定》第 1 条。（北大法宝—英文译本检索系统，2015 年 6 月 25 日检索）

（原文）第 1 条　为加强和规范银行调运外币现钞进出境业务的管理，保证银行外汇业务的正常经营，根据《中华人民共和国外汇管理条例》和《中华人民共和国海关法》，<u>特制订本规定</u>。

（译文）Article 1　To strengthen and regulate the administration of the allocation and transport of foreign cash into or out of China by banks, and ensure the normal operation of banks' foreign exchange business, these Provisions are <u>developed</u> in accordance with the Regulation of the People's Republic of China on Foreign Exchange Administration and the Customs Law of the People's Republic of China.

例三十二：1987 年 1 月 20 日公布的《关于外商投资企业购买国内产品出口解决外汇收支平衡的办法》第 1 条。（北大法宝—英文译本检索系统，2015 年 6 月 25 日检索）

（原文）第 1 条　根据国务院有关规定，为帮助外商投资企业求得外

---

① 孙懿华：《法律语言学》，湖南人民出版社 2006 年版，第 33—105 页。
② 卢敏：《英语法律文本的语言特点与翻译》，上海交通大学出版社 2010 年版，第 2 页。
③ 同上书，第 29 页。

汇收支平衡，经申请批准，允许购买国内产品出口以弥补本企业的外汇缺额，<u>特制订本</u>办法。

（译文）Article 1 These provisions are <u>hereby formulated</u> in accordance with the relevant regulations of the State Council for the purpose of facilitating enterprises with foreign investment to balance their foreign exchange accounts. Upon the approval of their application, the above-mentioned enterprises are allowed to purchase and export non-resultant domestic products so as to make up for their foreign exchange deficiencies.

中文法条的第 1 条多仅表述立法目的，以"特制定本……"字样结尾。"特制定……"是法律行业用语，指称的是法律范畴的行为，在翻译此类法律行业用语时应选用更切合法律语境、正式程度较高的词汇。

例三十一中"特"未译出，那么该词能省译吗？"特"是"特此"的意思，即"特地在这里，特别在这里"的意思，常用于报告、决定、通知等公文结尾，如特此报告、特此决定、特此通知等。① 所以，"特制定……"中的"特"是有特定文体含义的，不能省译，可译为"hereby"。另外，"develop"一词虽说有"产生""形成"等基本含义，但用该词来翻译"制定"是不太正式的，"formulate"一词更加切合法律语境。在余叔通、文嘉主编的《新汉英法学词典》"制定"条中，"develop"不是可选词汇，而"formulate"则是。宋雷主编的《英汉法律用语大辞典》仅"formulate"有"制定"的含义，如"to formulate policy"和"formulated policy"。所以，例三十一与例三十二相比，前者存在文体失真的问题。

法律英语中，赘言赘语是法律文本行文上在词汇方面的一大文体特色。所谓赘言，亦即使用配对词和三联词来表达法律上本来只需要一个词就能表达的概念。其作用有二："一是使所传达的语气更加强烈，二是使表达的意思更加严密精准。"② 如在表达"无效"时使用的是"null and void"这一组配对词，实际上在语义上其中的任一词已足以表达该含义。《布莱克法律词典》（第 10 版）在对词条"void"的解释是："Of no legal effect; null"，而对"null"的解释是："Having no legal effect; without

① 卓名信、厉新光、徐继昌主编：《军事大辞海》下卷，长城出版社 2000 年版，第 2443 页。

② 卢敏：《英语法律文本的语言特点与翻译》，上海交通大学出版社 2010 年版，第 17 页。

binding force；VOID"。也就是说，null 和 void 这两个词是等义的，是同义词。该词典也特别提到："The phrase null and void is a common redundancy"。所以，在翻译"无效"时使用"null and void"更能体现法律文本的文体特色。

例三十三：2008 年 10 月 15 日修订后公布的《政府制定价格听证办法》第 31 条。（北大法宝—英文译本检索系统，2015 年 6 月 25 日检索）

（原文）第 31 条　定价机关制定定价听证目录内商品和服务价格，未举行听证会的，由本级人民政府或者上级政府价格主管部门宣布定价无效，责令改正；对直接负责的主管人员和其他直接责任人员，依法给予行政处分。

（译文）Article 31　Where any pricing authority fixes the price of any commodity or service listed in the catalogue of commodities and services subject to pricing hearing without holding a hearing thereon，the people's government at the same level or the price department at a higher level shall announce the price null，order the pricing authority to correct and impose administrative sanctions upon the directly responsible person in charge and other directly liable persons.

例三十四：2015 年 3 月 15 日修订后公布的《中华人民共和国立法法》第 73 条第 2 款。（北大法宝—英文译本检索系统，2015 年 6 月 25 日检索）

（原文）除本法第八条规定的事项外，其他事项国家尚未制定法律或者行政法规的，省、自治区、直辖市和设区的市、自治州根据本地方的具体情况和实际需要，可以先制定地方性法规。在国家制定的法律或者行政法规生效后，地方性法规同法律或者行政法规相抵触的规定无效，制定机关应当及时予以修改或者废止。

（译文）Except for the matters as set out in Article 8 of this Law，a province，an autonomous region，a municipality directly under the Central Government，a districted city，or an autonomous prefecture may，according to its specific circumstances and actual needs，first develop local regulations on matters for which no law or administrative regulation has been developed by the state. Once a law or administrative regulation developed on such matters by the state comes into force，the provisions of local regulations which contravene the law or administrative regulation shall be null or void and be amended or repealed by the developing authorities in a timely manner.

例三十三将"失效"译为"null",例三十四将"失效"译为"null or void",都存在文体失真的问题,将其译为"null and void"更为妥当,如例三十五所示。

例三十五:2015 年 2 月 17 日公布的《行政和解试点实施办法》第 31 条。(北大法宝—英文译本检索系统,2015 年 6 月 25 日检索)

(原文)第 31 条　行政和解协议达成后,行政相对人不履行行政和解协议的,行政和解协议无效。

(译文)Article 31　Where the administrative counterpart fails to perform an administrative reconciliation agreement after it is reached, the administrative reconciliation agreement shall be null and void.

二　逻辑失真

法律离不开逻辑,逻辑也大量地存在于法律之中,这是法学界和逻辑学界人士的共同认识。权威的《牛津法律大辞典》直截了当地说:"事实上,适用法律和法律研究均要大量地依靠逻辑。"①法律翻译也是一种逻辑思维活动,不仅在原文理解环节需要运用逻辑,在译文表达环节也需要运用逻辑,即需要"运用概念、判断、推理和论证"②,否则就有可能造成翻译的逻辑错误或曰逻辑失真。

从形式逻辑上看,译名同一律是法律文本翻译中必须首先遵守的逻辑要求。译名同一律是形式逻辑的基本规律之一,要求在同一思维过程中必须在同一意义上使用同一概念。进行法律条文翻译时,应该坚持在整篇法律,甚至整个法律体系中使用同一术语表达同一法律概念,维护同一概念在法律上的始终同一性。重复使用同一术语表达同一概念也是法律翻译的要求,陈忠诚指出,"为求精确无误,同一概念必须使用同一词语,因同义词间往往也存有不少差异,因此不能使用类义词甚至同义词,而只能一贯地用同一个词表示同一概念,以保证其同一性"③。但是,法律文本翻译实践中译者在这个方面是最容易犯错的。

---

① 刘会春:《试论法律逻辑对汉语法律条文英译的影响》,《中国翻译》2005 年第 6 期。

② 李克兴、张新红:《法律文本与法律翻译》,中国对外翻译出版公司 2006 年版,第 41 页。

③ 陈忠诚:《法窗译话》,中国对外翻译出版公司 1992 年版,第 216 页。

例三十六：2012 年 8 月 31 日修订后公布的《中华人民共和国民事诉讼法》第 103 条第 1 款。（北大法宝—英文译本检索系统，2015 年 6 月 26 日检索）

（原文）第 103 条　财产保全采取查封、扣押、冻结或者法律规定的其他方法。人民法院保全财产后，应当立即通知被保全财产的人。

（译文）Article 103　Property shall be preserved by seizure, impoundment, freezing of account or any other means prescribed by law. After preserving any property, a people's court shall immediately notify the person whose property is preserved.

例三十七：2012 年 8 月 31 日修订后公布的《中华人民共和国民事诉讼法》第 114 条第 1 款第 2 项。（北大法宝—英文译本检索系统 2015 年 6 月 26 日检索）

（原文）（二）有关单位接到人民法院协助执行通知书后，拒不协助查询、扣押、冻结、划拨、变价财产的；

（译文）（2）The relevant entity refuses to assist in property inquiry, seizure, freezing, transfer or sale, after receiving a notice of enforcement assistance from the people's court；

这是在同一部法律的不同条文中出现了同一个术语"扣押"，而相应的译文却不同一，被分别译成了"impoundment"和"seizure"，且在前一条文的译文中"seizure"是用来翻译"查封"这一术语的。这样的翻译很明显违反了同一律，是逻辑错误、逻辑失真。翻译时首先应该把"查封"和"扣押"的译文表达先确定下来，然后再力求避免因违反同一律而出现逻辑错误。

根据全国人大法工委网站的解释，"查封是一种临时性的执行措施，是指对被执行人的财产进行清点，加贴人民法院的封条，不准任何人转移和处理。被查封的财产，执行员可以指定被执行人负责保管，被执行人拒绝保管或者保管不善造成损失，由其自行承担责任。如果被查封财产由其他单位或者个人保管，费用由被执行人负担。扣押也是一种临时性的执行措施，是把被执行人的财产运到另外场所予以扣留，避免被执行人对该财产占有、使用和处分。被扣押的财产可以由人民法院保管，也可以由有关单位和个人保管，费用由被执行人负担"①。

《布莱克法律词典》（第 10 版）对 "impound" 的释义是："1. To place（something, such as a car or other personal property）in the custody of the police or the court, often with the understanding that it will be returned intact at the end of the proceeding. 2. To take and retain possession of（something, such as a forged document to be produced as evidence）in preparation for a criminal prosecution"。对 "seizure" 一词的解释是："The act or an instance of taking possession of a person or property by legal right or process; esp. , in constitutional law, a confiscation or arrest that may interfere with a person's reasonable expectation of privacy"。不难发现："查封" 与 "impoundment" 的词义更接近，"扣押" 与 "seizure" 的词义更接近，可作为各自的译文，但是前后文的翻译表达应当一致。

译文中所出现的逻辑错误更多地要依赖于译者和翻译批评者运用判断、推理和论证去发现。

例三十八：2014 年 10 月 11 日发布的《关于敦促在逃境外经济犯罪人员投案自首的通告》第 7 条。（北大法宝—英文译本检索系统，2015 年 5 月 1 日检索）

（原文）七、本通告所称经济犯罪，包括公安机关立案侦查的各类经济犯罪，检察机关立案侦查的贪污贿赂等职务犯罪适用本通告。

（译文）VII. The term "economic crimes" as mentioned in this Announcement refers to various economic crimes that are filed and investigated by public security authorities. This Announcement applies to duty-related crimes that are filed and investigated by procuratorial organs, including bribery and corruption.

例三十九：2015 年 1 月 22 日发布的《城镇污水排入排水管网许可管理办法》第 20 条第 2 款。（北大法宝—英文译本检索系统，2015 年 5 月 1 日检索）

（原文）排水户以欺骗、贿赂等不正当手段取得排水许可的，应当予以撤销。

（译文）Where any drainage entity obtains a drainage license by fraud,

① 全国人大网法制工作委员会（http：//www. npc. gov. cn/npc/flsyywd/flwd/2000 - 2/17/content_ 9809. htm）。

bribery or any other improper means, the drainage license shall be revoked.

上两例中都用"bribery"翻译了"贿赂"一词,《布莱克法律词典》(第10版)对词条"bribery"的解释是:"The corrupt payment, receipt, or solicitation of a private favor for official action"。显然,"bribery"既包括行贿,也包括受贿。该词用在例三十八的译文中是合适的,因为在中国语境中行贿和受贿都是刑法打击的犯罪行为。该词用在例三十九中的译文中就不对了,因为排水户不可能成为受贿行为的主体。所以,例三十九中将"贿赂"一词译为"bribery"存在逻辑错误,译成"offering bribes"则可。

例四十: 2001年1月11日公布的《电信用户申诉处理暂行办法》第5条。(北大法宝—英文译本检索系统,2015年5月1日检索)

(原文)第5条　申诉处理以事实为依据,以法律为准绳,坚持公正、合理、合法的原则。

(译文)Article 5　The settlement of a complaint shall be based on the facts, regard the law as criterion and follow the principle of impartiality, reasonableness and lawfulness.

本例中的逻辑错误至少有两处:"settlement"是一种行为,不是指行为主体资格,不可能实施"regard the law as criterion"这种行为。"公正、合理、合法"是三项原则,而非一条,"principle"一词应使用复数形式。所以,本条可改译为:"Article 5　The settlement of a complaint shall be based on the facts, the law and the principles of impartiality, reasonableness and lawfulness."

例四十一: 2004年4月16日经修订后公布的《深圳经济特区律师条例》第30条第1款。(北大法宝—英文译本检索系统,2015年6月27日检索)

(原文)第30条　律师事务所有下列原因之一予以终止的,由市律师协会注销登录,并报市司法行政机关备案。

(一)律师事务所申请解散,并经原批准机关核准的;

(二)违反法律、法规、执业纪律、被依法吊销执业证书的;

(三)被宣告破产的;

(四)因机构分立、人员变动导致该所已不符合设立条件的;

(五)其他原因。

（译文）Article 30　If a law firm terminates because of one of the following reasons, its accession shall be canceled by municipal lawyers association, and be reported to municipal judicial administrative department for record:

（1）a law firm applying for dismissal and being examined and approved by the original approval authorities;

（2）the practice license being suspended in accordance with law for violating laws, regulations or practice disciplines;

（3）being renounced bankrupt;

（4）not satisfying the conditions of establishment because of the separation of the organ and the change of personnel;

（5）other reasons.

译文"because of one of the following reasons"中的"one"和"（5）other reasons"中的"reasons"在数量上不一致，是逻辑错误，后者亦应为单数，可译为"some other reason"。

例四十二：2009 年 8 月 27 日经修订后公布的《中华人民共和国民法通则》第 45 条。（北大法宝—英文译本检索系统，2015 年 6 月 27 日检索）

（原文）第 45 条　企业法人由于下列原因之一终止：

（一）依法被撤销;

（二）解散;

（三）依法宣告破产;

（四）其他原因。

（译文）Article 45　An Enterprise as Legal Person shall terminate for any of the following reasons:

（1）if it is dissolved by Law;

（2）if it is disbanded;

（3）if it is declared bankrupt in accordance with the Law; or

（4）for other reasons.

该条第 1 款前 3 项的译文都是由"if"引起的从句，表达的是逻辑关系中的"条件"，而非"原因"，"if"与前文的"reasons"在逻辑关系上不一致，译文存在逻辑错误。将"for any of the following reasons"删去，则译文尚佳。

三 文化失真

任何一种语言都深深植根于它所处的文化当中，法律翻译必须充分考虑法条背后的法律文化。文化是人类社会特有的现象，是人类物质生活和精神生活方式的总和，包括生产、生活和交往形式，法律制度、科学艺术成果和风俗习惯，等等。在法律文本翻译实践中，译者更应注意法律文化这种次文化差异。法律文化是人们从事各种法律活动的行为模式、传统和习惯，包括法律制度、法律实践和法律意识多个方面；法律文化是经由法律制度及其实施和法律教育与法学研究等各种法律活动所积累起来的经验、智慧和知识，是各国家或民族在长期共同生活过程中所共同认知的，与法律和法现象有关的，较为稳定的制度、意识和学说的总和。由此可知，法律文化是带有明显民族性和地域性的，不同渊源、性质的法律文化间不可避免地存在差异性。在法律文本翻译实践工作中"不难发现有很多法律条文或法律规范的误译、错译往往是由于忽视了法律文化这种语境差异性而造成的"①。

例四十三：2014 年 11 月 1 日经修订后公布的《中华人民共和国行政诉讼法》第 68 条。(北大法宝—英文译本检索系统，2015 年 6 月 28 日检索)

(原文) 第 68 条 人民法院审理行政案件，由审判员组成合议庭，或者由审判员、陪审员组成合议庭。合议庭的成员，应当是三人以上的单数。

(译文) Article 68 To try an administrative case, a people's court shall form a collegial bench consisting of judges or a collegial bench consisting of judges and assessors. The members of a collegial bench shall be in an odd number of three or more.

此例将"陪审员"译成"assessor"，这准确吗？要作出评判，先要对"陪审员"和"assessor"在各自法律体系里面的内涵做个了解。

在中国语境下，"陪审员"是指通过选举或临时邀请，参加案件审判工作的非职业审判人员。中华人民共和国成立初期就开始实行人民陪审员

---

① 陆丽英：《基于法律文化语境的法律英语翻译原则与策略》，《长江师范学院学报》2012 年第 1 期。

陪审制度，《中华人民共和国人民法院组织法》规定，有选举权和被选举权的年满 23 岁的公民，可以被选为人民陪审员，但是被剥夺过政治权利的人除外。人民法院审判第一审案件，可由审判员组成合议庭，也可以由审判员和人民陪审员组成合议庭进行。人民陪审员在执行职务期间享有与审判员同等的权利。①

《布莱克法律词典》（第 10 版）对"assessor"契合审判语境的释义是："A person who advises a judge or magistrate about scientific or technical matters during a trial"。可见，"assessor"此时的主要职责是提供咨询意见，而非行使类似于法官的职责。本例译文没有体现出法律体系所包含的文化差异来，存在文化失真的问题。

"陪审员"可以考虑译成"juror"，虽然英美法中的"陪审员"和我国的"陪审员"在职能和权限上都有实质性的区别，但是也有很多相似之处。在英美法中，陪审团通常是由 12 人组成的一个团体，依据他们所面对的人证物证对法院审理案件的是与非作出判断，现在主要是刑事案件，偶尔也有民事案件采用陪审团制度。现代陪审团制度中，陪审团成员必须与见证人截然分开，他们对事实要一无所知，单凭法庭上所得的证人证词作出公允的判断。担任陪审员的人必须是已登记的选民，下列人员不能担任陪审员：司法部门的工作人员及任何与执法有关的人员、教士及有精神病的人。另外，有些人可以有权要求不担任陪审员，如议员、医务人员等，而各种在押人犯是没有资格担任陪审员的。②

毕竟，中国的"陪审员"和英美法里陪审团（jury）制度中的"juror"还是有所不同，为了体现出这种文化差异来，译者可将"陪审员"译为"'people'juror"，而无论原文中"陪审员"前面是否存在"人民"二字。

例四十四：2010 年 2 月 10 日公布的《税务行政复议规则》第 52 条。（北大法宝—英文译本检索系统，2015 年 6 月 27 日检索）

（原文）第 52 条　行政复议证据包括以下类别：

（一）书证；

---

① 陈光中：《中华法学大辞典》（诉讼法学卷），中国检察出版社 1995 年版，第 393 页。

② ［英］艾伦·艾萨克斯主编：《麦克米伦百科全书》，郭建中、江昭明、毛华奋等译，浙江人民出版社 2002 年版，第 630 页。

（二）物证；

（三）视听资料；

（四）证人证言；

（五）当事人陈述；

（六）鉴定结论；

（七）勘验笔录、现场笔录。

（译文）Article 52 Evidences for administrative reconsideration shall include the following categories：

（1）documentary evidence；

（2）material evidence；

（3）video and audio materials；

（4）testimonies of witnesses；

（5）statements of the parties concerned；

（6）appraisal conclusions；and

（7）inspection records and on-spot records.

例四十五：2012 年 3 月 14 日经修订后公布的《中华人民共和国刑事诉讼法》第 242 条第 1 款第 2 项。（北大法宝—英文译本检索系统，2015 年 6 月 27 日检索）

（原文）（二）据以定罪量刑的证据不确实、不充分、依法应当予以排除，或者证明案件事实的主要证据之间存在矛盾的；

（译文）（2）the evidence on which conviction and sentencing are based is not hard and sufficient or shall be excluded in accordance with law，or the material evidence on the facts of the case contradicts each other；

上两例译文中都使用了"material evidence"这一短语，例四十四中意指"物证"，例四十五中意指"主要证据"。在我国法律体系中，这两个概念都有着具体的含义。"物证"是证据的一种，广义的物证也包括书证，是"人证"的对称，以它存在的形态、特征、质量、规格来据以查明案件真实情况的一切物品或物质痕迹。刑事案件中常见的物证有：罪犯实施犯罪行为时使用的工具，犯罪过程中留下的物品和痕迹，犯罪行为侵犯的客体物（赃款赃物）等。民事行政案件中常见的物证有："受损坏物质的痕迹，某些有争议的物品"①，等等。"主要证据" 与 "补强证据" 相对，亦称 "主证据""独立证据"，是对案件事实存在与否起主要证明作用的证据，即指 "足以证明案件事实存在与否的证据"②。

在英美法中，"material evidence" 是一个法律概念，《布莱克法律词典》（第 10 版）对 "material evidence" 的解释是："Evidence having some logical connection with the facts of consequence or the issues"，指的是 "与案件的事实或结果存在逻辑关系的证据"，包括言辞证据和实物证据。

译文将 "物证""主要证据" 和 "material evidence" 混为一谈，没有体现出法律概念所包含的文化差异来，存在文化失真的问题。这里可将 "物证" 译为 "real evidence" 或 "physical evidence"，《布莱克法律词典》（第 10 版）对于 "real evidence" 的解释是："Physical evidence（such as clothing or a knife wound）that itself plays a direct part in the incident in question. Also termed physical evidence"。可将 "主要证据" 译为 "best evidence" 或 "primary evidence" 或 "original evidence"，《布莱克法律词典》（第 10 版）对于它们的解释是："Evidence of the highest quality available, as measured by the nature of the case rather than the thing being offered as evidence. Also termed primary evidence; original evidence"。

第四节　法律解释视角下的失真类型与成因

在法律适用过程中，法律解释是一个核心概念，只有完成解释活动才能将抽象的、普遍的法律规范应用于个案当中。法律解释在英文中称为 "Statutory Interpretation"，是针对成文法所作的解释，是解释主体对法律文本进行阐释和说明的活动。法律解释以文本为对象，其目标就是 "要有效地阐明法律文本的含义"③。宋雷比较了法律翻译和法律解释的异同，找到了法律翻译和法律解释的区别和联系，也基于法律解释对法律翻译标

---

① 邹瑜、顾明主编：《法学大辞典》，中国政法大学出版社 1991 年版，第 974—975 页。
② 刘海藩主编：《现代领导百科全书》（法律与哲学卷），中共中央党校出版社 2008 年版，第196 页。
③ 王利明：《法律解释学》，中国人民大学出版社 2011 年版，第 11 页。

准进行了反思。①

　　法律解释有着具体的解释方法，包括狭义的法律解释方法和广义的法律解释方法。狭义的法律解释方法包括文义解释、体系解释、当然解释、反面解释、目的解释、限缩解释和扩张解释、历史解释、社会学解释及合宪性解释；广义的法律解释方法包括不确定概念和一般条款的具体化及其类型化方法和类推适用等多种漏洞填补方法。

　　上述方法，尤其是广义法律解释方法，并不能使译者可以像裁判者那样去解释法律条款而使其含义具体化，但是这些方法依然能为译者的法律文本翻译实践提供方法论指导，以更好地追求原文含义的准确迁移和法律等效表达；法律翻译批评者也可从这些方法中找到切入的视角，挖掘法律翻译中出现的各类失真问题，其中文义解释、体系解释、目的解释、历史解释和社会学解释能给译者和翻译批评者最直接的启示；从这些具体法律解释方法视角审视法律文本英译实践发现，文义解释、体系解释、目的解释、历史解释和社会学解释失真问题最为典型。

一　文义失真

　　法律解释中的文义解释是指对法律文本的字面含义所进行的解释，是对法律文本的字面含义按照语法结构和语言规则、通常理解等方法所进行的解释，是指根据制定法的字面含义所进行的一种具体化阐释和理解活动，也就是通常所说的，按照"法律条文的词组联系、句子结构、文字结构、文字排列及标点符号等"② 解释法律文本字面含义的活动。法律翻译中出现此类失真是非常常见的。

　　例四十六：2012 年 7 月 27 日公布的《上海市人民代表大会关于代表书面意见的规定》第 7 条第 1 款。（北大法宝—英文译本检索系统，2015 年 6 月 29 日检索）

　　（原文）第 7 条　有下列情形之一的，代表提出的书面意见办理工作即行终止：

　　（一）代表一人提出书面意见后要求撤回的；

　　（二）代表数人联名提出书面意见后，一致要求撤回的。

---

① 宋雷：《英汉对比法律语言学》，北京大学出版社 2010 年版，第 219—231 页。

② 王利明：《法律解释学》，中国人民大学出版社 2011 年版，第 72 页。

（译文） Article 7　<u>Where</u> there occurs one of the following circumstances, the handling of the written observations submitted by the deputies shall be <u>terminated</u>:

1. A deputy puts forward a written observation and afterwards he/she requests to withdraw; or

2. Several deputies put forward a written observation jointly signed, and afterwards request to withdraw with one accord.

原文中"即行终<u>止</u>"是四字格偏正短语，义为"立即终<u>止</u>"，"立即"重在表达实施"终<u>止</u>"这一法律行为的时间，而译文却见不到对这一时间概念的强调。译文可改为：

Article 7　The handling of the written observations submitted by the deputies shall be <u>terminated immediately when</u> there occurs one of the following circumstances:

例四十七：2014 年 11 月 27 日经第二次修订后公布的《中华人民共和国外资银行管理条例》第 7 条。（北大法宝—英文译本检索系统，2015 年 6 月 29 日检索）

（原文） 第 7 条　设立外资银行及其分支机构，应当经银行业监督管理机构<u>审查批准</u>。

（译文） Article 7　The formation of foreign-funded banks and their branches shall be subject to the <u>approval</u> of the banking regulatory authorities.

原文中的"审查批准"是两个词语，在中国法律条文中是常用的一个联合词组，一前一后，有着固定的语序。"审查"在前，"审查"是"批准"的法定前提条件，"审查"后认为符合法律规定的则予以批准，否则不会批准。所以"审查"一词并非可有可无，不能省译，可译作"examination"，且应置于"approval"之前，显示其逻辑语序。所以，本例译文存在文义失真的问题。

例四十八：2014 年 11 月 27 日经第二次修订后公布的《中华人民共和国外资银行管理条例》第 2 条。（北大法宝—英文译本检索系统，2015 年 6 月 29 日检索）

（原文） 第 2 条　本条例所称外资银行，<u>是指</u>依照中华人民共和国有关法律、法规，经批准在中华人民共和国境内设立的下列机构：

（一）1 家外国银行单独出资或者 1 家外国银行与其他外国金融机构

共同出资设立的外商独资银行；

（二）外国金融机构与中国的公司、企业共同出资设立的中外合资银行；

（三）外国银行分行；

（四）外国银行代表处。

（译文）Article 2　For the purposes of this Regulation，"foreign-funded banks" <u>includes</u> the following institutions formed upon approval within the territory of the People's Republic of China in accordance with the relevant laws and regulations of the People's Republic of China：

（1）A wholly foreign-funded bank formed by one foreign bank as the sole investor or by one foreign bank and other foreign financial institutions as joint investors；

（2）A Chinese-foreign equity joint venture bank formed by one or more foreign financial institutions and one or more Chinese companies or enterprises as joint investors；

（3）A branch of a foreign bank；

（4）A representative office of a foreign bank.

据《柯林斯英汉双解大词典》，"includes" 一词的通常理解是："If one thing includes another thing，it has the other thing as one of its parts"。此处释义含有关键词 "parts"，也就是说，被包含的对象只是 "部分"，完全有可能还有其他内容。译者看到 "includes" 一词时，按照通常理解的词义会有疑问：在中国语境中 "foreign-funded banks" 的表现形式不止此四种，还有其他形式，那么是什么呢？"includes" 扩大了原文 "是指" 一词的含义，译文存在文义失真的问题。

文义解释也必须遵循形式逻辑的要求，[①] 由于法条都是将概念、术语按照一定的逻辑组织起来的，传统上认为文义解释是一种语义解释和逻辑解释方法，因此译者在法律翻译中违反形式逻辑的规律也会导致译文文义失真。

例四十九：2008 年 1 月 19 日经修订后公布的《江苏省实施〈中华人民共和国妇女权益保障法〉办法》第 11 条第 2 款。（北大法宝—英文译

---

① 王利明：《法律解释学》，中国人民大学出版社 2011 年版，第 83 页。

本检索系统，2015 年 6 月 29 日检索）

（原文）有关部门应当制定规划、采取措施，逐步建立完善<u>有利于实现性别平等</u>的选拔任用女干部的机制。

（译文）The relevant departments shall formulate planning, take measures, and gradually establish and improve a mechanism which is conducive to the selection and appointment of women cadres <u>through realization of equality between sexes</u>.

原文"有利于实现性别平等"在逻辑上是"选拔任用女干部的机制"的目的，而译文"through realization of equality between sexes"表达的则是建立完善该机制的手段，原文和译文在逻辑上是不一致的，存在文义失真的问题。

语义与语境关系密切，必须根据语境来把握语言的准确含义，如"一般包括"这一用语常见于法律的条文规定中，但民法类规定与法院内部工作制度对于该用语而言就是不同的语境。

例如，在《中华人民共和国物权法》第 138 条中，对于"一般包括"的理解是它不同于"必须包括"和"应当包括"，表明这些条款只是任意性的，而不是强制性的，它在一定范围内授权当事人自行作出不同的约定。"一般包括"说明这些条款并非订立建设用地使用权出让合同中的必备条款，缺少其中某项条款不一定会导致合同无效。

例五十：2007 年 3 月 16 日公布的《中华人民共和国物权法》第 138 条。（北大法宝—英文译本检索系统，2015 年 6 月 29 日检索）

（原文）第 138 条　采取招标、拍卖、协议等出让方式设立建设用地使用权的，当事人应当采取书面形式订立建设用地使用权出让合同。

建设用地使用权出让合同<u>一般包括</u>下列条款：

（一）当事人的名称和住所；

（二）土地界址、面积等；

（三）建筑物、构筑物及其附属设施占用的空间；

（四）土地用途；

（五）使用期限；

（六）出让金等费用及其支付方式；

（七）解决争议的方法。

（译文）Article 138　Where the right to use land for construction is established by means of auction, bid invitation, or agreement, etc. , the parties concerned shall enter into a written contract on the transfer of the right to use land for construction.

A contract on transfer of the right to use land for construction<u>shall generally include</u> the following clauses:

(1) Name and domicile of the parties;

(2) Location and acreage, etc. of the land;

(3) Space occupied by buildings, fixtures and their affiliated facilities;

(4) Purposes of use;

(5) Term of use;

(6) Payment methods for allotment fees and other fees; and

(7) Dispute resolution method.

该条中的"一般包括"应当理解成引导类规范,而非强行性规范,译成"shall generally include"与原文所处语境不符,译成"may generally includes""can generally includes""generally includes"等皆可。

在《人民法院督促检查工作规定》第10条中,将"一般包括"理解成是强行性规范是合适的,因为督查工作的实施主体当不得随意减少这些程序。

例五十一:2014年6月4日经修订后公布的《人民法院督促检查工作规定》第10条。(北大法宝—英文译本检索系统,2015年6月29日检索)

(原文)第10条 督查工作<u>一般包括</u>立项登记、拟办送审、交办、办理、反馈、催办、报告、回访复核、结项归档等程序。

(译文)Article 10 Supervision <u>shall generally include</u> such procedures as initiation and registration, to-be handling and submission for examination and approval, assignment, handling, feedback, urging of handling, reporting, return visit and review, conclusion and filing.

二 体系失真

体系解释是狭义法律解释中的重要方法,是以法律的外在体系为依据进行的解释。所谓体系,就是指具有一定逻辑的系统构成。外在体系又称为形式体系,它是指篇章节、基本制度的安排等形成的逻辑体系。从解释学角度来看，体系解释体现了解释学循环特征。解释学循环是重要的解释现象：部分的理解要借助于整体，而整体的理解又要借助于部分。在法律体系解释中，解释学循环的现象表现得尤为突出。体系解释将法律规范和法律条文置于整个法律体系之中来理解，不能孤立地理解特定的法律规范、法律条文和法律概念，而是要将其与其他法律条文甚至整部法律结合起来、联系起来进行解释，"将整部法律的一些基本概念、原则以及一般条款等加以运用"①，并同相关制度结合起来进行一体性理解，所以体系解释也被称为整体解释。

体系解释里面的整体观、相互参照观对于法律翻译实践具有很大的指导意义，译者不仅要有语言体系方面的顾及，更要有法律体系方面的考量。若译者在法律翻译实践中没有这方面的顾及与考量，则译文可能存在体系失真的翻译错误。

英语是在国际交往中使用最广的语言，使用范围从英国扩展到美国、加拿大、澳大利亚、新西兰、印度等多个国家和地区，英语出现了各种地区性变体，包括英国英语、美国英语，即通常所说的英式英语与美式英语。英式英语与美式英语在发音、拼写、用词、语法、习惯用语、日期数字表达以及商务信函等方面都存在明显的差异。也就是说，英式英语与美式英语在某些方面具有各自的体系，在法律翻译实践中还应当考虑这种体系性。

例五十二：2006 年 12 月 18 日经修订后公布的《天津市土地管理条例》第 46 条。（北大法宝—英文译本检索系统，2015 年 7 月 4 日检索）

（原文）第 46 条　城市建设必须节约使用土地。禁止占用湿地，严格控制占用水面。可以利用荒地的，不得占用耕地；可以利用其他耕地的，不得占用基本农田。

（译文）Article 46　Urban construction must economize on land use. It is prohibited to seize wetland and the use of water surface shall be strictly controlled. Where wasteland can be used, farmland may not be used; where other farmland can be utilized, basic farmland may not be used.

例五十三：2006 年 12 月 18 日经修订后公布的《天津市土地管理条例》第 48 条。（北大法宝—英文译本检索系统，2015 年 7 月 4 日检索）

---

①　王利明：《法律解释学》，中国人民大学出版社 2011 年版，第 92—93 页。

（原文）第 48 条　建设项目占用农用地或者集体土地的，由项目所在地的区、县土地行政主管部门组织土地勘测定界，拟订农用地转用方案、补充耕地方案、征收土地方案和供地方案，经市土地行政主管部门审查汇总后，报市人民政府批准或者经市人民政府审核后报国务院批准。

（译文）Article 48　Where a construction project occupies the land of agricultural purposes or the collective-owned land, the district or county competent administrative department of land in the locality of the project shall organize for land survey and demarcation, draw up the <u>programme</u> of transference of the land used for agriculture to other purposes, the farmland replenishment <u>programme</u>, the land requisitioning <u>programme</u>, and the land supply <u>programme</u> and, after assemblage and examination by the Municipal competent administrative department of land, report them to the Municipal People's Government for approval or submit them to the State Council for approval after examination and approval of the Municipal People's Government.

在该法第四十六条，"利用"的译语用词是"utilize"，这是美式英语拼写方法，在英式英语中写作"utilise"。在该法第 48 条，"方案"的译语用词是"programme"，这是英式英语拼写方法，在美式英语中写作"program"。可以说，本处两例译文共处一"法"，但其词汇拼写方法存在语言体系不一致的问题。

例五十四：2011 年 7 月 7 日公布的《电力安全事故应急处置和调查处理条例》第 17 条第 1 款第 4 项。（北大法宝—英文译本检索系统，2015 年 7 月 4 日检索）

（原文）第 17 条　事故造成电网大面积停电的，有关地方人民政府及有关部门应当立即组织开展下列应急处置工作：

　　……

（四）加强停电地区道路交通指挥和疏导，做好<u>铁路</u>、民航运输以及通信保障工作；

　　……

（译文）Article 17　Where an accident causes large-scale power grid failure, the relevant local people's government and relevant departments shall immediately organize the following emergency response work：

　　…

4. strengthening road traffic guidance and evacuating in the said areas, and effectively conducting railway and civil aviation transportation and guaranteeing communications; and

…

例五十五：2011 年 7 月 7 日公布的《电力安全事故应急处置和调查处理条例》第 18 条第 2 款。（北大法宝—英文译本检索系统，2015 年 7 月 4 日检索）

（原文）事故造成地铁、机场、高层建筑、商场、影剧院、体育场馆等人员聚集场所停电的，应当迅速启用应急照明，组织人员有序疏散。

（译文）Where the accident causes power failure in subway, an airport, a high-rise building, shopping mall, cinema, theater, stadium or any other populated place, the emergency lightening equipment shall be started rapidly, and personnel evacuation shall be organized in an orderly manner.

在该法第 17 条中，"铁路" 的译语用词是 "railway"，这是英式英语词汇，美式英语的对应词汇是 "railroad"。在该法第 18 条中，"地铁" 的译语用词是 "subway"，这是美式英语词汇，英式英语词汇是 "tube" 或者 "underground"。可以说，本处两例译文共处一 "法"，但其用词存在语言体系不一致的问题。

例五十六：2012 年 10 月 26 日经修订后公布的《中华人民共和国未成年人保护法》第 2 条。（北大法宝—英文译本检索系统，2015 年 7 月 3 日检索）

（原文）第 2 条　本法所称未成年人是指未满十八周岁的公民。

（译文）Article 2　For the purposes of this Law, minors mean citizens under the age of eighteen.

例五十七：2012 年 10 月 26 日经修订后公布的《中华人民共和国未成年人保护法》第 16 条。（北大法宝—英文译本检索系统，2015 年 7 月 3 日检索）

（原文）第 16 条　父母因外出务工或者其他原因不能履行对未成年人监护职责的，应当委托有监护能力的其他成年人代为监护。

（译文）Article 16　Where parents who work in other places and thus cannot perform their duty of guardianship with respect to minors, they shall entrust other adults who have the ability to act as guardians with such duty.

原文中，"未成年人"和"成年人"是一组相对的法律概念，而在英文语义体系中，"minor"和"adult"却不是相对的概念，它们分别与"major"和"child"相对。就作为法律用语而言，在指称"未成年人"这一概念时，"child"在国际法律文献中经常使用，如《联合国儿童权利公约》《儿童生存、保护和发展世界宣言》《执行 90 年代儿童生存、保护和发展世界宣言行动计划》《确定允许儿童在海上工作的最低年龄公约》等。依据《联合国儿童权利公约》的规定，"儿童系指 18 岁以下的任何人，除非对其适用之法律规定成年年龄低于 18 岁"。《联合国儿童权利公约》中所指的"儿童"与中国法律中"未成年人"的概念一致。所以，"未成年人"译作"child"更佳，且在表述其相对概念"成年人"时，使用"adult"，因为它们在语义上是一组反义词。在反义词词典中可查到以下明证："adult education（成人教育）—child education（儿童教育）；adult psychology（成人心理学）—child psychology（儿童心理学）；books for adults（成人读物）—books for children（儿童读物）。"① 当然，在英语译文中也可将"未成年人"译作"minor"，因为该法第 2 条是对该术语下定义，只是在后文中应该使用与"minor"在英文语义上构成相对概念的"major"一词指称"成年人"。

例五十八：2009 年 8 月 27 日公布的《中华人民共和国民法通则》标题被译为"General Principles of the Civil Law of the People's Republic of China"。（北大法宝—英文译本检索系统，2015 年 7 月 1 日检索）

从译文来看，读者只知道这里规定的是一些原则，但它是否是一部法律呢？而事实上，《中华人民共和国民法通则》是具有中国特色的民事基本法，它起着民法典的作用但又不是民法典。它既规定了传统民法总则中的主要内容，如民事主体、民事行为、民事代理、诉讼时效等，也概括地规定了传统民法分则中的基本内容，如财产所有权和与财产所有权有关的财产权、债权、知识产权、人身权、财产继承权等。《中华人民共和国民法通则》是我国民事基本法，加上我国的一些民事单行立法和散见在其他法律、条例、决议中的民事法律规范，构成我国完整的民法体系。《中华人民共和国民法通则》在我国法律体系中"属于二级大法，其法律效力

① 潘熙祥主编：《英汉双解英语反义词辞典》，武汉大学出版社 1987 年版，第 15—16 页。

仅次于宪法”①。

鉴于《中华人民共和国民法通则》是中华人民共和国法律，不仅仅只是民法的原则或规则，译文“General Principles of the Civil Law of the People's Republic of China”没有体现出其在中国法律体系里面的地位，有体系失真之误，将其译为“Civil Law of the People's Republic of China”即可；如果非要考虑到“通则”一词，则可译为“General Civil Law of the People's Republic of China”。

例五十九：1999 年 3 月 15 日公布的《中华人民共和国合同法》分为总则和分则，总则下还有“一般规定”一章。（北大法宝—英文译本检索系统，2015 年 7 月 1 日检索）

译者将“总则”和“一般规定”都译作了“General Provisions”。在立法技术上，总则是一般规则，分则是具体规则。所以，就逻辑语义而言，将“总则”和“一般规定”都译作“General Provisions”并无不妥。但读者看到它们同处一“法”，仍觉奇怪。先看立法者对这些内容的体系安排：《中华人民共和国合同法》“总则”共分 8 章，分别是“一般规定”“合同的订立”“合同的效力”“合同的履行”“合同的变更和转让”“合同的权利义务终止”“违约责任”“其他规定”。“一般规定”一章共 8 条，第 1 条阐明了立法目的，第 2 条对合同进行了定义，其余 6 条则是规定了平等原则、合同自由原则、公平原则、诚实信用原则、遵纪守法原则和依合同履行义务原则。可见，这些条款都是《中华人民共和国合同法》的一些基本规定，可以将“一般规定”译作“Basic Provisions”，以示与其上位标题“General Provisions”的区别，亦能共处一“法”。

例六十：2009 年 8 月 27 日公布的《中华人民共和国民法通则》第 58 条第 1 款第 3 项。（北大法宝—英文译本检索系统，2015 年 6 月 29 日检索）

（原文）第 58 条　下列民事行为无效：

……

（三）一方以欺诈、胁迫的手段或者乘人之危，使对方在违背真实意思的情况下所为的；

……

---

① 栗劲、李放主编：《中华实用法学大辞典》，吉林大学出版社 1988 年版，第 511—512 页。

（译文）Article 58　civil Acts in the following categories shall be null and void：

……

（3）those performed by <u>a person</u> against his true intentions as a result of cheating， coercion or exploitation of his unfavourable position by <u>the other party</u>；

……

本例原文中的"一方"和"对方"是民事法律行为中的双方，不能单独存在，相互依存的体系特征明显，而译文中的"a person"和"the other party"无此特征，可将"a person"改为"one party"。

例六十一：2012 年 10 月 26 日公布的《中华人民共和国精神卫生法》第 69 条第 2 款。（北大法宝—英文译本检索系统，2015 年 6 月 29 日检索）

（原文）对属于农村五保供养对象的严重精神障碍患者，以及城市中无劳动能力、无生活来源且无法定<u>赡养、抚养、扶养义务人</u>，或者其法定赡养、抚养、扶养义务人无赡养、抚养、扶养能力的严重精神障碍患者，民政部门应当按照国家有关规定予以供养、救助。

（译文）The departments of civil affairs shall， in accordance with the relevant provisions of the state， support and assist the patients with severe mental disorders who belong to the rural residents under the care of the system of "five-guarantees"， or urban patients with severe mental disorders who have no work capability， no source of income and no statutory <u>junior supporter， supporter or senior supporter</u>， or the said supporter is unable to provide the support himself or herself.

"法律不作无意义的次序编排"[1]，原文中"赡养、抚养、扶养"三个词语并列在法律上都有着特定区别性的含义，它们一起构成我国亲属间供养义务人的完备体系。

所谓"赡养"是指晚辈亲属对长辈亲属的扶养。我国婚姻法规定，子女对父母有赡养的义务，即父母有受子女赡养的权利。我国婚姻法还规定，有负担能力的孙子女、外孙子女，对于子女已经死亡的祖父母、外祖

---

① 王利明：《法律解释学》，中国人民大学出版社 2011 年版，第 99 页。

父母，有赡养的义务。① 所谓"抚养"是指长辈亲属对晚辈亲属或兄、姊对未成年弟、妹的抚养。我国婚姻法规定，父母对子女有抚养的义务，即子女有受父母抚养的权利。其主要内容是：父母要为子女的生活和学习提供一定的物质条件，承担相应的经济责任。父母对未成年子女的抚养责任是无条件的，即使父母离婚也不能免除。父母对未成年子女的抚养责任是有条件的，以子女没有独立生活能力为限。父母不履行抚养义务时，未成年的或不能独立生活的子女，有要求父母付给抚养的权利。我国婚姻法还规定，有负担能力的祖父母、外祖父母对于父母已经死亡的未成年的孙子女、外孙子女，有抚养的义务。有负担能力的兄、姊，对于父母已经死亡或父母无力抚养的未成年的弟、妹，有抚养的义务。②

在我国，"扶养"专指夫妻双方在物质上相互扶养、生活上相互照顾与帮助、精神上彼此慰藉的权利义务。《中华人民共和国婚姻法》第 20 条规定，夫妻有互相扶养的义务。一方不履行扶养义务时，需要扶养的一方有要求对方给付扶养费的权利。夫妻间的扶养，对双方是平等的，既是权利又是义务，夫妻任何一方都有义务扶养对方，又都有权利要求对方扶养；有扶养能力的扶养义务人不履行扶养义务，情节恶劣构成犯罪的，应承担刑事责任。该规定有利于加强夫妻在各方面的责任感，特别是保障一方无劳动能力生活困难时能得到必要照顾与帮助。夫妻间的扶养因离婚或一方死亡而解除。但是根据《中华人民共和国婚姻法》规定，离婚时一方生活困难的，他方有经济能力的应给予适当的经济帮助，具体办法由双方协议；协议不成，由人民法院判决。这一规定同样适用于男女双方，但侧重于消除女方在离婚时可能产生的顾虑。在外国法中，夫妻离婚后一般也会存在一方向他方给付扶养费的问题。

所以，将"扶养义务人"译为"supporter"没有体现出供养义务人的体系性，存在体系失真的问题，将其译为"spouse supporter"更佳，能体现出"扶养义务人"是夫妻、配偶。这样一来，读者就知道中国亲属供养体系里面不但有基于血缘关系的供养义务人，还有基于婚姻关系的供养义务人。

---

① 彭克宏主编：《社会科学大词典》，中国国际广播出版社 1989 年版，第 599 页。
② 同上书，第 549 页。

三　目的失真

目的解释，作为法律解释的一种狭义方法，是指通过探求制定法律文本的目的以及特定法律条文的立法目的，来阐释法律的含义。目的解释中的目的是范围比较宽泛的概念，它包括了立法目的和立法意旨。立法目的主要是针对某一部法律来说的，具有宏观指导作用，而立法意旨是立法目的的具体化。①

在法律文本翻译实践中，考虑立法目的也是译者追求准确理解和等效表达法律含义的行之有效的方法。如若不然，则译文可能会存在目的失真的问题。

例六十二：2009 年 8 月 27 日公布的《中华人民共和国民法通则》第 16 条第 3 款。（北大法宝—英文译本检索系统，2015 年 7 月 22 日检索）

（原文）没有第一款、第二款规定的监护人的，由未成年人的父、母的所在单位或者未成年人住所地的居民委员会、村民委员会或者民政部门担任监护人。

（译文）If none of the persons listed in the first two paragraphs of this Article is available to be the guardian, the units of the minor's parents, the neighbourhood or village committee in the place of the minor's residence or the civil affairs department shall act as his guardian.

从立法目的来看，原文的"民政部门"指的当是"未成年人住所地的民政部门"，所以，在译文中"in the place of the minor's residence"这一定语应该放在"the civil affairs department"之后才行。

例六十三：2009 年 8 月 27 日公布的《中华人民共和国民法通则》第 17 条。（北大法宝—英文译本检索系统，2015 年 7 月 22 日检索）

（原文）第 17 条　无民事行为能力或者限制民事行为能力的精神病人，由下列人员担任监护人：

（一）配偶；

（二）父母；

（三）成年子女；

（四）其他近亲属；

① 王利明：《法律解释学》，中国人民大学出版社 2011 年版，第 120—122 页。

（五）关系密切的其他亲属、朋友愿意承担监护责任，经精神病人的所在单位或者住所地的居民委员会、村民委员会同意的。

（译文）Article 17　A person from the following categories shall act as guardian for a mentally ill person without or with limited capacity for civil conduct：

（1）spouse；

（2）parent；

（3）adult child；

（4）any other near relative；

（5）any other closely connected relative or friend willing to bear the responsibility of guardianship and having approval from the unit to which the mentally ill person belongs or from the neighbourhood or village committee in the place of his residence.

首先，本条的立法目的是加强对精神病人的监护，其监护人不只是某一序列中的一人，也可以是多人。《关于贯彻执行〈中华人民共和国民法通则〉若干问题的意见（试行）》第 14 条规定："监护人可以是一人，也可以是同一顺序中的数人。"

其次，不难看出，立法者是根据与"无民事行为能力或者限制民事行为能力的精神病人"的关系密切程度在列举有资格成为其监护人的人员。原文虽无明文规定这些人员的顺序，但在立法本意上，这些人员是有先后顺序的。《关于贯彻执行〈中华人民共和国民法通则〉若干问题的意见（试行）》第 14 条规定："人民法院指定监护人时，可以将民法通则第十六条第二款中（一）、（二）、（三）项或第十七条第一款中的（一）、（二）、（三）、（四）、（五）项规定视为指定监护人的顺序。前一顺序有监护资格的人无监护能力或者对被监护人明显不利的，人民法院可以根据对被监护人有利的原则，从后一顺序有监护资格的人中择优确定。"

所以，本条第一款译文中可以加上体现这些立法目的的语词，可改译为："A person, or persons, from the following categories, in the following order, shall act as guardian for a mentally ill person without or with limited capacity for civil conduct"。

例六十四：2009 年 8 月 27 日公布的《中华人民共和国民法通则》第 20 条。（北大法宝—英文译本检索系统，2015 年 7 月 22 日检索）

（原文）第 20 条　公民下落不明满二年的，<u>利害关系人</u>可以向人民法院申请宣告他为失踪人。

（译文）Article 20　If a citizen's whereabouts have been unknown for two years, <u>an interested person</u> may apply to a people's court for a declaration of the citizen as missing.

《关于贯彻执行〈中华人民共和国民法通则〉若干问题的意见（试行）》第 24 条规定："申请宣告失踪的利害关系人，包括被申请宣告失踪人的配偶、父母、子女、兄弟姐妹、祖父母、外祖父母、孙子女、外孙子女以及其他与被申请人有民事权利义务关系的人。"这里所谓的"其他与被申请人有民事权利义务关系的人"在立法目的上是对前述自然人进行例外情况的囊括，当然包括企业法人。所以，本例译文中将"利害关系人"译为"an interested person"存在目的失真的翻译问题，改译为"an interested party"较为合适，义为"利害关系当事人"，这当事人既可以是自然人，也可以是法人。

例六十五：2009 年 8 月 27 日公布的《中华人民共和国民法通则》第 37 条。（北大法宝—英文译本检索系统，2015 年 7 月 22 日检索）

（原文）第 37 条　法人应当具备下列条件：

（1）依法成立；

（2）<u>有</u>必要的财产或者经费；

（3）有自己的名称、组织机构和场所；

（4）能够独立承担民事责任。

（译文）Article 37　A legal person shall have the following qualifications：

（1）establishment in accordance with the Law；

（2）<u>possession</u> of the necessary property or funds；

（3）possession of its own name, organization and premises； and

（4）ability to independently bear civil Liability.

本条第 1 款第 2 项"有必要的财产或者经费"是指法人必须拥有独立的财产，作为其独立参加民事活动的物质基础。独立的财产是指法人对特定范围内的财产享有所有权或经营管理权，可以排斥外界对法人财产的行政干预，能够按照自己的意志独立支配。[①]本项中的"有"在立法本意上

---

① 孙长征：《民法通则注释全书》，法律出版社 2015 年版，第 123 页。

强调的是能独立支配和处理，而 "possession" 一词仅表示占有，不能涵盖独立支配和处理的含义，因此本项应该改译为 "having necessary property or funds"。

四　历史失真

在法律解释学中，历史解释是指通过对立法过程的考察来探索立法的目的和意旨，从而阐明法律文本的含义。在进行历史解释时，主要应当参考立法过程中的记录、文件、立法理由书等以及颁布法律时的法律环境、社会环境、立法动机、立法者所追求的目的、先例、草案等，从而探求立法者的本意，以对法律文本的含义作出正确的理解。历史解释的解释对象依然是法律文本，但参考的是文本以外的因素，是历史考察的范畴。①

在法律文本翻译实践中，译者亦当考虑到法律制定时的历史真实，避免历史失真。

例六十六：1985 年 6 月 18 日公布的《中华人民共和国草原法》第 7 条第 1 款。（北大法宝—英文译本检索系统，2015 年 7 月 22 日检索）

（原文）第 7 条　国家建设征用集体所有的草原，按照《国家建设征用土地条例》的规定办理。

（译文）Article 7　When grasslands owned by collectives are to be requisitioned for state construction the matter shall be handled in accordance with the provisions of the Regulations Concerning Land Requisition for State Construction.

例六十七：2013 年经修订后公布的《中华人民共和国草原法》第 39 条第 1 款。（北大法宝—英文译本检索系统，2015 年 7 月 22 日检索）

（原文）第 39 条　因建设征收、征用集体所有的草原的，应当依照《中华人民共和国土地管理法》的规定给予补偿；因建设使用国家所有的草原的，应当依照国务院有关规定对草原承包经营者给予补偿。

（译文）Article 39　Where grasslands owned by collectives are to be expropriated or requisitioned for construction, compensation shall be made to the said collectives in accordance with the Land Administration Law of the People's Republic of China; and where State-owned grasslands are to be used for construction, compensation shall be made to the contractors for grassland management in

---

① 王利明：《法律解释学》，中国人民大学出版社 2011 年版，第 140—141 页。

accordance with the relevant regulations of the State Council.

　　通过历史考察可以发现，例六十六中的"征用"实际上指的就是"征收"。1985 年《中华人民共和国草原法》制定时我国法律制度并未区分征用与征收，而在 2013 年修订该法时情况就不同了，《中华人民共和国物权法》已经对征用与征收做了区别性的规定。所以，2013 年《中华人民共和国草原法》也相应地使用了征收与征用两个词语。

　　2007 年公布的《中华人民共和国物权法》第 42 条的规定是："为了公共利益的需要，依照法律规定的权限和程序可以征收集体所有的土地和单位、个人的房屋及其他不动产。

　　"征收集体所有的土地，应当依法足额支付土地补偿费、安置补助费、地上附着物和青苗的补偿费等费用，安排被征地农民的社会保障费用，保障被征地农民的生活，维护被征地农民的合法权益。

　　"征收单位、个人的房屋及其他不动产，应当依法给予拆迁补偿，维护被征收人的合法权益；征收个人住宅的，还应当保障被征收人的居住条件。

　　"任何单位和个人不得贪污、挪用、私分、截留、拖欠征收补偿费等费用。"

　　2007 年《中华人民共和国物权法》第 44 条的规定是："因抢险、救灾等紧急需要，依照法律规定的权限和程序可以征用单位、个人的不动产或者动产。被征用的不动产或者动产使用后，应当返还被征用人。单位、个人的不动产或者动产被征用或者征用后毁损、灭失的，应当给予补偿。"

　　征收与征用二词是既有联系又有区别的。所谓征收就是为了公共利益的需要，国家将私人所有的财产征归国有；所谓征用，就是国家为了公共利益的需要而强制性地使用公民的私有财产。两者存在着如下区别：

　　"第一，适用范围不同。征收主要适用于不动产，征用既适用于不动产，也适用于动产。例如，紧急情况下征用他人的土地，堆放防空器材，或在'非典'时期征用他人房屋以隔离病人。此外，征收既可以针对所有权，也可以针对其他物权适用。但是征用原则上只在于获得物的使用价值。

　　"第二，法律效果不同。一般来说，征收要强制移转所有权，而且导致所有权的永久性的移转，所以征收是国家对私人所有权所采取的具体而特别的干预。但征用的目的只是获得使用权。

第三，补偿标准不同。尽管征收在性质上不同于买卖，且征收也不以完成补偿为前提，但征收应当考虑到市场价格，但是，征用主要是对物本身的损害给予补偿，不包括相关利益。在紧急状态结束后，应当将被征用之物返还给其权利人。由于征收是所有权的转移，对被征收人造成的损失更大，对其作出的补偿也相对更高一些。

第四，适用条件不同。征用一般是在紧急状态下才能采用，紧急状况主要指公共事务、军事、民事的重大紧急需求等。而征收则不一定是在紧急状态中适用，即使不存在紧急状态，为了公共利益的需要也可以征收。由于征收要发生所有权的移转，所以征收的程序比征用更为严格。"①

所以，在翻译 1985 年《中华人民共和国草原法》时，"征用"应理解作"征收"，英语用词是"expropriate"，而在翻译 2013 年《中华人民共和国草原法》时，"征用"就是"征用"，英语用词是"requisition"。

例六十八：2009 年 8 月 27 日经修订后公布的《中华人民共和国民法通则》第 33 条。（北大法宝—英文译本检索系统，2015 年 7 月 23 日检索）

（原文）第 33 条　个人合伙可以起字号，依法经核准登记，在核准登记的经营范围内从事经营。

（译文）Article 33　An Individual Partnership may adopt a shop name; it shall be approved and registered in accordance with Law and conduct business operations within the range as approved and registered.

《中华人民共和国民法通则》在 1986 年初次公布时，第 33 条的内容即是如此。该条对个人合伙的字号做出了规定。那么什么是字号呢？

企业名称的组成部分，是企业知名度的符号。从法律的一般意义上讲，保护企业名称专用权，其实质和核心是保护字号。我国许多著名的老字号"全聚德""六必居""稻香村""同仁堂"等，之所以享有盛誉，原因就是这些字号深入人心。企业字号是企业的一大笔无形财富。②

1991 年 7 月 22 日由国家工商行政管理总局发布的《企业名称登记管理规定》第 7 条的规定是："企业名称应当由以下部分依次组成：字号（或者商号，下同）、行业或者经营特点、组织形式。企业名称应当冠以

① 陈辰：《物权法热点问题解答》，中国方正出版社 2007 年版，第 57—58 页。
② 刘建明主编：《宣传舆论学大辞典》，经济日报出版社 1993 年版，第 659 页。

企业所在地省（包括自治区、直辖市、下同）或者市（包括州，下同）或者县（包括市辖区，下同）行政区域名称。"

1997 年 2 月 23 日公布的《中华人民共和国合伙企业法》里面未再出现"字号"字眼，但是对合伙企业的名称在第 5 条、第 8 条、第 13 条、第 31 条、第 66 条分别作出了相应的规定。

通过历史考察可以发现，字号是企业名称的核心组成部分，具有极高的辨识度，但是并不等同于企业名称，短于企业的全称。如"同仁堂"现在的企业名称是"中国北京同仁堂（集团）有限责任公司"。那么，将 1986 年《中华人民共和国民法通则》第 33 条中的"字号"理解为合伙企业的短称是否合适呢？1986 年《中华人民共和国民法通则》第 99 条规定"法人、个体工商户、个人合伙享有名称权。企业法人、个体工商户、个人合伙有权使用、依法转让自己的名称"。也就是说在当时的立法条件下，立法者依然是将"字号"与"名称"分开始使用的，有着各自的含义。"字号"当理解为合伙企业的短称，将其译为"a shop name"不妥，译为"a short name"较好，与其全称"the long name"相对。也可译为"the trade name"，因为它与品牌紧密相关。

五　社会学失真

社会学解释，在法律解释学中是指将社会效果等因素的考量引入法律解释，据此解释文本在当前社会生活中应具有的含义，它是社会学方法在法律解释中的应用。所谓社会学方法，是指结合特定社会在某一特定时期的各项要素，包括当时的思想潮流、社会需要、风俗和文化状况、经济社会情势等情况而研究社会发展规律的方法。社会学解释与前面论及的历史解释正好相反，是着眼于现在的而不是着眼于过去：历史解释要通过历史过程的考察，来判断历史上的立法者的意思；而社会学解释是通过对社会现状的考察，确定立法者面对当下的社会状况可能表达的意思。①

译者在翻译法律文本时，基于我国社会实际情况和译入语社会实际情况去理解与表达具有中国特色的用词，是非常必要的，否则可能出现译文的社会学解释失真。

例六十九：2009 年 8 月 27 日经修订后公布的《中华人民共和国民法

---

① 王利明：《法律解释学》，中国人民大学出版社 2011 年版，第 149—154 页。

通则》第 34 条第 2 款。（北大法宝—英文译本检索系统，2015 年 7 月 23 日检索）

（原文）合伙人可以推举<u>负责人</u>。合伙负责人和其他人员的经营活动，由全体合伙人承担民事责任。

（译文）The partners may electa <u>responsible person</u>. All partners shall bear civil Liability for the operational activities of the responsible person and other personnel.

"负责人"一词在我国是高频用词，查北大英华—中央法规司法解释数据库，共 27657 篇文献资料含有该词。为对比计，笔者也查询了"合伙"一词。在北大英华—中央法规司法解释数据库中，共 1557 篇文献资料含有该词。在国家语委《现代汉语语料库》（http：//www.cncorpus.org）的检索中呈现了相似的频率的差异："负责人"的出现频次是 336，而"合伙"的出现频次是 46。

照字面理解，"负责人"的含义就是"担负责任的人"，将其译为"a responsible person"是没有问题的。但是，"负责人"在中国的现实语境下，实际含义是"一般指负责某项事务的人"，或者说"一般指管理者"，《现代汉语语料库》的例句可以印证："4 月 13 日晚，前来海南考察的新加坡工商考察团在海口市东湖宾馆举行答谢宴会，宴请海南省有关部门负责人"；"牡丹江地委书记霍方侠、副书记李福顺及地区煤管局的主要负责人曾分别亲临考场，听取考核答辩情况"。

所以，基于社会学的考量，"负责人"翻译为"the person in charge"较为合适。"responsible person"在中文中更好的对应词汇是"责任人"，如例七十所示。

例七十：2014 年 10 月 27 日公布的《广东省外商投资企业投诉处理服务办法》第 19 条第 1 款。（北大法宝—英文译本检索系统，2015 年 7 月 23 日检索）

（原文）第 19 条　投诉处理部门及其工作人员违反本办法规定，有下列行为之一的，由其所在单位或者主管部门责令改正，对直接负责的主管人员和其他直接<u>责任人</u>，给予处分：

……

（译文）Article 19　Where a complaint handling department or any of its staff members conducts any of the following acts in violation of the provisions of these Measures, the entity where it or he belongs or the competent department shall order it or him to make corrections, and the sanctions shall be imposed on the directly responsible person-in-charge and other directly <u>responsible persons</u>:

......

例七十一：2009年8月27日经修订后公布的《中华人民共和国民法通则》第39条。（北大法宝—英文译本检索系统，2015年7月23日检索）

（原文）第39条　法人以它的主要<u>办事机构</u>所在地为住所。

（译文）Article 39　A legal person's domicile shall be the place where its main <u>administrative office</u> is located.

在我国，"办事机构"也有着独特的使用语境。一般将其与"领导机构"一起使用，以示区别与联系。下面两份法律文件中的规定能够给我们直接的启示。

2012年11月4日公布的《国家工商行政管理总局关于推进广告战略实施的意见》第13条的内容是："领导机构。国家工商行政管理总局成立实施广告战略领导小组，全面负责实施广告战略的组织领导工作。总局局长任领导小组组长，主管副局长任副组长，总局有关司局、直属事业单位负责人为领导小组成员。"第14条的内容是："办事机构。实施广告战略领导小组下设办公室，广告司承担办公室职能，广告司司长任办公室主任。领导小组办公室的主要职责为：统筹规划广告战略实施工作，制定实施广告战略的意见以及年度实施方案；指导、督促、检查广告战略实施工作情况；协调解决广告战略实施过程中的重大问题；协调与广告战略实施工作有关的其他重要事项。"

2009年3月20日公布的《董事会试点中央企业董事会规范运作暂行办法》第93条的规定是："公司应当设立董事会办公室或者类似机构，作为董事会的办事机构，由董事会秘书领导。"

从上述规定能看出，"办事机构"与"办公室"联系紧密，那么能直接将"办事机构"理解为"办公室"吗？不行。2009年3月1日公布的《国务院研究室主要职责内设机构和人员编制规定》在其导言中提到："根据《国务院关于机构设置的通知》（国发〔2008〕11号），设立国务院研究室（正部级），是为国务院主要领导同志服务的国务院办事机构。"可见，在中国，研究室也是办事机构。不管"办事机构"的具体名称为何，它的主要职责是执行。且办事机构还可能下辖办公室和委员会等机构，所以，应当避免使用"office"一词来翻译"机构"，可用"organ"来翻译"机构"。政府部门的办事机构可以译为"administrative organ"，公司的办事机构可以译为"executive organ"。

例七十二：2009年9月9日后公布的《长江三峡水利枢纽安全保卫条例》第29条第2款。（北大法宝—英文译本检索系统，2015年7月23日检索）

（原文）公安机关应当加强对三峡枢纽运行管理单位计算机信息系统安全保护工作的监督、检查、指导，发现影响计算机信息系统安全的情况应当及时通知三峡枢纽运行管理单位采取<u>安全保护措施</u>。

（译文）The public security organ shall strengthen the supervision and inspection over and guidance to the computer information system security of the Three Gorges hub operation management entity, and if it finds any circumstance affecting the computer information system security, it shall notify the Three Gorges hub operation management entity to take <u>safety protection measures</u> in a timely manner.

例七十三：2015年6月5日经修订后公布的《中国银监会外资银行行政许可事项实施办法》第9条第1款第5项。（北大法宝—英文译本检索系统 2015年7月23日检索）

（原文）第9条 拟设立的外商独资银行、中外合资银行应当具备下列条件：

……

（五）具有与业务经营相适应的营业场所、<u>安全防范措施</u>和其他设施；

……

（译文）Article 9 A wholly foreign-funded bank or a Chinese-foreign equity joint venture bank to be formed shall meet the following conditions：

…

（5）It has business premises, safety protection measures, and other facilities commensurate with its operations；

…

例七十四：2014年8月11日公布的《中国银行业监督管理委员会办

公厅关于推进基础金融服务"村村通"的指导意见》第 4 节第 2 条。(北大法宝—英文译本检索系统,2015 年 7 月 23 日检索)

(原文)(二)强化合规监管。落实法人监管要求,强化法人机构对村级基础金融服务的管理责任,督促落实各项内控要求和<u>安保措施</u>,争取地方公安部门的指导和支持,确保新设网点人员和营业安全。指导做好定时定点服务及流动服务的公示公告,防止操作风险和道德风险,排除金融诈骗隐患。

(译文)(2) Strengthening supervision over regulatory compliance. The legal person supervision requirements shall be implemented, and institutions with a legal person status shall strengthen the management responsibilities for village-level basic financial services, supervise and urge them to implement various internal control requirements and <u>security measures</u>, and strive for the guidance and support from local public security organs to ensure the safety of personnel and business of new outlets. Guidance shall be provided for performing well the publicity and announcement of fixed-time and fixed-location services and mobile services to prevent operational risks and moral hazards and exclude risks of financial frauds.

在我国现实社会生活中,"安全保护措施""安全防范措施"和"安保措施"三个短语都有使用。查北大英华—中央法规司法解释数据库,含有"安全保护措施"的文献资料共计 153 篇,含有"安全防范措施"的文献资料共计 628 篇,含有"安保措施"的文献资料共计 28 篇。三个短语中,"安全保护措施"和"安保措施"应该是等义的,而"安全防范措施"与"安全保护措施"含义也极其近似。所以,在例七十二中与例七十三中,"安全保护措施"与"安全防范措施"的英语译文都是"safety protection measures",例七十四中的"安保措施"译为了"security measures"。从语义上看,都没有失真。但是,在英语世界里,这些词语搭配亦是如此吗?查"Corpus of Contemporary American English"(http://corpus. byu. edu/coca/),"safety protection measures"的出现频次为 0,"safety measures"的出现频次是 170,"security measures"的出现频次是 702。所以,从译语可能产生的社会效果看,"security measures"是"安全保护措施""安全防范措施"和"安保措施"三个短语的共同最佳译文。

第四章

法律解释与源语言的真意探究

　　法律解释一词在学界虽有多种理解，但从其字面含义上看，是指对法律规定尤其是成文法进行的阐释与说明，或是指解释主体（一定的人或组织）对法律规定进行阐释与说明的活动。在法律适用中，法律解释是一个不可或缺的核心环节。正如法谚所云："法无解释，不得适用。"① 法律解释之所以如此重要，是由法律实践的需要决定的。一方面，法律本身就是调整各种社会关系的规则，抽象的法律在调整社会关系过程中必然会与具体现实相遇，法律的模糊性、滞后性、不周延性等固有缺陷就不可避免地暴露出来。如果我们不重视法律解释，那么法律在现实生活中就难以明晰化，其漏洞就难以弥补，其与现实生活也将脱节，从而导致立法机关创制的法律变成一纸空文，难以得到有效的贯彻执行，其调整社会关系的功能也将无法得到发挥，通过法律实现社会秩序化的理想必将落空。另一方面，法律解释之所以在当今社会备受关注，是因为在现代法治社会当中，理应解释清楚制定出来的法律是为了达到什么目的，适用于什么社会关系，等等。一个没有法律解释而奉行"刑不可知，则威不可测"② 的社会，很有可能是一个专制的社会。因此，民主和法治思想的觉醒才使得法律解释得到真正的勃兴。

　　法律翻译，尤其是立法文本的英译中，首先需要正确通透地理解原文，探究源语言的真实含义，方能正确地用英语语言进行表达。在原文的理解环节是离不开法律解释原理指引的，尽管法律翻译中的法律解释与法

---

① 王利明：《法律解释学导论》，法律出版社 2009 年版，"序言"第 2 页。
② 孔颖达：《春秋左传正义》卷 43，北京大学出版社 2000 年版，第 1227—1228 页。

律适用中的法律解释有质的不同，但其原则、规则与方法是可以相互参用
的。在源语言的理解上，法律解释学的介入有助于源语言的真意探究。

第一节　法律解释的理论问题

法律解释学属于法学方法论范畴，是基于法律适用的需要而形成和发
展的一门法学科学分支。在中国特色社会主义法律体系基本形成的今天，
它的价值和意义越来越凸显，其适用性也愈加显性，适用领域和范围正日
益深入和扩大。对法律解释基本理论问题的研究也更加丰富，法律解释的
原则和方法及其规则也更加明晰。

一　法律解释的含义与分类

"法律解释"这一概念应该如何定义？传统法学界一般将其定义为
"由法院解释和适用法律的过程"①。如果按照这种定义，"法律解释"的
概念就被限定在法律适用的语境之下，可以等同于"司法解释"（Judicial
Interpretation）。这是对"法律解释"的一种狭义的理解。尽管在现实生活
中，"司法解释"几乎已经成为"法律解释"的代名词，人们也已经习惯
了直接用"司法解释"代指"法律解释"，但就法学研究而言，"法律解
释"的内涵远不止"司法解释"一层含义。即使是按照狭义说，"司法解
释"也只是法律"正式解释"的一种，其处于法律解释的核心地位。因
此，我们可以把法律解释界定为一定的机关、组织、个人对法律文本或法
律规范进行阐释与说明的活动或结果。

根据解释范围的不同，法律解释有狭义说和广义说之分。狭义的法律
解释是指由一定的国家机关、组织或个人，为适用和遵守法律，根据法学
理论、公平正义观念、有关法律规定、相关政策和惯常做法对现行的法律
规范或法律条文的概念和术语、含义和内容以及其适用条件等所做的阐释
与说明。广义的法律解释除了包含上述内涵之外，还包括进一步明确法律
法规的具体含义、补充法律依据，以适应法律制定后出现的新问题和新情
况等。

---

① 陈金钊：《法律解释及其基本特征》，《法律科学》2000 年第 6 期。

　　根据解释主体与效力的不同，法律解释可以划分为非正式解释和正式解释两种类别，区分两种解释的关键在于该解释是否具有法律约束力。所谓"非正式解释"，又称"无权解释"，通常也叫"学理解释"，一般是指由学者、律师或其他个人及组织对法律规定所作的阐释与说明。尽管其解释者并未获得法律的正式授权，且这种解释不具有法律上的约束力，但也并不能就此将其认定为"非法律解释"。所谓"正式解释"，又称"法定解释"，通常指某些特定主体对法律所做的具有法律上的约束力的阐释与说明。由于这些解释主体在法律上获得了正式授权，因此"法定解释"有时也被称为"有权解释"。在正式解释中，根据解释的国家机关不同，还可以进一步细分为立法律解释、司法解释和行政解释。

　　将法律解释作为一种方法论，根据解释的尺度，法律解释还可以分为限制解释、扩充解释和字面解释三种；根据解释的方法，还可以将法律解释划分为文义解释、逻辑解释、系统解释和目的（论理）解释等；根据解释的自由度，法律解释还可以划分为狭义解释和广义解释。狭义解释是指严格地理解与把握整个法律的精神，根据法律条文字面上的含义所做的阐释与说明，由于狭义解释的自由度小，因而也被称为"严格解释"；广义解释是不拘泥于文字、自由地对法律条文含义进行的阐释与说明。

二　法律解释的主体和对象

　　法律解释的主体和对象问题是法律解释两大核心概念，传统意义上的法律解释主体和对象范围都很狭窄，但随着对法律解释研究的深入和认识的深化，法律解释的主体与对象都有拓宽之势。

（一）法律解释的主体

　　传统意义上的法律解释是指裁判者在个案裁判中对于案件所涉法律规范进行阐释与说明的活动，所以传统法学中的"法律解释主体主要是法官"①。随着法律的普及以及其他领域法律人才的崛起，现在的法律解释主体已经呈现出社会化或大众化特征，有关的国家机关、公民个人、社会团体和组织都经常被视为法律解释的主体。当然，这样界定法律解释的主体是从法学研究本身出发的，并不强调法律解释的效力。从法治角度审视法律解释主体，在众多的法律解释主体中只能规定一种或几种法律解释主

---

① 　王利明：《法律解释学》，中国人民大学出版社 2011 年版，第 11 页。

体的解释具有法律效力，而其他解释主体的意见只能作为参考，否则法律解释就难以统一，不利于法律的有效实施。由此，法律解释根据解释主体的不同，可分为以特定的国家机关、法官或者其他有解释权的人为主体的正式解释和以其他学者或者个人以及组织为主体的非正式解释。这样既能保证法律解释的权威性，也一定程度上容许民间的法律解释活动，尽管这种解释不产生法律效力。

　　从解释的正式性与效力性出发，法律解释的主体经常被限定为审判机关，其对法律的阐释与说明活动和结果也就是所谓的司法解释。在西方国家，这一主体更进一步狭窄化，只能由法官对法律进行阐释与说明。这是因为西方三权分立制度下特别强调司法独立，法官必须独立行使审判权对具体个案作出裁决。即便在不采取三权分立制的中国，由于宪法规定了法院享有独立的审判权，所以司法解释权是由最高人民法院独享的。因此，在有权解释中，法律解释的主体是以裁判者为中心的，狭义的法律解释本身就是以司法活动为中心并服务于司法审判的。

　　当然，我们将正式解释的主体狭窄化到裁判者，并不意味着其他法律人的解释就毫无意义，抑或无关紧要。在现实生活中，裁判者作为社会一分子，尽管具有符合职业要求的法学知识和法律素养，但是仍然要受到一定的意识形态、传统文化以及社会舆论等影响，尤其是对需要适用新法裁判新案情的时候，往往很难保证其对法律的阐释与说明能够真正做到公平与正义。这时，作为其他正式或非正式解释主体的机关、组织与个人对法律的阐释与说明实际上在一定程度上起到了对司法解释的建议甚至补充作用。例如，法官在解释法律、形成裁判规则的过程中，他不可能一人独断，必然会咨询律师和检察官对相关案件的看法以及对使用法条或规范的理解，尽管法律不允许律师和检察官对该案享有最终发言权，但是他们对法律的理解和解释可以影响到法官对法条或规范的理解和解释以及对案件的审理和裁判。

　　从中国社会的法律现实可知，司法解释以外的法律解释也在发挥着重要的作用。正式解释中，以立法机关为解释主体的立法律解释和以行政机关为主体的行政解释或执法律解释同样扮演着重要的角色。从立法实践来看，根据我国现行宪法、2000 年《中华人民共和国立法法》以及 1981 年全国人民代表大会常务委员会《关于加强法律解释工作的决议》等法律文件规定，全国人大常委会享有立法律解释权。《中华人民共和国宪法》

第 67 条赋予全国人民代表大会常务委员会解释宪法和法律的权力；《中华人民共和国立法法》第 45 条进一步规定："法律有以下情况之一的，由全国人民代表大会常务委员会解释：（一）法律的规定需要进一步明确具体含义的；（二）法律制定后出现新的情况，需要明确适用法律依据的。"此外，由于我国司法体制的特殊性，司法解释又分为最高人民法院的审判解释、最高人民检察院的检察解释和这两个机关联合作出的解释。当审判解释和检察解释产生原则性分歧时，全国人大常委会有权对其作出解释和决定。行政执法过程中也需要运用法律解释，根据全国人大常委会的《关于加强法律解释工作的决议》，不属于审判和检察工作中的其他法律、法令如何具体应用的问题，由国务院及主管部门进行解释。在行政法规的制定和执行工作中，首先就需要对现有法律进行解释；行政执法中，行政行为特别是抽象行政行为是否符合上位法也需要论证和解释；"在成文法存在矛盾和模糊的时候，行政执法主体更需要对法律进行阐释与说明，才能保证其行为的合法性"①。

　　即使是非正式解释，在日常生活中的作用同样也不可忽视。随着近年来国家转变职能改革的不断深入和简政放权政策的逐步落实，多元化纠纷解决机制，尤其是人民调解制度和仲裁制度等，得到了长足的发展，也一定程度上分担了原本由法院承担的部分案件的裁判职能，减轻了法官的诉讼负担。仲裁机构虽然是民间组织，但它是基于当事人的协议而处理民商事纠纷，起着准司法机关的作用。仲裁虽不同于诉讼，但仲裁员也必须依法仲裁，注重裁决的公平性与正义性。调解制度同理，在调解过程中也需要依据现行法来充分保障当事人的合法权益，因此，仲裁员或调解员也要准确地理解和解释法律，以便更好地选择管辖法律，以合理确定当事人的权利、义务和责任，作出公正且高效的裁决。

　　总而言之，在法治社会中，大多法律人，无论立法者、行政人员与法官，还是法学家、仲裁者、调解人、律师，其参与法律活动时都可能需要对法律进行阐释与说明。法律解释学作为一门合适的方法论，已被广泛地运用于各种法律解释活动之中。但这并不能意味着任何一个法律解释主体对法律的解释都有效，都具有法律约束力。从维护法律权威角度出发，法律解释作为一个特定的概念，其有效、有权主体应该局限于法官、仲裁员

---

① 王利明：《法律解释学》，中国人民大学出版社 2011 年版，第 23 页。

或调解员等裁判者。

（二）法律解释的对象

法律解释的对象，也就是法律解释活动所指向的客体或标的。我国传统的法律解释理论认为，法律主要是指成文法律规范。在这种理论指导下，很多法律学者认为法律解释的对象是"国家立法机关制定的成文法规范及习惯和判例规则，即法律文本"①。但是，这种界定忽视了解释过程是一种能动过程，同时也缩小了法律解释的范围。法律解释虽然以法律文本为主要对象，但解释者如不能确定文本的确切意旨时，往往需要借助于文本的附随情况，包括立法过程中的一切纪录、文件、立法理由书等资料，尽管这一切资料必须限制在对一般大众公开的范围内。因此，从这个意义上来讲，对附随情况的参考，尽管不是针对法律解释的主要对象，但也应该属于法律解释的范畴，也应将其纳入法律解释的对象范围之中。同时，法律的适用是事实与制定法的结合，解释主体不可能仅就制定法的条文进行阐释与说明而不去顾及相关的法律事实。制定法对适用主体来说总是处于变化状态之中的；与具体案件相比较，制定法也总是处于未定状态之中的。法律面对历史的变迁是应该具有调适能力的，否则法律便会僵化，与现实生活脱节。所以，法律解释的对象"不仅仅是法律文本或制定法，还应当包括法律主体活动所产生的一切事实，尤其是法律事实"②。

1. 作为法律解释对象的法律文本

法律文本是法律解释的主要对象，包括法律、法规、规章、司法解释等规范性法律文件及"其他作为成文法表现形式的一切法律渊源"③。法律文本之所以成为法律解释的对象，是基于法律文本自身的特性。概括而言，法律文本具有以下特征：

第一，法律文本是法律规范外在表现形式，是其文字载体。所谓法律规范，从广义上理解，就是指由国家制定或认可的，反映国家意志并由国家强制力保证实施的，具体规定权利与义务及其法律后果的，调整各种社会关系的行为准则。法律规范不仅可以通过制定法形式表现出来，也可以通过习惯法、法理甚至其他形式表现出来。法律文本不等同于法律规范，

---

① 梁慧星：《民法律解释学》，中国政法大学出版社1995年版，第48页。

② 陈金钊：《法律解释的哲理》，山东人民出版社1999年版，第54页。

③ 王利明：《法律解释学》，中国人民大学出版社2011年版，第23页。

　　法律文本作为法律解释的对象，只能以制定法的形式存在，而法律规范除了以成文法形式表现外，还可以以风俗习惯等其他形式表现。风俗习惯作为法律渊源是有严格条件和要求的，解释者也很难认定其解释的到底是不是风俗习惯。因此，从严格意义上讲，满足法律解释对象要求的只能是法律文本而非法律规范。

　　第二，法律文本具有稳定性、规范性和权威性特性。法律文本具有区别于法律规范其他表现形式的稳定性，法律文本与风俗习惯、思想学说不同，它是相对固定的，解释者不能脱离文本任意解释法律，否则不利于实现法的确定性，维护法的安定性。法律文本作为以文字形式表现出来的法律规则，也具有一般解释对象所没有的规范性和权威性。其规范性在于法律文本是一种规范化的文本，是立法制度或程序运作的产物而非个人的自由创作；法律文本追求表意上的准确与严谨和直接与平实，它的形成不可能无拘无束而必然要受立法活动的各种"预设"制约，所以，法律文本"必须运用规范的立法语言"①。其权威性在于法律文本"在司法裁判的法律适用过程中，解释者对法律文本的解释必须以对法律文本权威的承认为前提，必须服从制度和程序的制约"②。

　　2. 作为法律解释对象的事实

　　根据《牛津法律词典》的解释，"事实"不仅是由人的行为产生的事件，包括能被感觉到的任何事件；③ 在汉语语境中，"事实"是指事件的真实情况。这些事件可能具有法律含义，也可能是作为一个能得出法律结论的根据的调查事实。法律汉语中，"事实"与日常生活中的"事实"不同，特指"法律事实"，是法律规定的、能够引起法律关系产生、变更和消灭的现象。法律事实的一个主要特征是必须符合法律规范逻辑结构中的假定情况，只有当这种假定情况在现实生活中出现，人们才有可能依据法律规范使法律关系得以产生、变更和消灭。

　　事实能否作为法律解释的对象，目前法律学者对这一问题看法不一。王利明认为："法律解释是法律适用中大前提确定的过程，它仅仅包括对

---

　　① 张志铭：《法律解释的原理》，《国家检察官学院学报》2007 年第 6 期。

　　② 同上。

　　③ ［英］戴维·M. 沃克：《牛津法律词典》，李双元等译，法律出版社 2003 年版，第 411 页。

法律文本的解释，不应当包括对案件事实的认定。"①我国台湾学者黄茂荣也认为"法律解释的'标的'是法律规范的条文和它的附随情况"②，反对将事实作为法律解释的对象。焦宝乾认为："法律解释的对象至少包括三部分内容：（1）法律条款、事实的法律意义，（2）法律解释主体与法律条款、法律解释主体与案件事实，（3）案件事实与法律条款之间的互动关系。"③ 陈金钊认为："法律解释权所指的对象是广泛的……概括起来主要包括三个方面内容：（1）能作为法官法源的各种法律形式；（2）能纳入法律调整的各种事实及其法律意义；（3）司法过程中法律与事实的互动关系。"④

实际上，法律与事实密不可分，就狭义的法律解释而言，在法律适用过程中面对大量而复杂的案件事实，法官必然要调查案件事实真伪，在法律思维的指导下对事实进行认定并从中提炼出法律事实，以此作为案件裁判中三段论逻辑推理的小前提。因此，在司法实践中裁判者对事实的识别与认定过程其实就是对案件事实进行解释的过程，是站在法律职业人立场上根据法律对案件中所发生的一切事实进行判断和取舍，并解释其法律意义的过程。从这一角度来讲，事实也应该作为法律解释的对象。

三　法律解释的主要目标

关于法律解释的目标，梁慧星认为法律解释的目标是指"解释者通过对法律条文、立法文献及其附随情况进行解释，所欲探究和阐明的法律规范之法律意旨"⑤。黄茂荣认为，法律解释的对象（标的）和法律解释的目标是两个不同概念。法律解释的对象是作为法律意旨表达方式的法律文本，而目标则是"解释者通过对法律文本的解释所要探明的法律规范的法律意旨"⑥。

目前法学界通说认为法律解释的目标就是探求法律的意旨，但就该"意旨"是立法者制定法律时的主观意志，还是存在于法律文本中的客观

---

① 王利明：《法律解释学导论：以民法为视角》，法律出版社 2009 年版，第 109 页。

② 黄茂荣：《法学方法与现代民法》，中国政法大学出版社 2001 年版，第 263—264 页。

③ 焦宝乾：《论法律解释的目标》，《法律方法》2005 年第 4 期。

④ 陈金钊：《论法律解释权的构成要素》，《政治与法律》2004 年第 1 期。

⑤ 梁慧星：《民法律解释学》，中国政法大学出版社 1995 年版，第 201 页。

⑥ 黄茂荣：《法学方法与现代民法》，法律出版社 2007 年版，第 292—293 页。

意思，目前学者对此众说纷纭。自 19 世纪至今，法学界逐渐形成了主观说、客观说以及折中这两种主张的中间说三大观点。主观说曾一度风行19 世纪，认为"法律解释的目标即探索历史上立法者的意旨"①。主观说主张，法律是立法者的主观意志，立法者制定法律时都具有一定的目的。客观说认为法律解释旨在探索法律本身的意旨而不在于探求立法者的立法本意。客观说主张，法律一旦被制定公布，立法者的使命便已经完成，制定法本身就已具有客观意思。主观说与客观说的本质分歧其实是法律解释主体之争，主观说本质上认为，只有立法者才能解释法律，才有权解释法律，法官只能忠实于立法者的意旨进行法律适用；客观说虽然主张探求法律文本的客观意旨，但至于客观含义是什么，得经由法官进行阐释和说明。

主观说与客观说都存在着明显缺陷。主观说将法官限制在立法者的桎梏之下，极大地制约了法官的主观能动性发挥。实际上，立法者受制于其历史环境，不可能完全与时俱进地制定出适应各种社会发展阶段的法律。如果只拘泥于立法者的本意，注定会导致法律解释的僵化固化、不合时宜。客观说又过分强调法条的客观含义而不顾立法者的立法意图，则可能难以理解法律制定的本意和真实内涵，甚至会曲解法律。"没有立法者的意图，也就不会有立法文本"②，不探求立法者真实意旨，就难以实现立法者追求的法律效果。客观说也并非完全客观，因为法律解释是以人为主体的，解释者不追求立法者的立法本意，就可能完全以自己的价值判断去阐释与说明法律含义，解释者的价值立场也会影响法律解释的客观性。

由于主观说与客观说都存在缺陷，因此为了完善法律解释目标理论，法学界又提出了中间说。至于中间说是以主观说为主，兼顾客观说，还是以客观说为主，兼顾主观说，学者们众说纷纭。中间说应该结合主观说与客观说的优点，摒弃二者的缺陷，从法律文本的客观含义出发，探求和判断立法者的价值选择，但也不能拘泥于立法者的立法原意，要让法律的立法意旨适应时代的变化和发展，这才是探求法律解释目标的真正意义所在。

---

① ［德］拉伦茨：《法学方法论》，陈爱娥译，商务印书馆 2005 年版，第 197 页。

② Alexander and Saikrishna Prakash, "Is that English You're Speaking? Some Arguments for the Primacy of Intent in Interpretation", *San Diego Law Review*, 2004, p. 976.

四　法律解释的基本要求

在大陆法系，法律解释的基本要求是以成文法为法律解释的出发点，在尊重立法意愿的基础上，由法官依从法律解释规则自由裁量。[1] 在英美法里，法律解释的基本要求蕴含在三大具体规则之中。(1) 字义规则：如果法律文本的字面含义是清楚的，法官必须遵循该文字所表达的意思，字义规则是所有法律解释规则中最重要或最基本的规则。(2) 黄金规则：运用字义解释规则出现荒谬结果时，法官应当寻求字词的其他含义，以避免荒谬结论的发生和采用。(3) 除弊规则：又称弊端规则或弥补规则，是指法官解释成文法时要充分考虑议会在制定成文法时所要弥补的制度漏洞与缺陷，并竭尽所能地去弥补成文法所要弥补的漏洞与缺陷。[2]

无论在法律适用中还是在法律翻译中，法律解释必须遵循的要求很多，但整合起来看不外乎如下三大概括性基本要求：

(一)　合法性

合法性是指法律解释要接受宪法和法律的规制，所做的解释不得违背宪法和高位法的精神与要求，这也是所谓的合宪性解释原则要求。现存的制定法是解释的基础，不管该实在的制定法是否合理，所做的解释都必须与之相符合。这种刚性要求与法的确定性、稳定性、可预测性特征是相吻合的，体现了一种严格解释的法律精神，这是法治的应然要求。

(二)　实质性

实质性，又称目的性，要求法律解释必须以客观现实需要为前提，以的确需要解释的法律为基础，不得为解释而解释不需要解释的法律规定或规范，也不得刻意进行枉法律解释。实质性解释是法律解释的核心，但实质性解释恰恰又是问题最多的解释，是一个充满矛盾的解释领域，如果把握得不好，将陷入法律怀疑主义、法律虚无主义的泥潭。法律解释中所包含的这些冲突和矛盾是永远存在的，我们必须对矛盾和对立进行整合，其整合的基本要求就是应当联系具体情势和社会历史环境来思考，以客观社会现实与历史条件所反映出的社会对法的要求为目的来确定一个法律解释的正当性。

---

[1]　陈雄根：《略谈我国的法律解释与法律适用的关系》，《江苏市场经济》2002 年第 3 期。

[2]　魏玮：《英国法律解释三大规则之适用》，《法律适用》2002 年第 2 期。

（三）客观性

客观性是指非个人化和非随意性，解释必须符合社会正义的要求。法律解释客观性的实质就是要在解释主体的主观性之外寻求一种客观标准，这些标准主要包括：成文法字里行间的含义、立法者的立法本意、公平正义观、公序良俗观念，等等。对法律解释的客观性而言，由于法律解释和适用等都是人的活动，所以追求法律解释的客观性并不等于法律解释本身一定是绝对客观的，在法律解释过程中带有一定的主观性是在所难免的。虽然绝对的客观是难以做到的，但我们不能因此就放弃对客观性的追求，如果放弃对客观性的追求，法律为人类行为提供标准的规范作用就可能因此而丧失。

第二节　法律解释的一般方法

"法律解释是一项严肃、复杂的工作。为了正确地进行法律解释工作，必须掌握和运用法律解释的方法。"[1]尽管法律解释的方法很多，但大体上可以整合为文义、历史、体系、目的等几大主要类别。

一　文义解释

文义解释，又称字义解释，是指对法律规范所使用的文字的含义所作出的解释。按照解释的尺度，文义解释不同又可分为字面解释、限制解释和扩充解释。文义解释的特点是无论根据语言解释出的结果是否公正、合理，都将解释的焦点集中在语言文字上。文义解释是一种狭义解释的态度和立场，曾经作为普通法系主要的法律解释方法，其理论基础是三权分立理论：由立法机关制定法律，司法机关忠实地执行法律，以实现立法机关的意愿，对法律文本进行文义解释是"了解、把握和实现这种意愿的唯一途径"[2]。

（一）字面解释

又称严格解释，是对法律所做的忠于法律文字含义的解释，这种解释

---

[1]　国家司法考试中心：《国家司法考试辅导用书》全 3 卷，法律出版社 2007 年版，第 274 页。

[2]　梁治平：《法律解释问题》，法律出版社 1998 年版，第 5 页。

不扩大也不缩小法律的字面含义。字面解释更多地被运用于解释刑法，以防止罪罚扩大化造成冤假错案。例如，《中华人民共和国刑法》第19条规定："又聋又哑的人或者盲人犯罪，可以从轻、减轻或者免除处罚。"这里对"又聋又哑""盲人"和"从轻处罚"都应采取既不扩充也不限制的字面解释，即行为人具有又聋又哑或者眼睛失明的生理缺陷，对他们的处罚要轻于正常人。又如《中华人民共和国刑法》第94条"本法所称司法工作人员，是指有侦查、检察、审判、监管职责的工作人员"，则是直接将字面解释法律化。

（二）限制解释

又称狭定解释、缩小解释，是指对法律条文所作的窄于其文字含义的解释，当法律条文的"字面含义显然比立法原意要宽广时，对其作出比字面含义更窄的解释"[①]。限制解释方法对法律条文所做解释的含义小于法律条文字面的含义，是在法律条文的字面含义与立法意图、社会发展需要明显不符时，为贯彻立法意图，反映社会发展的实际需要而设定的解释方法。如1980年《中华人民共和国婚姻法》第21条规定："父母对子女有抚养教育的义务；子女对父母有赡养扶助的义务。"这里的"父母"与"子女"都应作限制性解释，前者所说的"子女"应限制在未成年且不能独立生活或丧失劳动能力的子女，后者所说的"子女"应限制在已成年和具有劳动能力的子女。

（三）扩充解释

又称扩大解释、扩张解释，是指法律条文的字面含义显然比立法原意为窄时所作出的比字面含义更广的解释；当法律条文的字面含义过于狭窄，不足以表现立法意图、体现社会需要时，对法律条文所做的宽于其文字含义的解释。扩充解释是为更好地实现法律条文文字未能包含的立法意图而设定的解释方法，它不是也不能任意扩大法律涵摄的内容，因此它始终必须以立法意图、立法目的和法律原则为基础。这种解释的含义比字面上要宽，如法律上使用的"领土"一词包括领陆、领水、领空，就是扩充解释。又如《中华人民共和国宪法》第33条规定"中华人民共和国公民在法律面前一律平等"，这里的"法律面前人人平等"中的"法律"一词应作广义解释，解释为"一切法律渊源"，宪法、法律、行政法规和地

---

① 葛洪义：《法理学》，中国政法大学出版社1991年版，第348页。

方性法规等都包括在内。再如《中华人民共和国刑法》第 341 条（非法收购、运输、出售珍贵、濒危野生动物、珍贵、濒危野生动物制品罪）中"出售"，解释为"包括出卖和以营利为目的的加工利用行为"，也属于扩充解释。《中华人民共和国婚姻法》第 24 条第 2 款规定"父母和子女有相互继承财产的权利"，根据对"子女"的扩大解释，被收养的子女也有权继承，这也是一种扩充解释。

二　黄金规则方法

"黄金规则"是对文义解释进行修正的规则与方法。根据黄金规则，法律条文应按其字面的、文字的最惯常含义来解释，但这不应是一成不变的法则。如果按字面意义解释呈现出极不合理性，会产生令人难以接受和信服的结果，而且我们不能想象这个结果会是立法机关制定这法律条文时的初衷，解释者应采用变通的解释规则和方法，拒绝死板地依从字面上的意义，以避免这种与公义不符的结果。黄金规则是一种中庸之道，它限制了文义解释方法的适用范围，但是黄金规则也有其自身的缺点。例如，对于结果达致何种不合理或不公正程度才足以排除文义解释的适用，便是一个说不清的问题，无客观标准可遵循。同时，在排除了文义解释后"究竟应采用什么规则与方法对有关法律条文进行非文义解释，黄金规则并没有提供解决方案"①。这一类解释方法又可细分为反对解释、补正解释、类推解释。

（一）反对解释

又称反面解释，就是根据法律条文的正面表述，推导其反面含义的解释。如《中华人民共和国刑法》第 50 条前段规定，判处死缓在缓期执行期间没有故意犯罪的，"二年期满后，减为无期徒刑"。据此，缓期执行期间没有满二年的不得减为无期徒刑，此即反对解释。反对解释只有在以下两种情况下才能采用：一是法条所确定的条件为法律效果的全部条件；二是法律规定所确定的条件为法律效果的必要条件。

（二）补正解释

又称补充解释，就是在法律条文发生错误时，统观法律全文加以补正，以阐明法律真实含义的解释方法。如认为《中华人民共和国刑法》

---

① 梁治平：《法律解释问题》，法律出版社 1998 年版，第 5 页。

第 63 条中的"以下"不包括本数，则是补正解释。这里的补正解释必须符合《中华人民共和国刑法》的整体规定，符合刑法的立法目的和基本原则，罪刑法定原则决定了"在刑法律解释中补正解释并不意味着可以将刑法没有明文规定的犯罪解释为犯罪"①。

（三）类推解释

又称为类推适用、比照适用，有的学者又称其为"类比推理"，是指法律对某些情形没有规定而比照最相近似或类似的法律规定予以处理的一种法律解释方法。在我国刑事司法领域内是不适用类推的，我国 1979 年刑法规定的类推适用已为 1997 年刑法所取消；在刑事领域以一定的公理和衡平或政策的需要为基础对一个规则进行类推适用而不依据法律明文规定，是违背罪刑法定原则的。而在民事领域，为维护有关当事人的合法权益，保证法律适用的公正，一般允许类推。如《中华人民共和国民法通则》第 6 条规定："民事活动必须遵守法律，法律没有规定的，应当遵守国家政策。"但从总的来看，这种解释方法在许多国家都是不受鼓励或严格限制的。与此相类似的，还有法律推定和法律拟制。在民事和行政法律领域，法律拟制是指基于公共利益的需要对某件事实存在与否，依据公理和国家政策加以拟定，如向政府某部门提出某一申请在规定时间内未得到答复，有时法律规定"视为"同意。民事和行政诉讼法学理上将其称为"答辩失权"，这一理论在现行的行政复议法中也有体现。相类似的情形还存在于合同、继承、公司和合伙企业转让股份等民商事法律领域。我们需要注意的是"法律拟制"与民事亲属法上的"拟制血亲"以及民事主体制度上的"拟制法人"是完全不同的。

三　历史解释

历史解释则主要是从有关立法的历史资料或从新旧法律的对比中了解法条的含义。在主观说盛行的时期，这种方法曾经扮演过重要角色，而今历史解释已经不像以前那么重要。有学者认为："现在它的主要任务，与其说在终局地决定法律的内容，不如说是在划定法律解释的活动范围。"②文义解释也有划定解释范围的功能，即解释不应超出字面含义可能覆盖的

---

① 张明楷：《刑法学》，法律出版社 2011 年版，第 690 页。
② 黄茂荣：《法学方法与现代民法》，法律出版社 2007 年版，第 298 页。

范围。历史解释是在文义解释划定的范围内进一步限定，在给定的历史条件下确定法律的真实含义。《中华人民共和国民法通则》第 123 条规定在高度危险作业种类中增添"高速运输工具"，并从免责事由中删除了"不可抗力"，根据立法者消极意思的推断可解释为：该规定将不可抗力排除于免责事由之外，意味着该条之立法本意为仅以受害人故意为唯一免责事由。古代强调"有罪推定"，近代开始强调"无罪推定"，这一转变的缘故就是近代以后的立法者更注重保护人权的结果。

四　体系解释

体系解释，又称逻辑解释、系统解释，是指将被解释的法律条文放在整部法律中乃至整个法律体系中，"联系此法条与其他法条的相互关系来解释法律"①。体系解释要求从现行法律的整体来解释具体法律规范或条文，以避免出现内部矛盾，这就是普通法系的"整体性要求"。在解释学上，有解释学循环原理，体系解释就是"遵循这一原理所进行的解释"②。首先，应综合考虑条文之间的相互关系。立法者在制定法律、表述法律的时候，为了使法律条文简洁、清晰，会使用不同的法律规范（规则），如确定性规范、委任性规范和准用性规范。在解释法律条文的时候应考虑到它们的照应关系。其次，应当考虑法律条文上的同类性或一致性。比如，《中华人民共和国民法通则》第 122 条是有关产品责任的规定，其责任性质是过错责任还是严格责任？运用体系解释的方法，我们可以看出，它被立法者"归入特殊侵权责任一类，特殊侵权责任是严格责任"③。最后，应当运用法条竞合的规则解决可能出现的法条之间的矛盾。有时，法律体系中会出现两个以上的法律条文对同一事项作出规定，而这些条文之间存在彼此矛盾的情形。在这种情况下，应当运用有关法条竞合的规则解决矛盾，遵循高位阶法优于低位阶法、特别法优于普通法、后法优于前法等一般法律原则。

体系解释可分为逻辑解释和系统解释两种。逻辑解释是指运用形式逻

①　张骐：《试论指导性案例的"指导性"》，《法制与社会发展》2007 年第 6 期。

②　宋雷：《法律翻译理解之哲理——从法律诠释角度透视原文本的理解》，《四川外语学院学报》2006 年第 1 期。

③　梁慧星：《论产品制造者、销售者的严格责任》，《法学研究》1990 年第 5 期。

辑的方法分析法律规范的结构、内容、适用范围和所用概念之间的联系，以保持法律内部统一的解释方法。法律文件的内在统一性决定了法律概念、法律条文相互之间的逻辑关系，这也是"法律确定性的保证"。① 这种法律内部的逻辑联系是对法律进行逻辑分析的基础，相应地，用逻辑的方法分析法律也就是阐明法律内容的手段。系统解释则是指将需要解释的法律条文与其他法律条文联系起来，从该法律条文与其他法律条文的关系、该法律条文在所属法律文件中的地位、有关法律规范与法律制度的联系等方面入手，系统全面地分析该法律条文的含义和内容，以免孤立地、片面地理解该法律条文。

五 目的解释

目的解释是指从制定某一法律的目的来解释法律。这里讲的目的不仅是指原先制定该法律时的目的，也可以指探求该法律在当前条件下的需要；既可以指整部法律的目的，也可以指个别法条、个别制度的目的。按照这种方法，在解释法律时应当首先了解立法机关在制定它时所希望达到的目的，然后以这个目的或这些目的为指导，去阐释与说明法律的含义，尽量使有关目的得以实现；如果由于社会关系发展变化，原先的立法目的不适应新的社会情势的需要，"按照自由解释的态度"②，解释者可以根据需要确定该法律新的目的。

许多规范性法律文件的第一条往往写明了该法的立法目的，这是一种明示的法律目的；有些法律目的以宪法原则或基本法律原则的形式表现出来，这是一种体系化的法律目的或法律价值，像人权、平等、诚实信用等。为了确定法律的目的或者为了发展法律的目的，解释者需要考虑比法律条文本身更广泛的因素，包括政治、经济、文化、社会情势、公共政策、各种利益等。相对于其他解释方法，目的解释赋予解释者更大自由解释的空间。解释者不必拘泥于条文的字面含义，如果条文有缺陷或漏洞，解释者可以进行修正或弥补。在出现法条矛盾而用体系解释的方法不能奏效时，目的解释的方法可以帮助解释者找到使法律适应社会发展需要的正

---

① 葛洪义：《法理学》，中国政法大学出版社1991年版，第394页。

② 沈宗灵、罗玉中、张骐编：《法理学与比较法学论集：沈宗灵学术思想暨当代中国法理学的改革与发展》，北京大学出版社2000年版，第180页。

确道路，最大限度地发挥法律的社会功能。

当然，目的解释也不是万能的。"规定盗窃罪的《中华人民共和国刑法》第 264 条的目的是保护财产的所有权，还是保护财物的占有？"[1] 规定受贿罪的《中华人民共和国刑法》第 385 条的立法目的是"保护职务行为的公正性，还是职务行为的不可收买性？"[2] 对此，需要根据宪法原则和刑法理念与现实，采取多种解释方式来确定，但任何解释方式所得出的结论都不能违反罪刑法定原则。不利于被告人的类推解释在方法上就与罪刑法定原则相抵触，故属禁止之列；采取其他解释方法时也必须符合罪刑法定原则，符合刑法目的。

第三节　法律适用解释与法律翻译解释

法律适用的法律解释与法律翻译中的法律解释既有不同，也存有共性。总体来说，共同性大于差异性，法律适用中的法律解释原理与方法大多可以为法律翻译中进行翻译解释所遵循和为法律翻译解释所用。

一　法律适用之法律解释

（一）法律适用的基本内涵

所谓法律适用，就是在具体法律事实发生后，根据相关法律规范关于抽象法律关系之规定，通过将法律事实归入相应的抽象类型之中，进而形成具体的法律关系和法律秩序。法律适用有广义和狭义之分。广义的法律适用是指国家机关及其工作人员、社会团体和公民实现法律规范的活动，这种意义上的法律适用可以被称作法的实施。狭义的法律适用是指国家机关及其工作人员依其职权把法律规范应用于具体事项的活动，尤其特指拥有司法权的机关（主要是法院）和司法人员（主要是法官）依照法定方式把法律规范应用于具体案件的活动。

一般而言，法律适用通常取其狭义界定，即裁判者运用现行法律和法

---

① 沈宗灵、罗玉中、张骐编：《法理学与比较法学论集：沈宗灵学术思想暨当代中国法理学的改革与发展》，北京大学出版社 2000 年版，第 875 页。

② 同上书，第 1048 页。

律精神处理所受理案件的活动。裁判者对法的适用与立法者的立法过程正好相反，立法者采取归纳推理，从许多社会现象和个案中提取共同的特点并加以完善与推敲，制定出满足社会需要的法律，而裁判者适用法律采取的是演绎推理与类比推理，即从一般到个别，或者按一定的原则由个案到个案，其大前提是法律规定，小前提是受理案件的法律事实，最后得出的结论是依法所作的判决或裁定。

（二）法律适用的法律解释需求

在法律适用中需要对法律进行解释的情形很多，主要有如下情形：

第一，法律留有空白，对相关问题或情形没有做任何规定。对一些法律问题，法律规范依其内在联系应当予以规定而没有规定。这些现象是客观存在的，一是由于立法者来不及制定法律来调整某些社会关系，如我国1949 年 2 月按照《中共中央关于废除国民党六法全书与确定解放区司法原则的指示》规定废除了旧有法律规定，除了少数解放区制定的法律法规外，大部分法律都不能及时制定。中华人民共和国成立后虽然有一些法律法规，如《中华人民共和国惩治反革命条例》，但大量的社会关系调整面临的是法律空白。二是由于立法者因某种原因没有作出相应的规定，如《中华人民共和国民法通则》和以前的《中华人民共和国合同法》《中华人民共和国涉外经济合同法》等都未规定情势变更原则，1999 年《中华人民共和国合同法》中也未作出这个规定，仅仅在原来的《中华人民共和国技术合同法》第 24 条作了类似规定。但在现实生活中，由于不可归咎于当事人的原因，致使与该合同有关的客观基础情况发生当事人不能预见的异常变化。此种情况下，不适用情势变更原则显然不利于维护当事人的合法权益，实现公平与正义。为此，1993 年最高人民法院印发的《全国经济审判工作座谈会纪要》指出："由于不可归责于当事人双方的原因，作为合同基础的客观情况发生了非当事人所能预见的根本性变化，以致合同履行显失公平的，可以根据当事人的申请，按情势变更原则变更或解除合同。"① 当然，该纪要只能对下级法院的审判活动发挥指导作用，并无法律效力，无法起到真正的调节作用。

第二，法律虽然做了规定，但用语模棱两可或比较抽象。如《中华人民共和国刑法》第 221 条规定："捏造并散布虚伪事实，损害他人的商业

① 徐学银：《论我国合同法中情势变更原则的确立》，《求索》2007 年第 7 期。

信誉，给他人造成重大损失或者有其他严重情节的，处二年以下有期徒刑或者拘役，并处或单处罚金。"第 293 条规定："有下列寻衅滋事行为之一，破坏社会秩序的，处五年以下有期徒刑、拘役或管制：（一）随意殴打他人，情节恶劣的；（二）追逐、拦截、辱骂他人，情节恶劣的……"这些法条中的"严重情节、情节恶劣"都没有明确一个统一的标准，就需要在法律适用时作出合理的标准性阐释与说明，以便法官适用这些法律规定处理案件时能得出一个公平、统一、合理的判决。

第三，法律对有关社会现象作了规定，但因为立法者理解上有明显的疏漏，依照该法律处理案件就会陷入两难境地。王海"知假买假"案件就属于此类现象，所以出现有的法院判决王海胜诉而有的法院却判王海败诉，就是因为《中华人民共和国消费者权益保护法》没有很好地解决王海作为一个主体是消费者还是经营者的主体界定问题。"各地法院判决不一，严重地影响法律的权威性"①，这时就需要运用法律解释规则和技巧加以合理解决。

（三）法律适用的法律解释作用

众所周知，实践中经常遇到法律规定不明确、含混不清，或者是没有规定甚至法律规定之间存在矛盾的情形。在这种情况下，裁判者如何寻找法律条款和法律规范，如何适用法律来审理案件是一个摆在裁判者面前无法回避的现实问题。因此，法官或者其他法律适用者在作相关法律决定的时候就需要遵循一定的法律解释规则，合理运用法律解释方法。如果法官或者法律适用者不这样做，他们得到的法律判决结果就得不到大家的普遍认同，所追求的法律正义也就无法实现，同时他们所作的这个法律决定就不具有可预测性和可接受性。

通过法律解释可以对不确定的概念和不明确的规定予以具体化和明确化，使裁判规则或法律适用规则具体化、明确化和体系化，以维护法律的安定；对法律之间有互相矛盾或抵触的地方，通过法律解释方法阐释其应有含义，使之统一。法律的解释也是法律确定化的必经途径，法律的确定化有利于法律的具体适用。

虽然法律解释有如此重要的意义和作用，但是如果不对法律的解释予

---

① 应飞虎：《知假买假行为适用惩罚性赔偿的思考——基于法经济学和法社会学的视角》，《中国法学》2004 年第 6 期。

以限制，就会导致解释的任意性，这不利于法律统一性并且还有可能违背法制原则。对法律解释进行限制就是对其予以规则规制，要求在进行法律解释活动时必须遵守一定的规则，但法律解释的规则往往是以一种无形的观念、内部的法则形态存在于法律解释的具体实践之中和各个解释者的法律意识里的，很多时候是在法律适用者的无意识状态下潜意识之中发挥作用的。

二　法律翻译之法律解释

法律解释是将法律语言从其书面或正式形式转换为易为大众所理解的形式，这一转换过程始终在源语言内部进行，而法律翻译是将法律文本从一种语言转换成另一种语言的活动，是一种双语（bilingual）的转换过程。法律作为一个国家乃至一个民族最重要的文化承载体之一，是其公民所持之正义观、秩序观以及其他价值观的客观反映。由于文化的不同，各国各民族的正义观、秩序观不会总是相一致的。当两种截然相反的正义观相抵触时，冲突不可避免地会发生，这也是造成当今世界不稳定的重要因素之一。为了消除各自关于正义秩序的分歧，为了使对方认同自己的法律文化，实现求同存异、互利共赢，世界各国都需要法律翻译来介绍和传播自己的法律与法律文化。为了避免法律翻译失真，保证翻译的法律文本能够真意还原，我们需要借助法律解释的原则和方法来予以理论指导和具体适用。

法律翻译的机理与法律解释的机理区别中带有相似：译者不是裁判者，但是需要运用裁判者的思维去发现、解释和运用法律；法律文本翻译不同于法律适用，但也需要译者像法律适用那样对法律文本进行更为深刻的理解。

（一）法律翻译与法律解释的共性

在英文中，"翻译"一词有"interpretation"和"translation"两种表达。在法律英语的语境中，"interpretation"除了多指"口译"之外，还具有"诠释""阐释"或"解释"的含义；"translation"多指对文本的笔译。在法理学上，"interpretation"多译为"阐释"或"诠释"；在法律适用上多译为"解释"，尤指司法解释。[①] 无独有偶，英语中的"hermeneu-

---

① 宋雷、张绍全：《英汉对比法律语言学——法律英语翻译进阶》，北京大学出版社 2010 年版，第 219 页。

tics"一词源于德文里的"hermeneutik",其本身就同时具有"翻译"和"解释/阐释"双重含义。法律"翻译"与法律"解释"其实具有高度的同源性,在许多层面上二者并无本质差别。根据《现代汉语词典》,"翻译"的另一层含义是指"方言与民族共同语、方言与方言、古代语与现代语之间一种用另一种表达"以及"把代表语言文字的符号或数码用语言文字表达出来"。正如伽达默尔所言,一切翻译就已经是解释(Auslegung),甚至可以说,"翻译始终就是解释的过程,是翻译者对先给予他的语词所进行的解释过程"①。

众所周知,要想将某一文本从源语言翻译为目的语,首先必须理解原文,知道原作者要表达的真实意义。理解不仅是翻译的重点也是难点。"翻译就是理解、理解也是翻译",因为语言的产生和理解过程实际上就是翻译的过程。在翻译过程中,原文的每一个词、每一句话都要落在实处,对于以精准为基本特征的法律语言更是如此。翻译之前首先要了解原文,只有正确通透理解源语言的本来含义,认真体会原文的意旨,译文才能真正还原原文本来的意蕴。法律翻译的关键也在于对原文的正确通透理解,译者必须在全面准确把握和理解原文的基础上才能进行分析和翻译表达。理解对于法律翻译的重要性几乎完全等同于对其解释,法律解释的具体方法,无论是狭义的解释方法还是广义的解释方法,都需要翻译者牢靠掌握,从而更精妙地运用在法律文本的汉译英中,以实现法律文本的原汁原味翻译。

总之,法律翻译与法律解释之间存在着相当多的关联性与共性,当然二者之间也存在着很多不同之处,但是它们实际运用的解释原理与方法上却有着异曲同工之处。

(二) 法律翻译与法律解释的差异性

尽管法律翻译与法律解释在许多层面上存在着非常多的共性,但是毕竟严格上说翻译还是不能等同于解释,在不少层面上二者的差异还是很悬殊的。严格区分二者,不难发现,法律翻译与法律解释存在如下具体差异:

1. 主体不同

法律翻译的主体是译者,译者必须具有法律人应有的专业知识和法律

---

① [德] 伽达默尔:《伽达默尔集》,邓安庆等译,上海远东出版社 2003 年版,第 496 页。

素养，还须具有法律人的思维和语言能力。对于译者是否必须是具有学位或资历的专业法律人并没有严格的要求。法律解释的主体，如果按照狭义的理解，即司法者（法官）等案件裁判者；按照广义的理解，如果不以司法适用角度看，则几乎囊括了所有的法律人。

2. 目的不同

法律翻译的目的是将一种语言的法律用另一种语言表达出来，以实现两种语言文字之间的相互转换，这种转换是双向的。法律解释则不同，法律解释中的语言转换一般说来是单向的，其目的是理清模糊的法律语言，追求意蕴上的正确理解，更多地用于日常的法律适用。

3. 功能不同

法律翻译的功能在于引进国外先进的法律理念和经验，同时向世界介绍国内的法律思想和文化，协助对外法律活动的开展，既为促进国内法制的改革和发展，又为实现国内外法治精神的交流和切磋，取长补短。"法律解释是改变社会的法律微调器"①，其功能在于克服成文法的固化僵化缺点，法律解释更多地与法律适用相联系，无论是法官裁判，还是律师代表当事人参加诉讼，都必然且必须就相关的法律进行阐释和说明，以提出判决或辩论的论据。

4. 地位不同

法律翻译由于在功能和作用上仅是作为法律实践活动和法律适用的辅助与参考，因此在法律活动中通常处于被动或从属地位。法律解释是法律实践和法律适用的必不可缺一环，是法律人必须掌握的专业技能，在法律活动中明显占据了主动或主导地位，无论是法官、律师还是法学家都是如此。

5. 性质不同

法律翻译只是将法律或法学著作的文本从一种语言文字转换成另一种语言文字，而不将一般法律文本个别化或实用化。除了考虑读者对译文的理解，或译者对文字的表达和处理外，法律翻译基本不涉及对法律文本本身的创新，因而法律翻译鲜有创造性特征。法律解释则不同，法律解释将一般的法律个别化，并在法律适用中通过具体的案例来将抽象的法律具体化，事实上也是在创造新的规则，这种规则可以称为裁判规则，而且这种

---

① 陈金钊：《法律翻译的哲理》，山东人民出版社 1999 年版，第 274 页。

规则在不违背原有法律精神的前提下极富弹性和灵活性。

三　两种法律解释之异同

法律适用中的法律解释与法律翻译中的法律解释同为"解释"，但是二者却分属于两个不同层面的解释，不存在形式逻辑上的包含关系。法律适用解释是法官等司法工作者在运用法律条文或法律规范之前的一个必要步骤，是法学的概念之一。从研究目的上看，法律解释学旨在为裁判者准确阐释法律、寻找讼争案件的裁判依据提供方法指导，以保障其准确理解、阐释和运用法律规范。换言之，法律解释学的中心任务是保证裁判者能够准确发现、解释和适用裁判规则。因此，法律适用中的法律解释主体主要是法官和其他裁判者，法律解释的领域主要在法律适用上。法律翻译解释则是由于整个法律翻译活动皆受到法律专业背景下解释学循环的制约，因此需要在翻译的"原文的理解—译文的表达—达意的验证"三大环节中进行法律解释，以求真正实现对文本的原味翻译。法律翻译解释是在翻译过程中的解释，并不必然运用于翻译之前，而是在翻译需要之时采纳的一种辅助方法，不同学科的翻译使用的解释方法和手段也并非完全相同。法律适用解释与法律翻译解释在使命和特性上也存有不同：法律适用解释很大程度上是为了权衡权利与义务的分配问题，在解决法律争议问题的过程中，常常为政治或道德所左右。法律翻译解释则不涉及权利与义务分配问题，没有如此强烈的政治或意识形态色彩，因此法律翻译解释的客观性会更强。

尽管法律适用中的法律解释与法律翻译中的法律解释并不完全相同，但法律适用解释与法律翻译解释二者也存在着诸多共性。

（一）同属广义的法律解释范畴

无论是法律适用解释还是法律翻译解释都会涉及广泛的法律解释问题，都可能会在广义的法律解释范围内进行阐释与说明活动。正如前文所述，广义的法律解释除了指由一定的国家机关、组织或个人，为适用和遵守法律，根据有关法律规定、政策、公平正义观念、法学理论和惯例对现行的法律规范、法律条文的含义、内容、概念、术语以及适用的条件等所做的说明，还包括进一步明确法律法规的具体含义和补充法律依据以适用法律制定后出现的新情况等。

（二）都遵循法律解释的共同原则和要求

无论是法律适用解释还是法律翻译解释，由于同属广义的法律解释范畴，必然要遵循法律解释的共同原则和一般要求。这些共同原则包括清晰文本本身无须解释、重视与法律文本、忠实于立法目的和立法意图、妥当地进行价值判断、兼顾法的安定性合法的妥当性及充分说理论证的原则，或者合法性、合理性、整体性原则、文义与法义相统一原则以及历史与现实相统一原则等。

法律、法令、法规是通过文字表达和传播的，法律解释首先要揭示法条的文义，为此，要分析法条的语法结构、标点符号、词语的普通语义和在法律中的特殊语义，分析法律、法令、法规中对有关词语的界定。但是，仅仅揭示法条的文义是不够的，还必须着重揭示法意，即通过文字表达和传播的立法意旨。这些是法律适用解释和法律翻译解释均应当遵循的普遍性一般要求。

（三）都运用法律解释的一般方法

作为广义的法律解释，法律适用解释与法律翻译解释必然都要运用法律解释的一般方法，文义解释、体系解释、扩张解释、限制解释、当然解释、目的解释等都是法律翻译解释与法律适用解释时经常共同使用的具体解释方法。

第四节 法律解释在源语言理解中的具体运用

在法律文本英译的源语言理解环节中，无论是狭义的法律解释方法还是广义的法律解释方法，都能具体帮助译者准确通透理解法条原文，保障法律翻译在原文理解环节上不失真。

一 狭义法律解释方法运用

狭义的法律解释方法选用时应当遵循一定的先后顺序和适用条件要求。首先进行文义解释，在文义解释出现复数解释结论时，通过文义解释之外的其他狭义解释方法来明确文本的含义；在这些方法运用之后，如果仍存在复数解释结论时，再采用目的解释、历史解释等方法来探求立法目的和意图以确定文义；当文本的含义与现实社会发生脱节时，就需要借助社会学的解释方法来进行社会效果等考量。最后还可能需要采用合宪性解释对各种解释结论进行评价和控制。①

（一） 文义解释

文义解释，是指按照法律条文所使用的概念或用语的含义对法律条文进行解释。法律条文是由文字词句写成的，适用法律首先要了解法律条文的文义，而了解法律条文的文义就要进行文义解释。所以，文义解释是法律解释最基本的方法，也是适用其他解释方法的前提和基础。按照民法律解释学，进行文义解释时一般应按照法律条文所使用词句的通常意义解释，但如果该词句在法律上具有特殊意义，与通常意义不同，则应"按照该词句在法律上的特殊意义解释"②。

首先，判断文义是否清晰，"清晰的文本无须解释（Interpretatio cessat in claris）"③。当文本内容出现以下情况则需要进行文义解释：文义内涵和外延不确定，文义相互矛盾，文义具有多义性，文义过于抽象，文义具有滞后性，文义具有地域的差异性，等等。其次，确定文义的可能范围：一是确定核心文义，二是确定边缘文义范围的最大射程。例如，"返还原物"中的"原物"是指最初被侵占的物，这便是"原物"的文义核心，而通过转租获得的孳息是否属于"原物"的范畴，则是"原物"文义的边缘地带。三是要澄清边缘文义的含义，在确定文义可能范围之后再确定文义的通常含义。译者应当参照裁判者的解释，以通常的理解进行解释，对于专业领域的用语还需要借助专业知识进行解释。最后，对于一些特殊用语进行区别于日常生活用语解释的特别解释，尤其是对于一些来自习惯的用语，可以按照习惯来解释文义，比如在分配遗产中"多分""少分"的问题上，在案例"朱春道等诉张玉芹继承纠纷案"④中，法院裁量"多分"幅度时，参照了当地农村在分配遗产时"提份子"的习惯，译者也可以在译文中以此种方式来理解原文。

文义解释的依据有很多，其中比较常见的便是借助词典进行解释。文义解释也还可以依据文义的语境进行解释，在不同语境场合中文义也可能会有所不同。例如在将"婚姻"翻译为英文的过程中，民法语境下和刑

---

① 王利明：《法律解释学》，中国人民大学出版社 2009 年版，第 73 页。

② 徐国栋：《民法基本原则解释——成文法局限性之克服》（增订本），中国政法大学出版社 2001 年版，第 7 页。

③ 梁慧星：《裁判的方法》，法律出版社 2003 年版，第 52 页。

④ 江苏省盐城市亭湖区人民法院（2007）亭民一初字第 2876 号。

法语境下则有较大的差异，刑法上是承认事实婚姻的，而民法上的婚姻只指办理了结婚登记的婚姻。因此，译者在翻译的过程中要注意文义所在语境下对应的范畴，锁定了"婚姻"的核心文义后，还要确定其边缘文义是否包含"事实婚姻"，这样译文才能精准地重现原文。除了借助词典和文义语境进行文义解释之外，文义解释还可以"依据法理、文法、采用生活经验等方式进行解释"①。法律翻译中采用文义解释方法理解原文，能有效地避免法律英语翻译失真的问题。

（二）体系解释

体系解释，简言之，即根据法律条文在法律体系中的位置进行解释。具体说，根据法律条文所在编、章、节、条、项以及该法律条文前后的关联，甚至将法条置于国家整个法律体系中加以考察，以确定它的意义、内容、适用范围、构成要件和法律效果的解释方法。体系解释的根据在于法律是由许多概念、原则、制度构成的，但这些概念、原则、制度不是任意的、杂乱无章的堆砌，而是依一定的逻辑关系构成的完整体系，各个法律条文所在位置及与前后相关法律条文之间均有某种逻辑关系。

首先，文义解释需出现复数解释结论，当可能文义的范围确定下来后，边缘区域的模糊性可由体系解释来澄清，然后确定解释的内容是否处于同一位阶。最后依据外在体系来阐明文本的含义：一是根据同一法律部门内部不同法律的体系进行解释。例如《中华人民共和国公司法》和《中华人民共和国民法通则》中对"法人"的规定，则可以在民法部门内不同的法律之间确定一个原则：公司以外的法人并不能适用法人人格否认制度。二是根据同一法律内部不同法律制度的体系进行解释。如《中华人民共和国物权法》上的"占有"在所有权中使用时指所有权的占有全能，但是在"占有"编中，指一种事实：有权占有或无权占有。三是根据法律部门内部不同法律的体系进行解释。四是依据法律部门的体系进行解释，典型的例子便是民法和刑法中关于"近亲属"范围的不同规定。又如《中国日报》在 1985 年 7 月 10 日第一版将汉语的"中外合资经营企业"译为"Sino-Foreign Investment Venture"，并将"合资企业"直接简称为"joint venture"。② 从我国民法内部的体系来看，经营方式包含了短期

①　王利明：《法律解释学》，中国人民大学出版社 2009 年版，第 81—83 页。

②　陈忠诚：《法窗译话》，中国对外翻译出版公司 1992 年版，第 74 页。

的合伙经营和长期的公司法人，在回译"joint venture"的时候发现，法律英语中本身就有这样的一个词语，意思是"短期合营"。辞书《科克伦法律辞典》中对"joint venture"的解释为："A partnership of a temporary nature, as where merchants in different countries join an export transaction on their joint account. On completion of the venture the partnership comes to an end"。洪土豪的辞书《英汉法律辞典新编》中对"joint venture"的解释为：合伙；短期合营。① 因此《中国日报》在这里将"合资企业"翻译为"joint venture"是有违我国民法内部的法律体系的，易对读者，尤其是那些有法律英语背景的国外读者造成巨大的误解。

在进行体系解释时还需要注意一些特殊的法律原则要求：其一，例示性规定优先于概括性规定。根据列举的方式对具体事项进行的规定称为例示性规定；根据概括语言描述不确定的概念对具体事项进行的规定称为概括性规定。为了法律适用的时候便于法律人进行操作，立法者往往在设置了概括性规定后又设置了例示性规定。这样根据例示性规定，具体情况则一目了然，而概括性规定又可以作为兜底条款来满足未来将要出现的不确定性。《中华人民共和国侵权责任法》第58条规定的"隐匿或者拒绝提供与纠纷有关的病历资料"属于概括性规定，第61条又规定了病历资料的具体类型包括"住院志、医嘱单、检验报告等"。②所以，在翻译中涉及对第58条解释的时候应该优先参照第61条规定进行原文含义的解释。其二，特别法优先于普通法。《中华人民共和国民法通则》第136条规定："身体受到伤害要求赔偿"适用1年的诉讼时效期间。《中华人民共和国产品质量法》第45条规定："因产品存在缺陷造成损害要求赔偿的诉讼时效期间为二年。"因此在翻译中遇到身体受到伤害情形时不能一概而论地进行翻译，应根据文中具体的细节，若采用1年的时效期间，则可译为非产品缺陷造成的身体损害；若采用2年的时效期间，则应译为产品缺陷造成的身体损害。

法律翻译中采用体系解释方法能找准原作者想要表达的真意，通过法律规范之间的体系联系来有效地避免法律英语翻译失真的问题。

（三）当然解释

当然解释，是指特定法律条文虽仅规定适用于此种类型，而未明文规

---

① 陈忠诚：《法窗译话》，中国对外翻译出版公司1992年版，第74页。
② 王利明：《法律解释学》，中国人民大学出版社2009年版，第103页。

定适用于彼种类型，但从该法律条文的立法本意来看，彼类型比此类型更有适用的理由，因此彼类型当然应适用该特定法律条文调整。当然解释的法理根据在于社会现象当中存在着一种逻辑关系，叫"不言自明""理所当然"。例如，《中华人民共和国劳动法》第 90 条规定："用人单位违反本法规定，延长劳动者工作时间的，由劳动行政部门给予警告，责令改正，并可以处以罚款。"这里所谓的"劳动者"当然既包括男性劳动者也包括女性劳动者，把"劳动者"解释为"男性劳动者"和"女性劳动者"就是一种当然解释，这是概括性"劳动者"的题中应有之义。

当然解释有两种基本情形："举重以明轻"和"举轻以明重"。"举重以明轻"，也称为"以大推小"，即根据法律规定的目的来考虑，"如果其事实较之于法律所规定的情况更轻，就可以直接适用该法律规定"[1]。"举重以明轻"的适用应当满足三个要求：（1）两种情况须存在共性；（2）两种情况之间存在"轻"与"重"的差别；（3）法律的规定须适合适用于待决情形。如《中华人民共和国物权法》第 115 条的规定是否适用于主物抵押及于从物抵押的情形需要考量：第一，二者都是处分行为，符合二者共性需求；第二，"抵押"对于处分权人的权利限制较少，属于"轻"的情形；第三，"转让"和"抵押"比较，只限于主物和从物的关系，即便作出推论也不违反法律的规范目的，反而还契合"从随主原则"这一一般法律原则。因此，遇到类似于上述情形时，译者可以根据当然解释规则对原文进行解释。"举轻以明重"，也称为"以小推大"，即根据法律规定的目的来考虑，如果其事实较之于法律所规定的情况更重，那么按照立法的意思，"既然较轻的行为都适用该规则，较重的行为就更有理由适用该法律规定"[2]。例如，在翻译关于产品在未进入流通领域就出现产品缺陷的生产者义务内容时，《中华人民共和国产品质量法》第 46 条作了如下规定："产品投入流通后发现存在缺陷的，生产者、销售者应当及时采取警示、召回等补救措施。"[3]根据当然解释的"举轻以明重"原则，产品在投入流通领域后存在缺陷，生产者、销售者负有警示和召回等义务，未投入流通时就更应当负有警示和召回等义务。又如，在遇到定作人

---

① 杨仁寿：《法学方法论》，三民书局 1986 年版，第 146 页。

② 同上。

③ 王利明：《法律解释学》，中国人民大学出版社 2009 年版，第 106 页。

对定做或者选任承揽人上具有故意的责任承担上也可以通过"举轻以明重"原则来帮助理解原文的准确含义。《人身损害赔偿司法解释》第 10 条规定："承揽人在完成工作过程中对第三人造成损害或者造成自身损害的，定作人不承担赔偿责任。但定作人对定作、指示或者选任有过失的，应当承担相应的赔偿责任。"① 法条原文虽然没有直接说明定作人存在故意的情况如何处理，但是根据当然解释的"举轻以明重"原则，过失尚须承担责任，故意则更应承担责任。因此，若在翻译中遇到有定作人故意的情况时，可以根据此解释原理得出更为准确的真意理解。当然，译者在翻译的时候应当注意其中的内在逻辑关系，孰轻孰重，是否构成逻辑上的大推小或者轻推重的原则。

法律翻译采用当然解释方法能对文本中隐含的法律逻辑进行梳理，将法律逻辑和翻译逻辑有机结合在一起，通过形式逻辑推导来将文本中暗含的法律目的和法律真意准确理解出来，使得译文表达能展现出与原文相同的法律姿态和内涵。

（四）反面解释

在法律翻译时，所要解释的文本是确定的法律规范，若构成要件符合逻辑推论的要求且不违反法律规定的情况下，可以采取反面解释，运用形式逻辑规律来提高原文理解的准确性。例如，《中华人民共和国民法通则》规定年满 18 周岁为成年人，从反面解释来看，未满 18 周岁的人，则为没有完全行为能力的人。反面解释在推论的过程中要遵循非此即彼的推论要求，其适用基础必须是法条的反面意思只有一种合理性推论。如《中华人民共和国物权法》第 14 条："不动产物权的设立、变更、转让和消灭，依照法律规定应当登记的，自记载于不动产登记簿时发生效力。"对于这样正面的直接规定很容易得出其反面结论："若未经记载于不动产登记簿，则无论当事人是否提出登记申请，或者登记机构是否受理，都不能发生不动产物权的变动。"②

法律翻译采用反面解释方法能"从文本的正面意思推论出相反结果"③，据此阐明法律条款的真实含义。需要特别注意的是，法律对于解

---

① 王利明：《法律解释学》，中国人民大学出版社 2009 年版，第 108 页。

② 同上书，第 111 页。

③ 杨仁寿：《法学方法论》，三民书局 1986 年版，第 139 页。

释对象的规定必须是只从单一方面进行规定，这样才能有其"反面"可言，才可以进行反面解释，因此对例示性规定和开放性规定都不能适用反面解释。

（五）目的解释

目的解释，即以立法目的作为根据以解释法律。关于某个条文、某个制度，可能有两种或两种以上解释，则应以符合立法目的的解释为准，选择其中符合立法目的的解释。目的解释的根据就在于任何法律条文和制度均有其立法目的。所谓立法目的，通俗说，即法律为何设定这一规定，其拟解决何种问题。抓住了这一目的，就便于理解法律的真意。正因如此，在法律解释出现困难时，探求立法目的往往是阐释法律疑义的关键。当法律条文出现两种相反的解释意见时，应采纳符合立法目的的解释意见。我国法律一般均有目的性规定，为适用目的解释创造了方便。较之其他解释方法，目的解释能更好地解释立法的意图，并且可以随着时代的发展和社会形势的变化对立法目的注入时代的特征。

目的解释通常是在文义解释本身不能得出结论的情况下，通过对法律规范本身目的的探讨来确定文义的准确含义。首先，从法律文本自身出发来探求立法的目的，其中包括对文本直接表述的研究、制度目的的研究以及法律条文、概念所包含的目的分析。其次，探究立法目的和立法意旨，包括通过体系分析来探明法律中没有直接表述的立法目的，通过历史考察来确定立法目的，通过探求规范的性质来探求立法目的，通过社会学方法、比较法来探求立法目的。然后，选取符合目的的解释结果。例如，在法律翻译中涉及"国家利益"是否包括"国有企业利益"的问题时，根据《中华人民共和国合同法》第52条第1项规定，"一方以欺诈、胁迫的手段订立合同，损害国家利益"的，合同无效。其立法目的就是要保护国家的整体利益，而不得侵害进入交易领域的国有企业的利益。所以，该条中国家利益的真意应该包括国有企业的利益。

在汉英翻译中经常可以借用目的解释的原理来帮助理解原文真意，如翻译侵权责任相关内容时遇到关于动物饲养人是否具有免责事由的情形时，不能一概而论地认为凡有原则必有例外。根据《中华人民共和国侵权责任法》第79条规定"违反管理规定，未对动物采取安全措施造成他人损害的，动物饲养人或者管理人应当承担侵权责任"，法条本身并没有规定免责事由，虽然不能因此就断定没有免责的情况，但是根据法条设立的目的来看，侵权法是救济法而非制裁法，因此重在为保护受害人的利益而设立本条款。根据法律解释中的目的解释，"饲养人和管理人是不具有免责事由的"①。因此可以依据目的解释得出最准确的汉英翻译结论。

法律翻译采用目的解释方法能通过探求法律的目的唤醒立法者的真意，保证译文迁移和转达原文信息时不致遗漏，为读者架起一座便于理解原文内涵的桥梁，保证法律翻译能真正传达原作者的意思，且不与法律目的相违背。

（六）限缩解释

限缩解释，也叫缩小解释，它是指某个法律条文所使用的文字词句的文义过于宽泛，超过了该法律条文或法律制度的立法本意，将本不应适用的包括进去了，因此应将它的文义范围缩小到符合立法本意，将不应当适用的情形排除出去。例如，《中华人民共和国婚姻法》第 15 条规定："父母对子女有抚养教育的义务；子女对父母有赡养扶助的义务。"该条款中两次提及的"子女"都应该作限定性理解，前者应理解为"未成年子女"或"丧失劳动能力的子女"；后者应理解为"成年子女"或"具有劳动能力的子女"。不作这样的理解就有可能从这条法律规定中推出不恰当的结论。

首先通过文义解释方法，确定法律条文的文义。接着通过立法目的、立法意图、体系等因素确定限缩解释范围。然后要确定限缩解释之后不能损害法条的核心文义，否则可能演变成目的性限缩而转入法律漏洞填补的领域，则不再属于狭义解释范围。最后，要对缩小的必要性以及如何缩小进行充分的论证考量。在没有充分必要理由的前提下，译者应当尊重立法者的表述，不得随意进行限缩。

法律翻译采用限缩解释方法能将与立法者想要表达的意图不符（主要指外延过宽）的翻译概念加以限制、缩小，从而保证立法者意图能够真正实现。在翻译过程中应当注意，限缩解释的主要目的是要实现文本的"合目的性"，因此无论限制核心文义还是边缘文义都"应该符合规范的目的，不得随意限缩损害法律规范的应有含义"②。限缩解释也有助于理解法律条文的适用范围。

---

① 王利明：《法律解释学》，中国人民大学出版社 2009 年版，第 122 页。

② 同上书，第 133 页。

（七）　扩张解释

扩张解释，与限缩解释正好相反，是指某个法律条文所使用的文字词句的文义过于狭窄，将立法本意中本应适用该条的情形排除在适用范围之外了，为正确适用该条文，对其扩张条文的文义，将文义外的情形也纳入其适用范围之内。例如，目前我国法律中尚无关于精神损害赔偿的具体规定，有些当事人在提出这类法律诉求时常援引《中华人民共和国民法通则》第106条第2款的规定："公民、法人由于过错侵害国家的、集体的财产，侵害他人财产、人身的，应当承担民事责任"以及第122条的规定："因产品质量不合格造成他人财产、人身损害的，产品制造者、销售者应当依法承担民事责任。"他们认为这两条法律规定中所讲的"人身损害"应当理解为包含生理上的损害和精神上的损害，从而为自己的法律诉求提供理由。实践中法院也有认可这样的法律主张的，此时就属对上述两条法律规定的扩张解释。

满足以下几个条件时译者可适用扩张解释来理解法律原文的真意：一是通过文义解释后字面含义不足以适用于待决情形；二是进行目的性探究，看这种扩张是否与立法目的相违背；三是确定扩张解释符合法律规定；四是确定在法律的可能文义范围之内。例如，在翻译《中华人民共和国民法通则》第140条规定"诉讼时效因提起诉讼、当事人一方提出要求或者同意履行义务而中断"时，该条中"提起诉讼"是限于在法院起诉，还是包括其他类型救济申请，如申请支付令、申请财产保全、申请仲裁等？许多译者在翻译时认为该条的"提起诉讼"仅指在法院起诉，但如此理解过于狭窄，将会造成当事人的权益得不到有效保护，并不符合立法本意和目的，因此有必要对其做扩张解释。

法律翻译采用扩张解释方法与采用限缩解释方法相似，能将与立法者想要表达的意图不符（主要指外延过窄）的翻译概念加以扩张、扩大，从而保证立法者意图能够真正实现。扩大解释的主要目的是要实现文本的"合目的性"，因此无论扩大核心文义还是边缘文义都应该限制在文义的射程范围之内，"不得随意扩大损害法律规范的应有含义"[1]。扩张解释主要用于解释法律条文的适用范围。

---

[1]　王利明：《法律解释学》，中国人民大学出版社2009年版，第133页。

（八）历史解释

法律翻译采用历史解释方法理解原文是在解释的过程中参考立法过程中的记录、文件、立法理由书等，以及考虑当时的立法环境、动机、草案来进行一并判断。译者须首先对文本进行文义解释。其次考察立法资料来具体确定立法者的意思。对立法资料的分析过程容易夹杂主观因素，其分析结果可能因人而异，这要求译者在解释的过程中应当尽可能秉持中立和客观的态度进行解释，而不应该过多夹杂个人的主观意志。最后，在分析立法资料后还不能确定立法者意图时，则用还原历史的方式来探寻立法者的真意。

（九）社会学解释

法律解释中的社会学解释是通过引入社会学的方法来衡量法律的社会效果，让法律与当今社会发生作用，从而实现法律和社会的互动。社会学的方法需要考量的各项要素包括当时的思潮、社会需求、风俗、文化、经济状态等。因此，法律翻译采用社会学解释方法理解原文要重点考量社会效果、主流民意、社会需求等因素①来帮助理解原文。在文义解释后出现复数解释时，无法通过其他法律解释方法得出妥当的解释结论，方可采用社会学解释的方法。进入社会学解释流程，一是考量社会效果，二是考量主流民意，三是对社会需求进行考量。社会学解释要求解释者所受的拘束较少，为了避免译者通过片面和主观的分析就得出结论，译者应当为此进行充分的论证考量。

（十）合宪性解释

合宪性解释方法是通过利用宪法的原则、价值、规则等来确定译文的正确性，从而得出与宪法精神一致的原文理解结果。通过合宪性解释方法进行法律翻译能够较为简单地通过比照宪法的精神来确保原文理解的准确性，能有效地避免翻译的失真问题。

首先，确定作为解释对象的法律文本是否出现了复数解释。其次，确定待理解文本是否涉及有关宪法的规范、原则和精神。最后，进入合宪性解释流程，运用宪法的规则、原则和精神来解释需要被解释的法律条文：一是依据宪法上的基本权利规则进行解释。二是依据宪法上基本权利以外的规则进行解释。三是依据宪法的原则和精神进行解释。三点依据层层递

---

① 王利明：《法律解释学》，中国人民大学出版社 2009 年版，第 149 页。

推，第一点不能完成解释使命时再进入第二点，第二点不能完成后才进入第三点。四是选择和排除法律解释中的可能结论，从而得出合宪性解释的结论。

例如，《中华人民共和国宪法》第 8 条第 1 款中的一句原文："……经营自留地、自留山、家庭副业和饲养自留畜"。译文一为："…to farm private plots of cropland and hilly land, engage in household side—line production and raise private owned livestock"。译文二为："… to farm plots of cropland and hilly land allotted for private use … raise privately—owned livestock"。就译文一中"private plots"而言，依据英文习惯，其含义为"私人所有土地"；译文二中的"private use"则意为"并非私有，但是归私人使用"。① 上述翻译涉及有关宪法规范，依据法律解释的合宪原理，容易得知译文二对原文的理解是符合宪法精神的，而译文一则是错误地理解了原文。

又如，《中华人民共和国宪法草案》第 73 条原文："全国人民代表大会代表，非经全国人民代表大会会议主席团许可，在全国人民代表大会闭会期间非经全国人民代表大会常务委员会许可，不受逮捕或者刑事审判。"其译文为："No deputy to the National People's Congress may be arrested or placed on trial without the consent of, the Presidium of the current session of the National People's Congress or when the National People's Congress is not in session, the consent of its Standing Committee."此项翻译也是涉及有关宪法的规范，因此运用合宪解释原理发现：原文的"刑事审判"在《中华人民共和国宪法草案》的译文中被译为"on trial"，包括"民事审判在内的一切审判"②，这是不符合宪法原意的。这里应该将译文更正为"on criminal trial"，这才是合宪的译法。

二　广义法律解释方法运用

广义法律解释方法是运用难度较大的法律解释方法，但当狭义法律解释方法运用后仍然不能得出妥切的原文理解结论时，运用不确定概念和一般条款的具体化与类型化以及法律漏洞填补这些广义法律解释方法，能帮

---

① 陈忠诚：《法窗译话》，中国对外翻译出版公司 1992 年版，第 148 页。

② 同上书，145—146 页。

助译者更加精准地吃透法条原文信息和内涵。

（一）　不确定概念和一般条款的具体化

1. 不确定概念的具体化

不确定概念主要包括描述性不确定概念、规范性不确定概念、事实型不确定概念、价值型不确定概念、量的不确定性概念与质的不确定性概念等。在法律翻译中，遇到不确定概念，需要应运用法律解释的相关方法将不确定概念具体化，以有效弥补狭义法律解释的不足。

在法律翻译的过程中常会遇到这样的概念和词汇："善良风俗""显失公平""公序良俗"等。此类文字概念抽象，意义模糊，对其理解和解释没有一定的严格标准，需要译者在原文理解过程中参照价值指引规则，结合社会生活、判例学说等进行具体化，即价值补充。这种解释结论不完全与狭义解释的核心文义范围一致。首先，对于不确定的概念应该进行文义解释，在判断出某一概念为不确定概念之后，方可展开下一步的解释活动。其次，考量条文所涉及的各项因素：法律条款中的规定、立法目的和立法意图、社会生活经验、社会发展需要。最后，根据上述考量因素进行类型化。不确定概念本身"授予了解释者解释的权限，解释者享有极大的自由裁量的权力"①。译者在遇到这类词汇的时候应该妥当地解释以得出结论。

不确定概念具体化的方法，除了需要借助语境、修饰语限定等语言学方法外，更多需要借助法律解释方法来处理，主要参照和借用立法解释和司法解释来帮助译者具体化。在翻译概念不确定但意义重大的法律条文时，译者需要从立法者的本意出发，立足法条的立法解释和司法解释，方可凸显其权威性。例如，译者在翻译《中华人民共和国刑事诉讼法》中的"当事人"、《中华人民共和国刑法》中的"重伤"与"首要分子"等概念时，首先应当参考全国人民代表大会法律委员会的立法解释与说明，才能明确法律术语的真正含义。在翻译具有一定的灵活性、不稳定性和伸缩性的法律术语时，译者更需要运用司法解释方法，如"数额巨大""情节严重"这类概念所反映的情况不断变化发展，通过司法解释可以与时俱进，适应形势的变化。在将不确定概念具体化的过程中，须遵循具体问题具体分析的方针，对需要理解的对象进行量体裁衣。

---

① ［瑞士］迪特儿·施瓦布：《民法导论》，郑冲译，法律出版社 2006 年版，第 75 页。

2. 一般条款的具体化

一般条款（clausula generalis）是指"在成文法中居于重要地位的，能够概括法律关系共通属性的，具有普遍指导意义的条款"①。就民法来讲，由于我国尚未颁布民法典，许多民事法律的规定采用"宜粗不宜细"的指导思想。因此立法中出现大量的一般条款。《中华人民共和国侵权责任法》第 6 条第 1 款规定："行为人因过错侵害他人民事权益，应当承担侵权责任。"在法律翻译中，译者则可以根据一般条款的解释原理对"过错"进行解释，这里的"过错"则是"可以普遍适用于法律没有规定的各种特殊情况"。②《中华人民共和国民法通则》第 126 条规定："建筑物或者其他设施以及建筑物上的搁置物、悬挂物发生倒塌、脱落、坠落造成他人损害的，它的所有人或者管理人应当承担民事责任，但能够证明自己没有过错的除外。"译文为："If a building or any other installation or an object placed or hung on a structure collapses, detaches or drops down and causes damage to others, its owner or manager shall bear civil liability, unless he can prove himself not at fault."原译文将"建筑物或者其他设施"译为"a building or any other installation"。③ 根据《新华词典》里对"设施"的解释"设备、措施""布置、安排"能看出，"building"并非一定在"installation"行列，"其他"二字略显奇怪，因此原译文是有瑕疵的翻译，应该通过具体化在译文中将其修正过来："Unless proved innocent, an owner or a supervision of a building, an installation, or an object placed or hung thereon shall bear the civil liabilities for damage done to another person by its collapse, detachment, or fall."这样就避免了对一般条款下"建筑物""设施"理解不到位的问题。④

一般条款和不确定概念都是价值补充的对象，但是不确定概念通常只是一些概念和术语，自身不成条款，而一般条款是由多个不确定概念构成的能独立成为完整的条款。但是，有一些概念则同时属于不确定概念和一般条款，如"公序良俗原则"。⑤因此，在法律翻译中，译者需要识别一般

---

① 王利明：《法律解释学》，中国人民大学出版社 2009 年版，第 183—184 页。

② 同上书，第 187 页。

③ 陈忠诚：《法窗译话》，中国对外翻译出版公司 1992 年版，第 150 页。

④ 同上书，第 147—148 页。

⑤ 王利明：《法律解释学》，中国人民大学出版社 2009 年版，第 189 页。

条款和不确定的概念，针对性地进行原文理解。

3. 不确定概念和一般条款的类型化

类型化实际上是基于不确定概念和一般条款而产生的价值补充方法。对于不确定概念和一般条款的解释不能通过狭义解释方法得出清晰结论，而且不确定概念具有相当的模糊性，一般条款又具有一定的概括性，因此在直接与具体情形相结合的时候往往不能轻易相融。通过类型化的方法能"将不确定的概念和一般条款具体化、明确化，易与特定情形连接"①。类型化首先需要整理一般条款和概念，然后再确定其具体情形属于哪种特定的类型。如《中华人民共和国侵权责任法》第 22 条："侵害他人人身权益，造成他人严重精神损害的，被侵权人可以请求精神损害赔偿。"其中"严重"这个词语是一个不确定概念，首先需要区分受到严重侵害的客体究竟是"物质性人格损害"还是"精神性人格损害"，再进行具体的类型化处理。②

利用不确定概念和一般条款的类型化进行法律翻译的原文理解要遵循以下几个步骤：第一，确定翻译的对象属于不确定概念或者一般条款；第二，依据法律解释原理，确定立法者使用该概念和条款的目的是什么；第三，进行相应的概括和归纳；第四，将类型化的样态进行对比，确保属于同一类型后再进行类型处理。如，在翻译过程中遇到"公共利益"这一模糊概念的时候，应当区分其在"集体土地征收"和"城市房屋拆迁"中的差异，明确翻译文本所涉的"公共利益"属于以上哪个子分类，再"进行类型化处理，参照类型化解释办法来进行法律翻译"③。不确定概念和一般条款的类型化能够有效将不确定概念和一般条款进行划分，通过类型化处理能够将具体文本迅速地与类型化的样态进行整合，翻译的过程中利用类型化处理方式能够高效、准确地理解原文。

（二）漏洞填补

漏洞填补的方法大体分为两大类：一类为法律体系内的填补，主要包括类推解释、目的性扩张或限缩；另一类为法律体系外的漏洞填补，主要包括习惯法填补、比较法填补、基本原则填补。译者可根据这些漏洞填补

---

① 王利明：《法律解释学》，中国人民大学出版社 2009 年版，第 193 页。

② 同上书，第 195 页。

③ 同上。

方法对有法律漏洞的概念文字进行原文理解。

1. 类推解释填补

类推解释的填补首先需要对漏洞进行判断，并且确定已经穷尽了狭义的法律解释方法。其次，需对类似性进行判断，相关程度愈高，类比推理的可靠性就愈大。最后，对两情形的突出共性，即比较点进行分析，从而得出类推解释结论，以避免原文理解的失真。

例如，某市居民给自己的孩子取名为"李@"，在派出所对此表示质疑的时候，该居民解释："@"代表"爱他"，并没有法律规定说不能用符号进行命名。这让派出所的人很是为难，因为他们认为"@"作为名字颇为怪异，并且这不是一个汉字，然而我国法律没有对姓名的汉字使用作出明确的规定。穷尽了狭义解释和不确定概念及一般条款的解释方法，解释者只能进行漏洞填补解释。首先，考虑类推适用的办法，寻找"类似法律条款"。《中华人民共和国居民身份证法》第4条规定："居民身份证使用规范汉字和符合国家标准的数字符号填写。"此条规定在感觉上与姓名的汉字使用有一定的相似性。进而寻找"比较点"：《中华人民共和国居民身份证法》规定的是身份证上的信息填写方法，包括姓名的填写，且姓名是身份证上至关重要的部分，由此与公民姓名的汉字使用紧紧挂钩。根据类推适用的"类似问题类似处理"原则，解释者认为"公民办理身份证的法律规定可以类推适用于姓名的命取"[①]。在法律翻译遇到类似情形时，译者可以运用对法律的这种创造性补充做法对原文进行理解，探究其是否符合类推适用的情况，以防遇到法律没有明文规定和通过狭义解释等方法律解释不通时的手足无措。但是也要注意，类推适用毕竟是一种对没有法律明文规定情况下的创设，切记不能违背立法者意愿，充分把握好类推的度。

2. 目的性扩张或限缩填补

目的性扩张或限缩的填补首先仍然是对是否存在法律漏洞进行判断，其次考量立法目的，以确定扩张和限缩的边界。例如《物权法》第34条："无权占有不动产或者动产的，权利人可以请求返还原物。"该条规定了"原物"的返还，但是没有规定"原物孳息"的返还，从而产生了法律漏洞。在考量立法目的时从恢复物权人对其物的占有及保护物权人的

---

①　王利明：《法律解释学》，中国人民大学出版社 2009 年版，第 219 页。

立法目的来看，对其进行目的性扩张是合适的，最终得结论：应将返还原物扩张适用于"原物"所生孳息的返还。最后，进行相应的限缩和扩张，并且进行严格的说理论证考量。

目的性扩张与扩张解释有一定的类似之处，都是对解释对象作出超出字面含义的解释。但是，扩张解释是狭义解释，是在法律无漏洞情况下的解释，而目的性扩张则属于漏洞填补，是法律存在漏洞后所作的解释；扩张解释视为结论必须处于法条文义射程范围之内，而目的性扩张是超出法条文义射程的解释，因此在扩张解释中，"解释者自由裁量权是小于目的性扩张的"①。若翻译过程中遇到可能需要目的性扩张解释的地方，译者需要判断清楚其到底是属于扩张解释还是属于目的性扩张的范畴，再进一步进行相应的法律解释以准确理解原文。例如，《中华人民共和国侵权责任法》第 20 条规定："侵害他人人身权益造成财产损失的，按照被侵权人因此受到的损失赔偿；被侵权人的损失难以确定，侵权人因此获得利益的，按照其获得的利益赔偿；侵权人因此获得的利益难以确定，被侵权人和侵权人就赔偿数额协商不一致，向人民法院根据实际情况确定赔偿数额。"②翻译此条的"人身权益"时，译者就有必要依据目的性扩张在具体的翻译背景下进行理解。又如遇到"知识产权"受到侵害需要赔偿时，那么译者应当明白，在目的性扩张下"人身权益"是可以包含人身之外遭受的知识产权侵害的，此时就不能将知识产权侵害译成人身权益之外的侵害了。

目的性限缩与限缩解释的关系和目的性扩张与扩张解释的关系基本相同。目的性限缩是在法律存在漏洞情况下进行的限缩，而限缩解释则并非如此；限缩解释是在文义射程范围之内的解释，而目的性限缩则缩小了法条的文义射程；目的性限缩的解释者自由裁量权也大于限缩解释解释者所拥有的权力。《中华人民共和国电力法》第 60 条规定："因电力运行事故给用户或者第三人造成损害的，电力企业应当依法承担赔偿责任。电力运行事故由下列原因之一造成的，电力企业不承担赔偿责任：（一）不可抗力；（二）用户自身的过错。"这里"用户自身过错"的"过错"本身的核心文义应该是"故意+过失"，但是从侵权法的立法目的出发，它属于

---

① 王利明：《法律解释学》，中国人民大学出版社 2009 年版，第 232 页。

② 同上书，第 230 页。

救济法，应当对受侵害的保护提高到最大限度。这里需要对电力运行事故的侵权责任进行目的性限缩，因其属于高危作业，法律设置的目的就是为受害人提供尽可能多的救济。因此，译者应当对其进行的目的性限缩，将这里的"过错"理解为"故意"进行翻译。

在运用目的性扩张和目的性限缩进行法律翻译时候，由于对于法条的可能文义都有所扩张或限缩，因此译者把握限度非常重要，要遵循立法目的，运用合乎立法要求的解释来进行理解。

3. 习惯法填补

基于习惯法的解释填补要求首先确定法律漏洞的存在，其次找寻相关习惯：第一，证明习惯存在；第二，在多个习惯存在的情况下，确认和待解释情形最相关联的习惯；第三，判断习惯的适用范围；第四，对习惯进行审核。有的习惯已经作为行为规则而存在，并得到了普遍的认可；而有的习惯仅仅是在特定条件下、特定时期形成的，没有普遍约束性。最后，进行论证考量，完成运用习惯法律解释对原文的翻译理解。

例如，在翻译关于中国特有的"彩礼"问题时，没有直接相关的法条可以参考，但是法律有明文规定习惯作为法律渊源。最高人民法院《关于适用〈中华人民共和国婚姻法〉若干问题解释（二）》第 10 条规定："当事人请求返还按照习俗给付彩礼的，如果查明属于以下情形，人民法院应当予以支持……"这表明在对待"彩礼"的返还上，"法院是被授权可以依据'习俗'来进行裁判的"[①]。因此，在翻译过程中，译者可以参考被授权的法院对习俗的裁判方法来对文本的内容进行理解，以填补法律漏洞。除了法律明文规定习惯作为法律渊源外，法官在遇到法律漏洞的时候经常直接援引习惯作为裁判依据来填补漏洞，这样的"习惯"被采纳后就成为习惯法。

在运用习惯法填补漏洞进行法律翻译的理解时需要注意，解释者对法律漏洞填补使用的是"习惯法"而非"习惯"。"习惯"仅仅是作为狭义解释时帮助解释者更好地了解法律文本含义的工具，并不具备法律渊源的性质，而填补漏洞所使用的"习惯法"则具备法律渊源的性质。例如，在中国背景下，人们谈到"婚约"，一般会将之理解成"订立婚约"，即"订婚"，这与"结婚"的含义是完全不同的。一旦将这二者互译成目标

[①]　王利明：《法律解释学》，中国人民大学出版社 2009 年版，第 242 页。

语言，则容易导致英美国家将中国的"结婚"理解为与"engagement"和"contract to marry"之"订婚含义"，而中国则将会把英美等国的"结婚"理解为国内习惯性表述的"婚约""订婚"，从而导致法律交流的障碍。上述使用"习惯"进行的法律解释则不同于借用"习惯法"进行漏洞填补来的原文理解，译者在这里也需要认真、谨慎地进行区分。

4. 比较法填补

比较法填补方法要求首先确定本国法中存在规则缺失的现象，并且确定基本原则之外的其他漏洞填补方法无法实现填补功能，而且采用比较方法可以确定可适用的规则，其次进行关联性分析。在无法通过其他方法得出解释结论时，译者方可采用比较法，通过综合比较相似的法域相关制度，寻找妥当的解释结论。在选择时，"要确定域外的法律制度是否与我国的法律制度具有类似性，从而可以使得比较法的借鉴与我国法的规定保持体系性"①。最后，通过比较分析确定可供适用的大前提，从而完成比较法律解释对翻译原文的理解。

例如，在翻译关于动产留置问题的时候，可能使用到比较法的解释方法帮助理解其准确含义。《中华人民共和国物权法》第 231 条规定："债权人留置的动产，应当与债权属于同一法律关系，但企业之间留置的除外。"对于"企业之间留置的除外"这一限制，需要进行法律解释来帮助理解。这里关于企业之间留置的规定，实际上借鉴的是其他国家商法上关于留置权的规定，按照一些国家的商法规定，"商人之间的留置不要求动产与债权具有牵连关系，只要基于营业关系而产生的动产占有都是可以进行留置的"②。在翻译过程中，遇到以上条文所涉及的问题，需要借鉴比较法的解释手法，对条文进行准确的法律解释来理解原文。

在运用比较法律解释填补漏洞进行法律翻译时需要注意：由于比较法的解释方法需要了解熟悉相应的外国法，并且每一个特定的国家语言、文化、制度等的表述都是建立在相对应的语境上的，所以在比较法运用上容易掺杂个人的主观因素。因此，在决定使用比较法填补漏洞的时候要尤为谨慎，只有在传统法律解释方法无法进行有效解释时方才使用。③

---

① 王利明：《法律解释学》，中国人民大学出版社 2009 年版，第 262 页。

② 孟强：《论我国〈物权法〉上的商事留置权》，《政治与法律》2008 年第 10 期。

③ 王利明：《法律解释学》，中国人民大学出版社 2009 年版，第 259 页。

5. 法律原则填补

基于法律原则的漏洞填补是指在存在法律漏洞时，解释者根据法律原则进行创造性的司法活动，确定司法三段论中的大前提，也是法律解释方法的最后一项手段。首先，需要确定适用前提：确定和识别漏洞、穷尽了所有法律解释方法、价值补充方法和漏洞填补方法，其次适用基本原则予以填补。具体而言：第一，寻找适当的基本原则，第二，考量特定法律领域的特殊基本原则。再者，进行相关性检验，对基本原则进行阐释。最后，进行充分的论证考量。

例如，在"李珉诉朱晋华、李绍华悬赏广告酬金纠纷案"[①] 中，法院认为被告二人负有广告中许诺的给付报酬的义务，二人不支付报酬的行为有违民法原则中的"诚实信用原则"。[②]这个案例则是典型的依据基本原则进行漏洞填补的原则。

在运用法律原则填补漏洞进行法律翻译时需要注意：法律原则填补方法是兜底性的工具，由于原则的抽象性特点，解释者有较大的自由裁量权，因此，这种方法的使用应该是填补漏洞方法中最后的方法，只有穷尽了所有的狭义解释方法和广义解释方法以后，才能启动法律原则方法进行漏洞填补。译者在翻译中应该充分注意，涉及法律原则问题的时候，应该充分了解该法条或者文本所对应的法律原则：第一，具体的基本原则应该优先适用。在选择基本原则进行漏洞填补的时候，越具体的原则就越容易与法条原文进行匹配和连接，则更容易使得原则的使用适应于解释对象，从而达到准确理解的效果。第二，避免向一般条款逃逸。法律素养不是非常高的译者在进行翻译时候，很容易忽略实际上已有的法律规则，认为某个法条正好是对应一个原则的，就采用了该法律原则进行解释以求理解，这样就容易造成向一般条款逃逸，"结果会导致具体的法律规则虚化"[③]。

---

① 《天津市和平区人民法院（1993）和民初字第 440 号》，《最高人民法院公报》1995 年第 2 期。

② 王利明：《法律解释学》，中国人民大学出版社 2009 年版，第 267 页。

③ 梁慧星主编：《民商法论丛》第 2 卷，法律出版社 1994 年版，第 71 页。

第五章

法律解释与译文的等效表达

　　法律解释在立法文本翻译表达中的重要作用是不可小觑的，下面这个很小却很典型的例子足以佐证这一判断。《中华人民共和国民法通则》的公布信息中有这样的表述："一九八六年四月十二日第六届全国人民代表大会第四次会议通过"，中国官方译文为："Adopted at the Fourth Session of the Sixth National People's Congress on April 12，1986。"①这样的译文从翻译学和语言学角度考量，可以说是完美的：信息迁移忠实完整、表达通顺流畅、语法搭配正确无误。陈忠诚指出因为"第六届全国人民代表大会是权力机关，有权通过法律，而其第四次会议却无权通过"②，所以这个译文有法律认知上的错误。

　　对此，我们运用法律解释方法对原文进行文义解释，可以得出这些法律信息：（1）法律通过时间——一九八六年四月十二日；（2）法律通过会议——第六届全国人民代表大会第四次会议；（3）行使立法权的机构——第六届全国人民代表大会。这三项信息需要在英文（目的语言）中忠实、有效地迁移和传递，并用法律解释方法去理解译文也可以得出法律等效的三项法律信息，译文表达才实现了法律上的等效。按照英美法的字义规则解释官方译文可以发现：（1）法律通过时间忠实传达；（2）法律通过会议忠实体现；（3）行使立法权的机构在译文中无法判断，对译文做字义规则解释无法获知立法机构。该段文字相当于英美成文法的颁布

---

　　① 国务院法制办公室：《中华人民共和国常用法律法规全书》（中英文版）（上册），中国法制出版社 2011 年版，第 2—3 页。

　　② 陈忠诚：《〈民法通则〉AAA 译本评析》，法律出版社 2008 年版，第 2 页。

套语，作为"出现在法律正文前面的'颁布'行为"①，在整个法律语篇中具有宏观语篇的施为用意。从法律等效角度来说，需要让译文读者与原文读者一样获悉法律通过的时间、机构和场合，所以陈忠诚建议将该译文调整为："Adopted by the Sixth National People's Congress at its Fourth Session on April 12，1986。"②（第六届全国人民代表大会在其第四次会议上通过）此时我们再用目的语的字义解释规则验证陈忠诚调整后的译文发现，原文中的三项法律信息准确完整地被迁移和传递在译文表达之中，法律等效得以全面实现。一个小小介词的调整在目的语法律语境中却可以传达出更加精准的法律信息，让目的语读者能够准确了解到我国立法权的归属情况。由此可见，法律解释在译文表达环节的确可以发挥重要的作用。

第一节　译文表达的法律等效

译文表达的法律等效问题有其坚实的语言学和翻译学理论基础，也有自己的特有内涵构成和具体实现途径与要求。

一　法律等效的理论基础

奈达动态对等理论认为，"译文读者对译文所作出的反应与原文读者对原文所作的反应基本一致……形成最贴近原语信息的自然对等"（the closest natural equivalent to the source-language message）③。奈达在动态对等理论中强调的是接受者（即译文读者）的反应，但金隄认为，"翻译应只考虑接受者的理解和译文对接受者的作用，无须对接受者的反应负责"④。奈达还提出了三个抽象的翻译标准："（1）信息对等，即原文传达给源语读者的信息与译文传达给目的语读者的信息对等；（2）自然，即目的语表达自然流畅，符合目的语表达规则；（3）最贴近，即原文效果与译文

---

① 张新红：《汉语立法语篇的言语行为分析》，《现代外语》2000 年第 3 期。

② 陈忠诚：《〈民法通则〉ΛΛΛ 译本评析》，法律出版社 2008 年版，第 3 页。

③ Eugene A. Nida, *Toward a Science of Translating*，上海外语教育出版社 2004 年版，p. 166。

④ 金隄：《等效翻译探索》，中国对外翻译公司 1998 年版，第 18 页。

效果的贴近。"①奈达还进一步明确："效果的实质为主要精神、具体事实和意境气氛。"② 这些都是等效理论在历史上的突破，也是适合于所有类型翻译的理论基础。

在奈达等效理论基础上仔细考量立法文本翻译中法律等效的内涵会有很多新发现。李克兴、张新红提出了法律对等概念③，主张"规范性法律文本（即立法文本）翻译过程中，法律概念、传统、规范等法律因素的信息应优先实现对等"④，优于语言方面信息的考量。这一见解是很有概念意义的，可惜的是两位研究者并没继续对法律对等的内涵和具体把握做深入探讨。李克兴对奈达动态对等理论进行了批判，提出在法律翻译中应适用静态对等理论，"真正的静态对等要求深层意思、表层意思、语言结构、风格、格式与原文实现完全对等，并要最大程度再现原文作者的每一个写作意图……经得起最后阶段的'回译'检验"⑤，并在静态对等模式下提出了法律翻译活动的五步骤。⑥ 其实，李克兴的静态对等理论与奈达所说的 " Formal equivalence" （focusing attention on the message itself, in both form and content)⑦ 概念是很接近的。动态对等理论并不否定形式对等的重要性，它的突破在于将焦点从原文和译文的语义和形式比较中抽离出来，转移上升到整个交际过程的比较，⑧ "将对翻译策略（直译或意译，形似或神似）和信息形式的比较转移到追求文本效果的体现和信息内容的传达上"⑨。在考量信息内容和文本效果时，除了语言本身的文义信息和字面效果以外，也包括形式所传达的非字面信息和效果。更明确地说，如果可能的话，"动态对等在追求深层对等的基础上也追求表层形式和结构

---

① 姜治文、文军：《翻译标准论》，四川人民出版社 2000 年版，第 140 页。

② 金隄：《等效翻译探索》，中国对外翻译公司 1998 年版，第 18 页。

③ 李克兴、张新红：《法律文本与法律翻译》，中国对外翻译出版公司 2006 年版，第 538 页。

④ 同上书，第 506 页。

⑤ 李克兴：《高级法律翻译与写作》，北京大学出版社 2013 年版，第 12、32 页。

⑥ 同上书，第 31 页。

⑦ Eugene A. Nida, *Toward a Science of Translating*，上海外语教育出版社 2004 年版，p. 159。

⑧ 姜治文、文军：《翻译标准论》，四川人民出版社 2000 年版，第 374 页；王静、张自伟：《略论中国现行法律法规英译词语的选择》，《皖西学院学报》2006 年第 4 期。

⑨ 金隄：《等效翻译探索》（增订版），中国对外翻译公司 1998 年版，第 231 页；姜治文、文军：《翻译标准论》，四川人民出版社 2000 年版，第 183 页。

的对等"①，追求的是"全面的等值，全文的等值"②。李克兴强调法律翻译下形式对等和原文作者每一个写作意图在译文中的再现与"回译"，这对界定立法文本翻译中对等的特殊性是很有价值的。张新红认为，"在法律翻译中还需要考虑法律体系下的言语行为效果，立法文本的言语行为效果主要指法律适用效果"③。法律言语行为是语用学提出的一个概念，指那些具有法律效力的言语行为，其主要功能是实现法律的规范调节功能。杜金榜从法律交流角度提出了法律翻译合适性概念，要求译者在翻译过程中积极考虑各种因素，做好"度"的协调，使语言所体现的法律信息和相关因素达到"最佳和谐程度"④。杜金榜也明确列出和界定了译者需要考虑的因素，可是并没有就译者该如何考虑各因素实现法律翻译的等效做详细论述。

二　法律等效的具体内涵

在立法文本翻译中等效理论会有什么独特特性呢？将等效理论与立法文本翻译进行契合性分析发现，法律等效在等效理论的基础内涵基础上，还应该蕴含有自己的特有内涵。

（一）法律等效的基础内涵：对等效果

奈达将"最贴近原语信息的自然对等"效果明确为"主要精神、具体事实和意境气氛"⑤，在立法文本翻译中，这三个参数则可具体化为：

1. 主要精神——立法意图：立法者期待实现的宏观立法目的，例如规范、指引人类行为、调节社会关系等，主要指整个立法文本宏观性的目的，与每个具体立法条文中期待的法律适用效果不同；

2. 具体事实——法律信息：通过词语、句式、篇章形式传达的具有法律意义的信息，如赋予行为人某一项具体的权利等；

3. 意境气氛——立法语言的独特性体现：比如汉语立法语言和英语立法语言特性分别通过不同的用词、句式选择、篇章布局得以实现。

这里有两点需要特别强调：首先，无论是从法律解释还是实现翻译的

① 姜治文、文军：《翻译标准论》，四川人民出版社 2000 年版，第 218、374 页。

② 蔡毅：《翻译理论的言语学派》，《翻译通讯》1982 年第 6 期。

③ 张新红：《汉语立法语篇的言语行为分析》，《现代外语》2000 年第 3 期。

④ 杜金榜：《法律交流原则与法律翻译》，《广东外语外贸大学学报》2005 年第 4 期。

⑤ 金隄：《等效翻译探索》（增订版），中国对外翻译公司 1998 年版，第 18 页。

法律等效角度，立法意图是非常重要的法律因素，是法律翻译需要考虑的必要因素①；其次，从表面上看，具体事实与意境气氛好像都是通过篇章、句式和语词（lexical equivalence, syntactic equivalence, stylistic equivalence）三层次对等②来实现的，但两者实质是不一样的。具体事实所指的是通过篇章、句式和语词的表层结构所传达的法律信息本身，如告知立法文本读者其赋予权利、课以义务的具体内容等；意境气氛关注的是立法语言的特点，比如译者进行译文表达面临选择情况下是否选择体现译出语立法语言特点的结构和方式，法律英语常用句式结构在译文表达中是否得以体现，译文是否有法律语言感以让译文读者自然贴切地感受到原文传达的法律信息等，总之，意境气氛更关注的是形式和方式。那么，是否在立法文本翻译中实现了这三方面的效果就可以说法律等效了呢？法律等效除了这些基础内涵外，还有自己独特的内涵构成。

（二）法律等效的特有内涵：法律适用效果对等

根据 Snell-Hornby 的文本类型与翻译标准示意图③，法律翻译是属于特殊用途语言（LSP: Language for Special Purpose）④ 的翻译；近几年也有学者提出新概念，视法律翻译为专门用途语言（EPP: English for Professional Purpose）⑤ 的翻译。法律的重要功能和作用之一就是要实现具有现实意义的特定法律适用效果，即通过相应法律体系下法律解释方法而得出的立法文本适用后将产生的法律效果，如规范法律主体行为，调节法律主体之间社会关系等规范功能。这一功能在每一个具体立法语篇中都非常重要，也是立法的出发点。⑥原文作者期待的法律效果是否通过译文准

---

① Tetley William, "Mixed Jurisdictions: Common Law V.S Civil Law（Codified and Uncodified）", *Louisiana Law Review* 60, 2000, p. 704; Deborah Cao, *Translating Law*，上海外语教育出版社 2008 年版, p. 124。

② Enrique ALcaraz and Brian Hughes, *Legal Translation Explained*，上海外语教育出版社 2008 年版, p. 103。

③ 张新红：《文本类型和法律文本》，《现代外语》2001 年第 2 期。

④ 李克兴：《高级法律翻译与写作》，北京大学出版社 2013 年版，第 40 页。

⑤ Enrique ALcaraz and Brian Hughes, *Legal Translation Explained*，上海外语教育出版社 2008 年版, p. 2。

⑥ 张新红：《汉语立法语篇的言语行为分析》，《现代外语》2000 年第 3 期；张新红：《文本类型和法律文本》，《现代外语》2001 年第 2 期。

确完整迁移和传达给译文读者，对其社会关系和行为也起到了对等的法律效果，是立法文本翻译必须要考虑的因素，也是最重要、最具有实质性意义的因素之一。在分析判断原语立法文本的法律适用效果时，译者需要使用原语法律体系下的法律解释方法，从原语法律解释主体角度出发对原语立法文本进行理解；在转化和表达选择过程中，译者需要综合考虑两个语种法律体系下的法律解释问题，然后对译文使用目的语法律体系下的法律解释方法，从目的语法律解释主体视角再次理解译文，以验证译文的法律适用效果是否与原文的法律适用效果一致。我们通过如下示例①可以进一步具体释明这一内涵要求。

汉语立法文本："单位应当……给予一定时间的产假。"

1. 首先使用原语法律体系下的法律解释方法，从原语法律解释主体角度出发对原语立法文本进行理解。

（1）立法意图：这一法条是为了保障刚刚顺利生产的女性公民有依法休产假的权利。（用法律解释中的目的解释方法来解读汉语文本里的立法意图）

（2）法律信息：

A. 产假的批准方为用人单位；B. 产假的时间是一个模糊语：一定时间；C. 批准方（单位）的义务是应当给生产完的女性公民产假。（用法律解释中的文义解释方法得出）

这里的"应当"并非普通汉语里"应该"②的意思，在普通汉语中，"应当"是"应该"之义，"应该"有"理所当然，从情理上必然"之义。在法律意义下，从言语行为的施为效果（illocutionary force）③上来说，其应属于规约性语言（imperative language，"imposing an obligation to do an act…"④），行为主体（在该法条里即单位）有义务（即必须）作出该行为，即必须给予……一定时间的产假。

（3）立法语言独特性：汉语的立法语言在句式结构上倾向把重心放

---

① 陈忠诚：《法窗译话》，中国对外翻译出版公司1992年版，第34页。

② 中国社会科学院语言研究所词典编辑室编：《现代汉语词典》，商务印书馆1994年版，第1383页。

③ Deborah Cao, *Translating Law*，上海外语教育出版社2008年版，p.114。

④ Ibid., p.115.

在句尾,① 这里的重要信息是休产假的权利可以实现,而不是谁批准产假,主谓宾（S—V—O）主动语态句型是非常典型的句式结构。(根据语言学、语用学、法律语言学规则分析得出)

（4）法律适用效果:行为人（单位）需要明白其有义务（必须）给予……一定时间的产假。(用法律解释中的目的解释和文义解释得出)

2. 接下来需要考虑的是转化和表达,在理解环节借由法律解释方法收集到的四项原语效果的转化以及在英美法律语境下如何表达:

（1）按照法律信息规约性语言的对等要求,在英语表达上应该选择具有对等法律适用效果的"shall",而不是普通英语中"应当"对应的"should";

（2）根据立法语言独特性的要求,英语的立法语言倾向把重心放在句首,② 若要将产假调整到句首,这时可以考虑被动语态,这也是英语立法语言的常用句式结构。

因此得出参考译文:"A maternity leave of fixed days shall be given by the unit…"。

3. 运用英美法律解释中的字义规则对译文进行理解,形成译文效果,验证原文效果是否实现。

（1）立法意图:shall 的规约性确保了立法意图准确传达;

（2）法律信息:产假批准方、产假时间长短和行为人的规约性义务均有转达;

（3）立法语言的特点:重要信息位于句首,被动语态符合英文立法语言的表达习惯;

（4）法律适用效果:译文准确地向译文读者传达了行为人有给予……的义务。

这一译文顺利实现了译文表达在语言层面和法律层面的等效,是成功的。反过来说,如果不使用法律解释方法,不从法律语境下去思考"应当"在这里的规约性法律适用效果,在译文中就很可能不会使用"shall"来表达,这样立法意图和法律适用效果就会出现迁移失真,无法实现法律

---

① 李克兴、张新红:《法律文本与法律翻译》,中国对外翻译出版公司 2006 年版,第 565 页。

② 同上。

层面上的等效。译文读者也不会认为这是行为人的法定义务，如果译文读者是在中国的外资企业或者跨国公司，就可能会在行为上违反这一规定。

由此可见，在立法文本翻译中，除了考虑立法意图（主要精神）、法律信息（具体事实）、立法语用独特性（意境气氛）以外，必须尽力追求法律适用效果上的等效。跨法系法律翻译中，由于法律解释规则和方法不完全一致，要达到法律适用效果的完全对等在现实中通常是有困难的，但是译者还是要将追求法律适用效果对等作为努力的目标，① 这样的对等才是有法律意义的对等，才是有真正实际意义的对等。

同样，我们再来对比本章引言中提到过的《中华人民共和国民法通则》公布信息译文。

原文："一九八六年四月十二日第六届全国人民代表大会第四次会议通过。"

官方译文："Adopted at the Fourth Session of the Sixth National People's Congress on April 12，1986."②

法律对等的参考译文："Adopted by the Sixth National People's Congress at its Fourth Session on April 12，1986."

之所以需要对官方译文做介词上的调整，因为作为公布信息，从宏观语篇的结构功能上来说，其需要"向立法文本的读者传递法律权威性、正式性以及法律效力的来源"③，如果这样的立法意图和法律适用效果在译文中没有体现，那么这样的译文就是不等效的，在法律上是不可采用的。

三　法律等效的实现方法

从前面论证中可以得出，法律等效在立法文本翻译中是基于四个方面的等效而实现的：立法意图、法律信息、立法语言的独特性和法律适用效果。译者在翻译过程中要实现这四个方面的等效，就会自然地运用到法律解释方法：首先必须考察原文的立法目的（目的解释），才能探明立法意图，然后还需视情况恰当运用狭义和广义法律解释方法，如文义解释、历史解释、体

---

① 金隄：《等效翻译探索》（增订版），中国对外翻译公司 1998 年版，第 23 页。

② 国务院法制办公室：《中华人民共和国常用法律法规全书》（中英文版）（上册），中国法制出版社 2011 年版，第 2—3 页。

③ 张新红：《汉语立法语篇的言语行为分析》，《现代外语》2000 年第 3 期。

系解释、法律漏洞的填补等，分析得出准确全面的法律信息，在预期法律适用效果时也会自然地更加灵活地选用法律解释方法来明确立法文本在适用中的具体法律效果。因此，可以说在译者追求法律等效的过程中，法律解释自然会成为有效的指导原则和判断工具，帮助译者准确通透地理解原文，选择适当的表达方式进行有效的语言转换和验证实际的译文效果。法律解释是实现法律等效的指导和方法，法律等效是法律解释运用追求的结果和目标。两者是相辅相成的，是目标和实现目标方法的关系。

四　法律等效的实现要求

确立了立法文本翻译必须考虑法律适用效果后，有一个很重要的问题有必要在法律等效运用中进一步明确：立法文本译者为了获得法律适用效果对等的译文所进行的法律解释与法律适用中为依法判案所适用的法律解释既有共性也有个性，应区分两者的异同和范围、明确各自的角色和责任。对此，前面一章已进行了充分论述，这里仅明确与法律等效实现密切相关的具体要求。

（一）从长远来看，我国立法文本译者与法律适用中的法律解释主体之间需有良性的互动关系

我国法律法规的英译本仅发挥着帮助外国法律人士了解我国法律法规的作用（for information purpose①），不具备法律效力。与加拿大、中国香港地区的双语立法环境不一样，加拿大、中国香港地区的双语立法文本（英语、法语和英语、汉语）具有同等的法律效力，所以 Sarcevic 指出，译者在法律交际中是积极的参与者（active participant in legal communication），获得新的责任和决策权威（gain new responsibility and decision-making authority），实现"语言价值和法律价值的融合"②。一方面，汉语立法文本翻译是为外国法律解释主体提供进行法律解释活动基础的译文文本支持，与双语立法环境下不同的是，我国立法文本翻译服务的对象是外国法律专业从业人员，他们阅读我国立法文本的译文，除了有了解在我国

---

① Deborah Cao, *Translating Law*，上海外语教育出版社 2008 年版，p. 103。

② Deborah Cao, *Translating Law*，上海外语教育出版社 2008 年版，p. 102；Sarcevic Suan, *New Approach to Legal Translation*，NED：Kluwer Law International，1997，p. 3；黄巍：《议法律翻译中译者的创造性》，《中国翻译》2002 年第 2 期。

法律环境下如何适用法律法规的目的外，也有了解我国法律文化和法律规定的目的，[①] 如跨国企业和外资公司所需，因此译者除了要综合考虑译文的文化效应和社会效应外，要特别注重在英美法语境下译文是否可以等效体现原文的法律效果。另一方面，译者对原文和译文形成法律等效的立法文本解释也需要我国和外国法律解释主体提供一定指导和帮助，例如司法解释中对某一具体条文所做的解释和限定往往对译者正确理解原文、准确表达译文有很大帮助；同时，译文的法律等效表达也有助于向世界正确传达我国法治建设情况，促进我国法律文化走出去战略目标的实现。所以，两者是相互依赖、互相促进的，译者不仅仅只是辅助、从属的地位，尽管现状大多是这样，双方的良性互动关系应该是我国法律体制良好国际环境搭建的基础，是未来良性、可持续国际法治氛围发展的方向。

（二）就法律文本英译而言，法律翻译中的法律解释活动聚焦、追求的是两个法律环境下以法律价值为首的、文化社会等多元价值综合的等效，译者不可超出译者角色随意更改原文的各种价值，尤其是法律价值

理论上，法律适用中的法律解释是在确定了具体案件事实的小前提后，"运用多种解释原则和方法对法律文本的含义、在法律体系中的地位以及其法律意义、社会意义、文化意义等进行阐释，以找到解决法律纠纷的大前提并确定个案的'裁判规则'"[②]，其关注的焦点是法律文本的法律意义，即通过文字形式传递的信息在法律体系中映射出来的法律价值。而法律翻译中的法律解释是发现法律和适用法律之间的桥梁，法律翻译中的法律解释是以理解立法文本的语言价值为起点，然后通过法律解释获得立法文本的法律价值，译者以用文字形式等效传达法律价值为最重要的使命，以为目的语法律体系下的法律解释主体等效理解法律规定提供语言价值、法律价值等效的译文文本为目的，所以其注重的是法律价值在两种语言中如何实现等效迁移和传达，帮助法律实践准确找到和理解透解决法律纠纷的大前提，焦点是"法律价值等效的实现，而不涉及法律在具体案件中的适用"[③]。当然，在译文拿捏不准的时候，具体案件的具体分析也许可以帮助译者找到更准确的原文理解和译文表达，但是具体案件分析并不是译者的最终使命。我国立法文

---

① 宋雷、张绍全：《英汉对比法律语言学》，北京大学出版社 2010 年版，第 229 页。

② 王利明：《法律解释学》，中国人民大学出版社 2011 年版，第 12 页。

③ Deborah Cao, *Translating Law*，上海外语教育出版社 2008 年版，p. 117。

本译者应在准确把握立法文本的语言价值基础上，将等效传达法律价值作为第一要务，以"为法律适用活动提供语言等效，社会价值与文化内涵等效，尤其是法律等效的译本为翻译目标"①。简而言之，译者关注的是法律等效的迁移与传达，而法律工作者关注的是法律适用。译者为了实现法律等效，必须考虑法律的适用外，还必须综合考虑其他因素，法律适用只是译者实现法律等效的必要一环而非全部。

因此，译者应该准确把握好自己的角色定位，不可超越法律等效的准则，任意添加或者删减原文信息。由于立法文本不同于其他文本，具有普遍适用性，对人们的认知、行为和社会活动产生广泛影响，即便立法文本原文表达上烦琐或有瑕疵，译者也仍应采取保守的方式，尽力等效体现原文。陈忠诚认为《中华人民共和国民法通则》第9条中"……依法享有民事权利，承担民事义务"的"依法"一词是多余的，② 建议译者无须译出。从立法意图对等的角度分析，这里的"依法"不能省略。虽然"如何享受民事权利、如何承担民事义务是法律规定的"③，法律规定确实是权利义务形成和运行的来源和归属，可是立法者在这里的立法意图是强调权利义务的形成、享有和承担的合法性，体现法律在民事活动中的指导性地位和权利义务的归属，即便逻辑上无须"依法"一词出现，但是在语义上还需再次凸显"依法"要求，"依法"两字不可少，这样"烦琐"地列出也可防止法律适用中有人钻法律的漏洞，所以译者不可以超越自己转换语言的职责，随意变更原文的立法文本，应将立法文本原文法律信息的理解和消化工作留给译文读者自己。类似的例子还有陈忠诚对《中华人民共和国民法通则》第45条、第56条的建议。④

（三）　在原文转换、译文表达和等效验证中，普通法里常用的字义规则（the literal rule）是译者翻译活动经常运用的规则；不模糊、无异议，法律效果清晰明确，体现立法意图的法律等效迁移与转达，是译者翻译活动必须追求的目标

根据第二章中勾列的"法律解释运用下的法律翻译活动流程（图2-

---

① 李克兴、张新红：《法律文本与法律翻译》，中国对外翻译出版公司2006年版，第18页；Enrique ALcaraz and Brian Hughes, *Legal Translation Explained*，上海外语教育出版社2008年版，p. 24。

② 陈忠诚：《〈民法通则〉AAA译本评析》，法律出版社2008年版，第11页。

③ 同上书，第11页。

④ 同上书，第66页。

1）"，英语国家或地区的法律解释规则会在法律翻译活动中的原文转换、译文表达和等效验证中运用。因为我国立法文本的译本"在普通法下应属于成文法范畴而非判例法"①，细观普通法对成文法适用的法律解释原则和方法可以发现：三大基础性法律解释规则中，字义规则是最重要也是最基本的法律解释规则；黄金规则（the golden rule）是在追求法律文本清晰明确、不模糊无异议的解释前提下的修正规则；除弊规则（the mischief rule）强调立法目的的实现。所以，我国立法文本的英译工作应在表达和验证环节特别注重译文的文义解释，追求文义表达清晰、明确，不模糊、无异议，形成清晰、明确的法律效果，体现立法意图；在译文表达上需重点关注译文字义解释下的法律意义和法律等效，法律等效中包括立法意图、法律信息和法律适用效果的等效；在语言表达上做到"清晰、明确，保证可读性和可理解性"②，这是英语立法语言独特性的保留。

　　综上所述，法律等效是等效理论在立法文本翻译中的具体化和专门化，是追求语言、语用等非专业信息和法律等其他专业信息的全面等效，包括：立法意图、法律信息、立法语用独特性和法律适用效果的等效，与法律解释是目标和方法的关系。我国立法文本的英译者需要为目的语法律解释活动提供语言等效、法律等效的清晰、明确的英文译本，其中法律等效是第一要务。

第二节　法律等效表达上的亏欠

　　在理论上明确了法律解释原则和方法对我国立法文本英译表达的必要性以及追求法律等效的目标之后，将我国立法文本英译实践在法律等效表达上的亏欠做一个较为全面、系统的分析，归纳法律等效表达亏欠的类型、探寻法律等效表达亏欠的原因，并思考实现法律效果对等的表达规则和方法，为讨论实现真意表达的步骤和途径奠定基础是有必要的。在进行

---

　　①　Deborah Cao，*Translating Law*，上海外语教育出版社 2008 年版，pp. 112，113，128；Enrique ALcaraz and Brian Hughes，*Legal Translation Explained*，上海外语教育出版社 2008 年版，pp. 28–29。

　　②　李克兴、张新红：《法律文本与法律翻译》，中国对外翻译出版公司 2006 年版，第 18 页。

具体分析之前，我们首先对于研究对象和方法做一个具体限定和说明。

（1）本节所研究的汉语立法文本主要集中在立法机关颁布和制定的宪法和部门法律。立法文本指的是规范性法律文件，即由拥有立法权的机关制定的法律和地方法规以及其他国家机关根据法律制定的行政法规等具有普遍法律效力的文件，其主要功能是规范所有或特定行政区域内社会成员行为、赋予权利课以义务、作出禁止性限定、评判行为的合法性，其具体表现形式应该包括：宪法、法律、行政法规、特别行政区法、地方性法规（包括自治区条例等）、经济特区法规、司律解释等。由于"特别行政区法律体制差别大"①且有自己的官方英文本，与汉语文本具有同等法律效力，地方性法规规章、经济特区法规的翻译是由各地方组织翻译、审定，具体的统一译本过于零散在实践中不便获得，司法解释官方的译本较少，也比较零散，所以本节将研究的对象主要集中在国家立法机关制定的宪法和部门法律文本英译上。作为国家基础性的法律，"这些立法译本由国家专门部门组织翻译、审定、并出版成册"②，对地方法规的翻译有很好的指导和示范作用，因此对其进行研究的结论应该是具有代表性和基础意义的。

（2）本节研究的译本来源包括官方正式出版的立法文本译本，如中国法制出版社历年出版的我国立法文本译本；国家机关官方网页上公布的立法文本译文，如全国人民代表大会法制工作委员会官方英文网站：http：//www. npc. gov. cn/englishnpc/news /index. htm；权威法律数据库提供的我国立法文本译文，如北大法律英文网：http：//www. lawinfochina. com；国外机构翻译的我国立法文本的译本，如澳洲 CCH 股份优先公司英译本和美国《中国法律报道》杂志译本；③法学专家、名家对我国立法文本的译本和点评，如引用的各法学家专著和期刊文献。这些文本虽不能说涵盖了所有的译本，但还是有一定的代表性，较多元化。

（3）无论对何种译本进行分析和评价，研究的目的是探寻我国立法文本英译法律等效表达上的共性和特性，通过比较不同译本的优劣来寻求最关键的法律等效表达指标和评价标准，总结具有普遍性的规律和有操作

---

① Deborah Cao, *Translating Law*，上海外语教育出版社 2008 年版，p. 102。

② 杜金榜、张福、袁亮：《中国法律法规英译的问题和解决》，《中国翻译》2004 年第 5 期。

③ 陈忠诚：《〈民法通则〉AAA 译本评析》，法律出版社 2008 年版，第 1 页。

性的实践规则。

（4）本节研究根据语用学、语言学理论对语篇结构进行划分，从语词、句法和篇章三个语言层次分析我国立法文本英译表达上法律等效的亏欠问题，以对典型例子的深度分析为基础，再简单列举其他同类型情形进行例证；以法律等效为标准分析译文表达上法律等效的亏欠点，归纳法律等效表达亏欠类型，寻找法律等效表达亏欠原因，并探求实现真意表达的方法。这不仅是书面文本在语言上的三个结构层次，也是"法律语言的适用特点可以考察的三个层次"①。从翻译单位上来看，除了语词、句子、篇章以外，普通文本翻译中还可以有话语（discourse）和段落（paragraph），但是由于立法文本通常是由主题清晰、精炼短小的法律条文组成，话语和段落的成分不是主要结构，而且往往是由逻辑关系清晰的句子构成，分析句子结构也可以明确它们的法律意义，所以未将这两者作为语言层次另加分析。

（5）本节所称的法律等效表达上的"亏欠"，是指立法文本英译表达在法律等效方面的亏损、不足和欠缺，译文没有实现与原文的法律效果对等。

一　语词表达上法律等效的亏欠

对于语言、法律语言、法律翻译来说，词都是最灵活的因素。② 我国立法文本英译法律等效在语词表达上的亏欠主要有如下类型：

（一）词义表达上法律等效的亏欠

所谓词义表达上法律等效的亏欠，是指英译文本中用词的语义未能等效表达出原文语词的含义，造成立法意图、法律信息、法律适用效果不等效，这种情况主要发生在法律术语（包括专业术语和人工术语③）表达上。由于各法律语言"在其特定法律体系、法律文化中形成和演变，法律

---

① Enrique ALcaraz and Brian Hughes, *Legal Translation Explained*，上海外语教育出版社 2008 年版，p. 103；张新红：《汉语立法语篇的言语行为分析》，《现代外语》2000 年第 3 期。

② 杜金榜：《法律交流原则与法律翻译》，《广东外语外贸大学学报》2005 年第 4 期。

③ 李克兴、张新红：《法律文本与法律翻译》，中国对外翻译出版公司 2006 年版，第 535 页；李克兴：《法律翻译——理论与实践》，北京大学出版社 2007 年版，第 33 页；潘庆云：《跨世纪的中国法律语言》，华东理工大学出版社 1997 版；王静、张自伟：《略论中国现行法律法规英译词语的选择》，《皖西学院学报》2006 年第 4 期。

术语往往体现该法律文化和法律体系的典型特征"①，有自己较稳定的标志性内涵和外延，这就造成了跨法系翻译的一大难题，是否能找到对应性的法律术语是译者面临的艰巨任务。关于这一点，很多学者已做了大量研究，② 此处重点从探求法律等效的角度进行独特性分析。根据概念对应性，术语表达上法律等效的亏欠有三种情形：

1. 基本对应术语表达上法律等效的亏欠

虽然中国法律体系和普通法系有很大差异，但面对相同或类似的法律调整对象，很多部门法存在大量概念基本对应的法律术语，如专业术语里的要约、要约邀请（《中华人民共和国合同法》第 14 条、第 15 条），人工术语中的失效（《中华人民共和国合同法》第 20 条）等。对于这类法律术语，理论上，译者经过原语理解后搜索目的语里对应的法律术语，然后就可以等效地表达出来，但现实中还是会因各种原因未能实现法律等效表达。

（1）原文理解中法律解释的缺失、无法获得原文术语真正的法律内涵，造成译文语词表达上法律等效的亏欠。

原文理解错误就无法实现译文的法律等效表达。在进行原文理解的时候，除了从语言、语用层面上着手，为了实现法律等效还必须从法律意义上去准确理解和解释该术语的法律内涵和外延。例如，《中华人民共和国合同法》第 60 条第 2 款中的"交易习惯"术语：

立法原文："当事人应当遵循诚实信用原则，根据合同的性质、目的和交易习惯履行通知、协助、保密等义务。"

官方译文："The parties shall observe the principle of good faith and fulfill the obligation of notification, assistance and confidentiality in accordance with nature and aims of the contract and trade practices."③

北大法律英文网译文："The parties shall abide by the principle of good faith,

---

① 杜金榜、张福、袁亮：《中国法律法规英译的问题和解决》，《中国翻译》2004 年第 5 期。

② 屈文生：《中国法律术语对外翻译面临的问题与成因反思——兼谈近年来我国法律术语译名规范化题》，《中国翻译》2012 年第 6 期；孙晓丹、程仁、刘佩：《影响中国法律术语英译的因素分析》，《法制与社会》2015 年第 3 期；韩宁：《术语学视角下的法律术语翻译——以〈合同法〉英译为例》，《时代教育》2015 年第 3 期。

③ 国务院法制办公室：《中华人民共和国常用法律法规全书》（中英文版）（上册），中国法制出版社 2011 年版，第 2—116 页。

and perform obligations of notification, assistance, and confidentiality, etc. in accordance with the nature and purpose of the contract and the transaction practice. "①

1999 年《中华人民共和国合同法》的一个明显特征是首次赋予了交易习惯应有的法律地位,② 且该术语在整个《中华人民共和国合同法》中出现了 9 次。③ 对于经常适用习惯法的英美国家,这一特征是值得关注的。对比发现,官方译文和北大法律英文网分别采用了 "trade practices" 和 "transaction practice" 予以表达,此外还有很多其他译法:"relevant usage, habitual practice which are known or should be known to the parties at the formation of the contract or the habitual methods usually adopted by the parties, customary business practice"④。那么,这些译法究竟谁最等效呢?

首先,根据法律翻译活动的步骤,译者需探究 "交易习惯" 在我国合同法下的准确法律内涵,此时可以运用文义解释和体系解释方法达成真意理解。《关于适用〈中华人民共和国合同法〉若干问题的解释(二)》第 7 条规定:"下列情形,不违反法律、行政法规强制性规定的,人民法院可以认定为合同法所称'交易习惯'是:(一)在交易行为当地或者某一领域、某一行业通常采用并为交易对方订立合同时所知道或者应当知道的做法;(二)当事人双方经常使用的习惯做法。" 有学者作出了如下阐释:"合同法所称'交易习惯'是指习惯法,成立要件包括:第一,须有为人们所信奉的有法一样的约束力的习惯存在;第二,其内容须不违反法律的强制性规定,且不违背公序良俗。"⑤但也有学者否定其是习惯法,而认为合同法所称 "交易习惯" 是指 "传统法学理论的习惯而非习惯法"⑥。

---

① 北大法律英语网 (http://www.lawinfochina.com/display.aspx? id = 6145&lib = law & Search Keyword =& SearchCKeyword =%ba%cf%20%cd%ac%b7%a8)。

② 罗筱琦:《"交易习惯"研究》,《现代法学》2002 年第 2 期。

③ 程宗璋:《试论我国合同法中的"交易习惯"》,《燕山大学学报》(哲学社会科学版) 2001 年第 1 期。

④ 戴拥军:《司法解释观照下的〈中华人民共和国合同法〉翻译研究》,《改革与开放》 2011 年第 2 期。

⑤ 程宗璋:《试论我国合同法中的"交易习惯"》,《燕山大学学报》(哲学社会科学版) 2001 年第 1 期。

⑥ 张娇东:《合同法交易习惯之司法适用》,《黑龙江省政法管理干部学院学报》2012 年第 2 期。

从法律解释的属性看，司法解释有着绝对的权威效力，学者的解释在一定程度上也帮助界定这一术语的性质和具体适用时的判断。综合来看，在我国合同法框架内，交易习惯有相当于普通法系里习惯法的特点，强调既已存在性、在某一范围内（某一行业或者当事人双方内）具有普遍约束力和不违法的性质。交易习惯是"指在当时当地或者某一行业或某一类交易关系中，为人们所普遍采纳的且不违反公序良俗的习惯做法"①。在原文法律解释的基础上，译者可以先考察习惯法的译法，通过汉英法律词典，我们发现法律英语中的表达方式有："customary law"；"custom law"；"common law"；"consuetudinary law"，② 可是并非所有表达均适合原文语境，还需要将这些表达方式在英美法律词典中验证。通过查实发现，"customary law/consuetudinary law" 与原文语境是最接近的（accepted as—既已存在性；as obligatory rules—在某一范围的普遍约束力；as legal requirement—不违法），③ 但是 "customary law" 在英美法中的地位是："are so vital and intrinsic a part of a social and economic system that are treated as if they were laws"，这是交易习惯没有办法企及的。《中华人民共和国合同法》在总则中将交易习惯确定为解释合同的原则性工具，且在分则中规定了大量根据交易习惯解释合同的具体条文，可是"习惯法是指国家认可和有国家强制力保证实施的习惯，其效力基础是法律赋予的，习惯法属于法律"④，而且在法律英语中并没有 "custom law" 这样的表述方法。所以，我们可以断定不能直接用习惯法的英译表达来翻译交易习惯。

庆幸的是，《美国统一商法典》帮助我们找到了交易习惯在英美法里的界定，"交易习惯指进行交易的任何做法或方法，只要该做法或方法在一个地区、一种行业或一种贸易中已经得到经常遵守，以致使人有理由相信它在现行交易中也会得到遵守。此种惯例是否存在及其适用范围，应作为事实问题加以证明。如果可以证明此种惯例已载入成文的贸易规范或类似的书面文件中，该规范或书面文件应由法院解释"。其界定的内涵与我

---

① 王利明：《合同法研究》第 1 卷，中国人民大学出版社 2002 年版，第 425 页。

② 程超凡主编：《英汉——汉英双向法律词典》，法律出版社 2007 年版，第 366 页。

③ Bryan A. Garner, *Black's Law Dictionary* (Tenth Edition), Thomson Reuters West Publishing Co., 2004, pp. 334, 466.

④ 张娇东：《合同法交易习惯之司法适用》，《黑龙江省政法管理干部学院学报》2012 年第 2 期。

国司法解释的规定是基本一致的，且还涉及举证和法院采信的司法认定问题。由此我们可以判定，我国法律下的交易习惯之内涵在《美国统一商法典》定义里有法律等效的表达，且其对适用的规定与我国司法实践做法也有类似之处。这时译者就可以断定，这里的"交易习惯"法律术语与《中华人民共和国合同法》内"交易习惯"概念具有法律等效性，对于法律术语翻译而言，主要就是看术语传达的法律信息及其内涵的法律适用效果是否等效，因此可以直接选用它的表述"usage of trade"。

此外，官方译本选用的"trade practice"也有可取之处。根据《布莱克法律词典》（第 10 版）的定义，"trade practice: A customary way of doing business; esp., a method of using specification for size, thickness, shape, or quality adopted within a given industry."从内涵上来说，"trade practice"要窄于《中华人民共和国合同法》的交易习惯：用目的解释方法分析，交易习惯的立法意图是合同条款出现争议的时候能有补充解释合同条款的方法；从范围上来说，"trade practice"只是在某一行业内部适用的，而且内容更注重交易对象的某些具体参数，可能在解释合同争议条款时会薄弱了一些。比照两个概念有重合又有差异，译者可以参照杜金榜的"求同存异、对照补足"法则，选择补足差异的方式来进行译文表达解释："trade practice which are known or should be known to the parties at the formation of the contract or usually adopted by the parties"。因为两术语的对应性不一样，所以采用了不同的译法，可惜官方译法采用了复数形式，这里是概念性的提法，而不是特指某一项、某几项交易习惯，所以不应采用复数形式，这属于用词上法律等效表达的亏欠。还有学者主张翻译成"the appropriate trading practice"[①]，根据法律等效原理，原文并没有在字面上传达"适当性"要求，而是通过司法解释在法律适用中进一步明确，这里添加的"appropriate"这一形容词是一个模糊用语，在法律上只会形成更加迷惑的理解，什么是恰当的呢？怎么判断？这些问题在译文中均没有指明，所以形成了与原文不等效的法律效果，这样的译法不符合法律语言严谨、明确的特点，是不可取的。

同类型的例子还有：将《中华人民共和国合同法》第 53 条的"人身

---

　　① 李丽：《法律英语词汇的特点及其翻译》，《中国科技翻译》2005 年第 18 期；余冰清编：《中华人民共和国合同法》，外文出版社 1999 年版，第 6 章第 92 条。

伤害"译成"physical injury"①；将《中华人民共和国民法通则》第 34 条第 1 款的"权利"译成"rights"；将第二款的"负责人"译成"responsible person";②等等。这种情况在外国译者翻译的我国立法文本的英译本中比较常见，可能由于对我国法律体系和制度缺乏系统了解，在很多术语的译法上，他们采用字面直译的方法比较多，如将"中外合作经营企业"译成"sino-foreign cooperative enterprises"③，将"全民所有制企业"译成"enterprise under the ownership of the whole people"④，等等。

　　由此可见，对于存在概念基本对应的法律术语，有责任感的译者首先必须在我国法律体系内综合运用法律解释方法弄清术语的准确内涵、立法意图、法律功能、在法律体系内的法律适用效果，抓住概念的核心要件，然后以此为基础进行转换和表达。在概念比对和鉴别过程，如对"交易习惯"与"习惯法""trade practice"的概念比对中，译者需要牢牢抓住法律等效的标准作出判断和取舍。若发现概念的对应性有差异，则要考虑对后面的两种对应类型进行补足或创新。

　　此外，从现实角度看，即便是有责任感的译者也可能由于法律认知的缺失不知晓有对应概念的存在，或者受翻译时间限制的压力无法或怠于花费时间来查实大量资料。为了解决这样的现实难题，建议官方译本中可以增加法律术语对照表，甚至可以借鉴英美立法结构增加"the Definition"或者"Interpretation Definition Sections/ Dictionary"部分，对关键性概念作出列表性界定，能够帮助译文读者更准确地理解本法内基本概念的具体内涵。

　　（2）转换中法律解释的缺失，未获得法律等效的对应术语，造成译文语词表达上法律等效的亏欠。

　　译者正确获得原文术语的语言效果和法律效果后，在转换过程中寻找普通法下等效的法律术语也要使用法律解释方法，以获得术语在整个法律体系和法律文化中的深层法律价值，才能找到真实对应的法律术语。

　　我国有关法律法规名称的翻译表达就是这种情形的典型例子：很多官

---

① 国务院法制办公室：《中华人民共和国常用法律法规全书》（中英文版）（上册），中国法制出版社 2011 年版，第 2—114 页。

② 陈忠诚：《〈民法通则〉AAA 译本评析》，法律出版社 2008 年版，第 40 页。

③ 同上书，第 48 页。

④ 同上。

方译本将《……管理办法》中的"管理办法"直译成"Measures"；将《……规定》中的"规定"译成"Provisions"。通常情况下，译者在我国法律体制下通过体系解释可以了解到，"管理办法"和"规定"类的立法文件是由我国国务院制定的具有普遍适用效力的行政法规，可惜在转换的时候没有从法律等效的角度去思考相关法规在英美法律体系中对应的法律地位，只是很粗糙地做了字面上的翻译，这样的选词会使英文读者产生错误的字义解释："Measures"会让英美法律工作者以为这个法律是政府颁布的某一项暂时性政策，而"Provisions"会让他们费解，疑虑该项法律是某项协议下规定的，还是制定法中的条例呢？作为立法文件名称，"Provision"以复数形式出现，一般将其翻译为"条例"，如《牛津条例》。① 缺乏法律等效意识的译者一般不容易想到需要从立法机构角度选用"Ordinance""Order"，或"Regulations"这样的译法。同类型的例子还有 *China Law Reporter* 杂志将《中华人民共和国民法通则》第 5 条中的"侵犯"翻译为"encroach"；② 将《中华人民共和国民法通则》第二章第四节中的"个体工商户"翻译成"individual business"和"individual industrial and commercial households"；③ 等等。

（3）表达选词中法律解释的缺失，通过验证可以判定选用术语未实现法律等效，造成译文语词表达上法律等效的亏欠。

表达选词是否实现了法律等效，通常需要使用法律解释方法验证才能发现。例如，《中华人民共和国民法通则》第 4 条中的"诚实信用原则"④，陈忠诚在他推荐的译本中译成"full-faith-credit"⑤，相较于其他译本，⑥ 陈忠诚不只是简单地做了字面上的转换，而是试图从英美法中去寻找对应的表达。从思维方式上看，他是在理解和转换过程中运用了文义解释方法，只可惜在表达上他选择了"full-faith-credit"。但是，这一表达是指"美国联邦制度下特有的对不同州（或者辖区）法院判决认可、相

---

① 薛波主编：《元照英美法词典》，法律出版社 2003 年版，第 1113 页。

② 陈忠诚：《〈民法通则〉AAA 译本评析》，法律出版社 2008 年版，第 6 页。

③ 同上书，第 34 页。

④ 立法原文为：民事活动应当遵循自愿、公平、等价有偿、诚实信用的原则。

⑤ 陈忠诚：《〈民法通则〉AAA 译本评析》，法律出版社 2008 年版，第 6 页。

⑥ 其他的译本为：principles of honesty and credibility，principles of honesty and trustworthiness，principle of good faith。

互充分信任和尊重的规则"①。如果选用这个法律术语予以表达，有可能会误导译文读者认为在中国也存在各辖区内充分信任和尊重的规则，而中国不是联邦制，我们采用的是统一法律体系和司法系统，这样法律上就不等效了。相比较之下，"honesty and trustworthiness" 或 "good faith"②可能更能体现原文真意。

同类型的例子还有：将《中华人民共和国民法通则》第 26 条、第 33 条中的 "字号" 译成 "shop name, trade name"，③ 第三章第一节的 "一般规定译成" "General Stipulations"，④ 等等。

由此可见，对于存在基本对应的法律术语，译者在每一环节都需要带有法律认知意识，切实使用法律解释方法获得术语在两个法律体系下的真实内涵，进而寻找法律对应的术语，以实现词义表达的法律等效。

2. 在两个法律体系下既有共性又有特殊性的术语表达上法律等效的亏欠

这种现象往往是由于两个法律体系对于法律问题的认识角度、解读方式不同而造成的。在翻译理论中法律术语属于具有法律文化特性的概念，对具有文化特性的词在翻译转换时出现内涵和外延上有重合又有差异的情况，已有较多研究提出了很多翻译处理方式。⑤ 在法律翻译领域内，杜金榜提出的 "求同存异、比照补足" 法则很有指导意义和操作性价值。"求同存异是指在法律交流中，若出现术语或者概念不对等，表达应尽量采用目的语法律体系（或体制）中有的术语或概念，法律交流应照顾法律趋同倾向而尽力寻找共同点；比照补足是指在面对某一法律体系独特性观念的时候，交流者可以比照目的语法律体系中已有的相近观念，加上辅助解释来传达陌生的观念。"⑥无论采用何种方法，从等效理论的角度来看，法

---

① Bryan A. Garner, *Black's Law Dictionary*（*Tenth Edition*），Thomson Reuters West Publishing Co.，2004，p. 786；薛波主编：《元照英美法词典》，法律出版社 2003 年版，第 588 页。

② 李丽：《法律英语词汇的特点及其翻译》，《中国科技翻译》2005 年第 3 期。

③ 陈忠诚：《〈民法通则〉AAA 译本评析》，法律出版社 2008 年版，第 35、39、40 页。

④ 同上书，第 43 页。

⑤ Eugene A. Nida, *Toward a Science of Translation*，上海外语教育出版社 2004 年版，p. 172；金隄：《等效翻译探索》（增订版），中国对外翻译公司 1998 年版，第三部分第（四）点语义调整与效果。

⑥ 杜金榜：《法律交流原则与法律翻译》，《广东外语外贸大学学报》2005 年第 4 期。

律翻译追求的都是最终表达选用的术语或术语表达方式能形成法律等效，很多时候需要"采取注释、添词等方式来解释补足两个概念之间的差异"①，对术语概念进行理解、比照、选择、注解和验证的时候都需要综合运用法律解释方法。

《中华人民共和国民法通则》第二章第五节中"个人合伙"这个概念就是一个很典型的例子。在我国法律体系下，个人合伙是与合伙企业对应存在的一种合伙形式，强调各合伙人（自然人）对合伙债务承担连带责任，而合伙企业是合伙人（自然人、法人和其他组织）对合伙企业债务承担无限连带责任的营利性组织。比照在英美法律体系中的相近概念，我们发现"partnership"非常接近"个人合伙"，② 只是通常各合伙人仅"以各自的出资比例对合伙债务承担责任"③。由于合伙人对合伙债务承担的范围和性质是合伙概念中一个非常重要的法律适用效果，为达到法律等效效果，译者选择表达用词时需考虑这一因素，很明显不能直接选用"partnership"，因为该词没有体现出两个概念的差异性，而字面直译成"individual partnership"会误解成单个的合伙形式，用字义解释规则并不能得出是由个人组成的合伙形式的结论，"若将个人由形容词调整为后置状语、修饰名词译成：partnership between individuals"④，语义等效实现了，同时又与英美法下的"partnership"相区别。译文读者再通过研读详细的法律规定就可以明确"这种合伙形式内各合伙人对合伙债务承担连带责任"⑤，因此译者无须再就责任形式做任何注解，直接依从"求同存异、比照补足"法则而实现了法律等效。

属于该类型的情况还有：将"合伙企业"直接译成"partnership"，⑥ 将《中华人民共和国民法通则》第 30 条中的"技术"译成"techniques"，⑦ 将

---

① Eugene A. Nida, *Toward a Science of Translation*，上海外语教育出版社 2004 年版，p. 172。

② Bryan A. Garner, *Black's Law Dictionary*（Tenth Edition），Thomson Reuters West Publishing Co., 2004, p. 1295。

③ Ibid.

④ 陈忠诚：《〈民法通则〉AAA 译本评析》，法律出版社 2008 年版，第 37 页。

⑤ 《中华人民共和国民法通则》第 35 条第 2 款。

⑥ 国务院法制办公室：《中华人民共和国常用法律法规全书》（中英文版）（上册），中国法制出版社 2011 年版，第 2—427 页。

⑦ 陈忠诚：《〈民法通则〉AAA 译本评析》，法律出版社 2008 年版，第 37 页。

《中华人民共和国合同法》第 73 条第 1 款的"……对债权人造成损害"中的"损害"译成"losses",① 等等。

3. 不存在概念对应的术语表达上法律等效的亏欠

对于有中国特色的法律术语,译者在英美法里无法找到对应术语,就面临着"如何在创新的同时又符合法律英语表达规则,并准确转达术语法律内涵,包括法律体系、法律文化上的差别"②,以在目的语读者那里形成法律等效。在翻译理论里有异化和归化之争,③ 但在立法文本翻译中译者要关注的重点不是异化或归化的方式问题,而是要始终考量选用的表达方式是否实现了法律等效。

在《中华人民共和国民法通则》第二章第四节第 27 条界定的农村承包经营户就是一个典型的例子。这是我国法律中一个特有的概念,译者应该如何恰当表达英美法里没有的概念?根据第 27 条的定义,农村承包经营户是农村集体经济组织的成员按照其与农村集体经济组织之间的承包合同约定依法进行商品经营活动的民事主体,在法学研究中也有人认为其具有商事主体的性质。④ 对于在目的语法律体系中不存在的概念,译者有创新的空间。可是"创新不是随意进行的,表达的选词和方式,应该帮助译文读者更好理解这一特色概念内涵"⑤。从文义解释来看,农村承包经营户中的农村是因为主体来自农村集体经济组织,承包经营活动体现了承包合同的规约性和商品经营的活动内容;这里的户并非住户或者家庭的意思,而是泛指有某种往来或联系的个人或团体,其可以是个人也可以是家庭,这里只是体现了承包经营的一个单位,若翻译成"household",那么以承包经营户存在的个人就没有反映出来。所以,原文的措辞跟它的内涵有密切联系,译者在译文表达字词选择的时候应该考虑通过字面意思体现它本来的内涵,这样译本读者按照字义规则进行解释时会更容易理解这一

---

① 国务院法制办公室:《中华人民共和国常用法律法规全书》(中英文版)(上册),中国法制出版社 2011 年版,第 2—118 页。

② 王静、张自伟:《略论中国现行法律法规英译词语的选择》,《皖西学院学报》2006 年第 4 期。

③ Eugene A. Nida, *Toward a Science of Translation*,上海外语教育出版社 2004 年版,p. 167。

④ 游文丽、张萱:《农村承包经营户的法律地位问题探究》,《北京化工大学学报》(社会科学版) 2013 年第 2 期。

⑤ 黄巍:《议法律翻译中译者的创造性》,《中国翻译》2002 年第 2 期。

概念的内涵。现有译本中有很多表达方式"leaseholding farm households""rural contracting households"，"rural contract responsibility households""rural contractors"，① 等等。首先，第一种译法在选词上相当粗糙，而这正是我国官方译本，而且在最新官方译本中仍然采用这个译法②："lease-hold"是针对不动产享有的权益，③ 这个界定太过狭隘，而以"farm"来表示农村也是不准确的，"farm"在法律英语中更多的指农用土地，相当一个集体名词，而"不是作为一个与城市相对应的一个概念存在的"④。其次，前三种译法都错误理解了户的意思，第四种译法直接选用了"contractor"，简洁明了，也体现了承包的性质。最后，四种译法对于经营活动的内涵均没有体现，第三种译法将承包经营理解成了一种责任，但根据第27条的定义，其法律内涵中更多强调的是其在承包合同规定内进行的商品经营活动，所以笔者认为经营两字不能省，省去的话，会在字面上造成法律信息的缺失，导致译文表达不等效。比较而言，第四种译法是可取的，其将经营活动的内涵留给读者自己在第27条的译文中去体会。若要在字面上能够较全面地体现概念的内涵，笔者建议可以译成"rural contracting operators"。这里选用分词结构做形容词，而没有直接选用"contractual"，因为现在分词可以表达出承包合同对于承包经营户活动的指导性和规约性，而"operator"可以兼顾民事主体和商事主体的性质，也能体现出经营活动的概念内涵。由此可见，对于这类术语，译者在创造的时候绝不是随性而为、任意表达，必须紧紧抓住语义等效和法律等效的准绳，根据英文词义的法律内涵谨慎选词，反复运用法律解释方法验证选词的法律效果，实现法律等效表达。

　　属于此类情况的还有：将《中华人民共和国合同法》第1条中的"社会主义现代化建设"译成"socialist modern construction"；⑤ 将第52条

---

① 陈忠诚：《〈民法通则〉AAA译本评析》，法律出版社2008年版，第34页。
② 国务院法制办公室：《中华人民共和国常用法律法规全书》（中英文版）（上册），中国法制出版社2011年版，第2—8页。
③ 薛波主编：《元照英美法词典》，法律出版社2003年版，第810页。
④ 同上书，第533页。
⑤ 国务院法制办公室：《中华人民共和国常用法律法规全书》（中英文版）（上册），中国法制出版社2011年版，第2—107页。

第 2 项中的"集体"译成"the collective";① 等等。

（二）表达用词上法律等效的亏欠

所谓表达用词上法律等效的亏欠，是指英译文本中的用词不符合法律语言、法律英语和英语用词的要求和特性、未能等效表达出原文用词的效果，造成法律信息、立法语言独特性、法律适用效果的失真，无法实现法律等效。

1. 不符合立法文本的用词要求

立法文本是具有普遍约束力的规范性法律文件，在用词方面有特定要求和规范。语用学从文本类型、文本功能等角度对立法文本的用词进行了研究，认为："规范性法律文本用词要具体准确、严谨规范、质朴简洁，符合法律语境、符合法律规范，具有较强概括性和包容性……"② 在表达环节，具体而言就是指选用的语词词义要精准、简洁、单一，符合类义性和对义性要求，体现普遍适用性，在法律和语义层面均与原文等效。这些指导性原则对译者在表达选词时均会产生指导性作用，如术语的一致性和同一性"在整个法律语篇中都应该贯彻坚持"③。但是，目前官方的英译版本对这一用词要求却并不重视，在很多译本中都可以发现术语不统一、译法随意的情况，④ 这样很容易让本来就对我国法律体制缺乏系统了解的英译读者费解和产生疑惑。此外，还有表达用词烦琐、不规范等，由于不少学者做过相关研究，⑤ 本书就不再赘述，这里需要从法律等效的角度强调：用词若不符合立法文本本身的语言特性，会造成法律不等效，比如术语不统一，法律信息就无法等效传达；用词烦琐，立法语言的独特性就无法体现，所以在对译文进行法律解释时也会出现或者很容易出现原文含义的迁移和传递失真。

2. 不符合法律英语的用词要求

---

① 国务院法制办公室：《中华人民共和国常用法律法规全书》（中英文版）（上册），中国法制出版社 2011 年版，第 2—114 页。

② 张新红：《文本类型和法律文本》，《现代外语》（季刊）2001 年第 2 期。

③ 李克兴、张新红：《法律文本与法律翻译》，中国对外翻译出版公司 2006 年版，第 208 页；Deborah Cao, *Translating Law*，上海外语教育出版社 2008 年版，p. 127.

④ 李克兴、张新红：《法律文本与法律翻译》，中国对外翻译出版公司 2006 年版，第 208—209 页。

⑤ 陈忠诚：《法窗译话》，中国对外翻译出版公司 1992 年版，第 19—24 页。

英语立法文本在用词上有自己的特点和要求，法律英语的学者们做了大量研究，也形成了普遍共识，如尽可能少用指示代词和不定代词，"偏爱使用动词、名词"①，"限制使用感情色彩副词和形容词"②，还有"使用拉丁语、古英语，动词常用一般时态"③，等等。这里主要探讨法律解释在实现法律等效表达中的应用，所以对于这些语言层面的规律则不做详细介绍和分析，但是需要从实现法律等效的角度强调两点：

（1）为确保等效的法律适用效果，施为行为动词和情态动词的法律等效表达非常重要。

立法文本形成的目的就是要对人的行为和社会关系作出调整，而法律文本中的施为行为动词和情态动词承担着向文本读者传达指示性规则的功效，若其在法律等效表达上发生亏欠，法律适用效果和立法意图就会大打折扣，无法实现等效。同时，"施为行为动词和情态动词在立法语篇的使用频率非常高，是法律效力的规约性和显性言语行为"④，译者在转换、表达这类词语的时候一定要特别谨慎，避免法律适用效果、立法意图的失真。功能学派和语用学对这一类词也做了大量研究，⑤ 笔者认为译者可以将常用的情态动词和施为行为动词做一个对照表，以确保译文用词准确。

（2）在表达用词选择中，必须是准确第一并尽可能地道。

在法律英译过程中，很多译者理性上都对法律英语的表达特征是有一定认识的，也希望自己的译本可以地道体现出法律英语的特征，但由于法律英语表达水平问题，往往力不从心，如古英语使用不地道，拉丁语使用错误等。官方译本将《中华人民共和国民法通则》第 12 条的法定代理人

---

① 李克兴、张新红：《法律文本与法律翻译》，中国对外翻译出版公司 2006 年版，第 523 页；李楠：《法律法规中指示语翻译的研究》，《广东外语外贸大学学报》2005 年第 16 卷第 1 期。

② 王静、张自伟：《略论中国现行法律法规英译词语的选择》，《皖西学院学报》2006 年第 4 期。

③ 李克兴、张新红：《法律文本与法律翻译》，中国对外翻译出版公司 2006 年版，第 523 页。

④ 张新红：《汉语立法语篇的言语行为分析》，《现代外语》2000 年第 3 期。

⑤ Deborah Cao, *Translating Law*, 上海外语教育出版社 2008 年版，p. 127；张新红：《汉语立法语篇的言语行为分析》，《现代外语》2000 年第 3 期；陈忠诚：《法窗译话》，中国对外翻译出版公司 1992 年版，第 32—37 页。

译成拉丁文的诉讼代理人就是一个典型的例子。① 在翻译实践中很多译者倾向用古英语、拉丁语向读者或客户炫技，译者不应该追求表面上的华丽，而应注重实实在在的语义和法律对等。

3. 不符合英语表达的用词要求

这种情况实际上就是立法文本英译中英语表达的语法错误和表达不地道造成了语义表达上法律等效的亏欠，形成了法律不等效，如单复数形式使用不当，例如将《中华人民共和国合同法》第 10 条中的其他形式译成"any other form"，② 而未使用复数形式；词性选用错误，例如将《中华人民共和国合同法》第 55 条第 2 项中的放弃（撤销权）选用了名词形式"waiver"；③ 动宾搭配不当；等等。虽然这些问题表面看来只是语法错误或者表达不地道，可是在立法文本中往往会形成相应的法律效果失真，这就是立法文本翻译不同于其他文本翻译之处，如汉语原文表达的是复数概念，而英译文本中却使用了单数，法律适用中就会无形地将复数情况排除在外。所以，这一类型的法律等效表达亏欠并不只是简单的语法问题，也是译文表达法律不等效、翻译失真的问题。

由此可见，为了译本读者能作出等效的法律解释，汉语立法文本的译者在表达用词选择时需要从文本功能角度出发，考虑立法文本的用词要求，从法律英语表达的特性要求出发，选用符合法律英语特性的用词和形式。当然也需要和其他所有英译文本一样选择没有英语表达错误、地道的语词和用法。

二　句法表达上法律等效的亏欠

阅读英译文本时，读者很容易对译者的造句能力和译文的句式结构形成一种语感上的直观印象，如句式结构清晰、很地道，或者句子冗长、重点不清晰等，这种直观印象的形成是句子表层结构选用的结果。翻译理论中"最大限度地表达"追求的是原文和译文的自然等值，④ 具体包括：

---

① 陈忠诚：《〈民法通则〉AAA 译本评析》，法律出版社 2008 年版，第 14 页。

② 国务院法制办公室：《中华人民共和国常用法律法规全书》（中英文版）（上册），中国法制出版社 2011 年版，第 2—108 页。

③ 同上书，第 2—115 页。

④ 姜治文、文军：《翻译标准论》，四川人民出版社 2000 年版，第 374 页。

"结构等值、语用等值和语义等值"①，其中的结构等值就包括宏观的语篇结构、句法结构和微观的词语表达结构几个方面的等值。从前面分析中我们看到了法律解释和法律等效内涵对发现与解析语词表达上法律等效亏欠的重要性以及对确保语词真意表达的意义和作用。那么对于上一语法层次的句法结构来而言，法律解释原则和方法、法律等效概念和内涵有什么样的价值呢？通过法律解释原则和方法剖析汉语立法文本英译句法表达上的法律等效亏欠实例，以法律等效为标准分析得出句法表达上的亏欠点，分析句法上法律等效表达亏欠的原因，探求句法上的真意表达方法，也是很有必要的。从实证研究中发现，汉语立法文本英译中句法表达上法律等效的亏欠常有如下几种类型：

（一）英译文本表达未选用英语立法文本的常用句型

英语立法文本的句法结构有自己的特性，常用固定句型结构来实现指导、规范行为和调整社会关系的立法意图，很多句型与汉语立法文本句型是相对应的。对这些句型结构，法律英语和法律翻译研究已有很多结论，② 如"where"引导条件状语从句，与汉语中的"凡……"表条件的状语从句对应。③ 但是，实践中仍常见译者只是从中文的句式结构出发僵硬的直译成英文，例如，《中华人民共和国刑法》第115条的官方英译本对界定违法犯罪行为、明确法律后果的典型句子结构（条件/情况+法律主体+法律行为+行为后果）没有选用法律英语的典型对应句型"any person does…shall"，而是僵硬的从中文句型直译为："Whoever does… is to be sentenced to …"。④ 这样的句式结构从语义、语法角度分析是正确的，也基本传达了原语的法律信息，可

---

① 姜治文、文军：《翻译标准论》，四川人民出版社 2000 年版，第 374 页。

② 李克兴、张新红：《法律文本与法律翻译》，中国对外翻译出版公司 2006 年版，第 103—149 页；李克兴：《法律翻译——理论与实践》，北京大学出版社 2007 年版，第 65—99 页。

③ 李克兴、张新红：《法律文本与法律翻译》，中国对外翻译出版公司 2006 年版，第119页。

④ 立法原文："第一百一十五条：放火、决水、爆炸、投毒或者以其他危险方法致人重伤、死亡或者使公私财产遭受重大损失的，处 10 年以上有期徒刑、无期徒刑或者死刑。"官方译文："Article 115：Whoever commits arson, breaches a dike, causes explosion, spreads poison or inflicts serious injury or death on people or causes heavy losses of public or private property by other dangerous means, shall be sentenced to fixed-term imprisonment of not less than 10 years, life imprisonment or death." 参见国务院法制办公室《中华人民共和国常用法律法规全书》（中英文版）（上册），中国法制出版社 2011 年版，第 6—29 页。

未采用对应的英语立法句式结构，给目的语读者带来一种生硬、不地道感，没有实现立法语言独特性的等效；从意境效果上来说，在目的语语境中难以形成法律语言的感觉，法律适用效果等效也会有一定影响，是句法表达上法律等效亏欠的典型情况。

　　造成这一问题的原因，一方面是由于译者没有运用法律解释原则和方法对原文进行深层次的法律操作分析，没有探明原语立法文本的立法意图，深层次地分析法律信息之间的逻辑关系和所追求法律适用效果的条件、情况、法律主体和法律行为，而只是照搬直译了原语的表层句法结构，在目的语法律语境中形成了生硬的植入效果；另一方面，译者缺乏对法律英语固定句型的了解和灵活驾驭的能力，不能自如地道地将原语法律效果有效地在目的语法律语境中编码表达。所以，要实现真意表达，译者一方面需要越过原语的表层字面句子结构，进行深层次的原语法律解释；另一方面可以通过长期的英语法律文本精读和写作练习，提高自身法律英语，特别是规范性法律文本的撰写和表达能力。①

（二）英译文本句子主述位设置效果与原文不等效

　　语言交际功能理论中的主述位理论对于立法文本翻译中的目的语句子结构的构建以及在语义、逻辑、法律效果表达上的把握是很有价值和意义的。② 英语和汉语在主述位设置上有不同的思维定式：英语是"主语凸显型语言，倾向把重要信息放在句首"③；汉语是"话题凸显型语言、往往将重心置于句尾"④。译者在译文表达时有必要考虑如何通过正确的主述位设置来再现原文的法律效果。

　　在立法语篇中，译文表达上不同的主述位设置会形成不同的法律效果，给读者传递出不同的字面语言未表达的隐性信息。例如，汉语原文为"女职工在月经期间，所在单位不得安排其从事……低温……劳动"，若按原文顺序译为："Women staff and workers, during their menstruation, shall

---

① 傅伟良：《合同法律文件翻译谈——谈中华人民共和国合同法的部分译文》，《中国翻译》2002 年第 5 期。

② Halliday, M. A. K., *An Introduction to Functional Grammar*, 2nd ed., London：Edward Amold, 1994；Mathesius V., *Functional Sentence Perspective*, Prague：Academia, 1939；杨晓琼：《试论主位和述位理论对翻译的启示》，《科技信息》2009 年第 18 期。

③ 杨晓琼：《试论主位和述位理论对翻译的启示》，《科技信息》2009 年第 18 期。

④ 同上。

not be arranged by their units to do labor…under low temperature"，单看句子结构，译文在语法是正确无误的，禁止性的立法意图等通过 "shall not" 这一情态动词传达，[①] 形成了明确禁止的法律适用效果，也是典型的法律英语句型结构，好像没有任何亏欠点。若从主述位理论进行文义解释就可发现，汉语原文的主位是："所在单位不得……"立法者强调的是对单位管理行为的规范，而句首的女职工和时间状语（在月经期间）都只是述位，是对规范行为的条件和情况的说明。从语义角度分析，该条款的义务人是单位，禁止行为是安排女职工在她们月经期间从事……女职工只是法律行为的对象而非法律行为的主体。所以，顺译版本未能真意传达原文的法律信息，在句子结构的主述位设置上出现了法律等效亏欠。若我们按照英文主述位设置的特点，将原文里的法律行为主体（单位）作为主语，采用主动语态来安排述位结构，译文调整为："Units may not arrange women staff and workers to do labor under low temperature during their menstruation." 然后用字义规则对调整后的译文进行法律解释发现，法律主体、法律行为清晰明确，条件/情况陈述清楚，立法意图凸显、法律信息准确完整、法律英语独特性保留，法律适用效果也与原文对等，实现了语义、法律意义上的全面等效。

由此可见，译者在原文理解和译文表达构建过程中应该有效利用主位、述位在两种语言信息交际中的特点，运用法律解释方法解读出原文主述位传递的真实法律效果，在译文中依照目的语法律体系解释规则构建出法律等效的表达形式，实现真意表达。译者需要考虑汉英两种语言的差别，灵活等效地转换，不可简单机械地照搬原文的句型结构。特别强调的是：这不仅仅只是主被动语态选用的句法结构问题，更是主要法律信息表达的层次和法律主体（权利人义务人）、法律行为明确的问题，对于了解立法意图、帮助法律解释主体在法律适用过程中确定优先考虑因素有着重要的意义。

主述位理论也是很有效的分析原文语篇思路的工具，[②] 但是由于立法语篇是以句子为核心单位，且大部分语篇都是由精炼明确的立法条文（句子）构成，其在语篇分析上的功能就不大奏效了，所以我们在语篇层次就

---

① 陈忠诚：《法窗译话》，中国对外翻译出版公司1992年版，第30页。

② 杨晓琼：《试论主位和述位理论对翻译的启示》，《科技信息》2009年第18期。

没有再分析主述位理论了。

(三) 英译文本句式结构不符合英语立法文本的特点

英语立法文本在句法层面和其他语言的立法文本一样，结构通常都比较复杂，"长句多，同位语、并列结构、插入语和附加修饰成分等句子成分使用频繁"①，此外其还具有"常使用被动语态，条件和假设结构多"等特点，② 相比较汉语立法文本结构 (意合是主要的句法结构特点③)，英语立法文本结构更强调句法结构逻辑关系清晰明确、紧凑等形式上的特点。译者在译文表达的时候需要考虑这些语言的独特性，让原文真意在译文中等效体现出来。

实践中，我们很容易感觉到英译文本在句法结构上的特点，比如不佳的译本读起来英语立法语言特征不明显，语句拖沓、烦琐，逻辑不清。陈忠诚所著的《〈民法通则〉AAA 译本评析》对国内外三个《中华人民共和国民法通则》的译本进行了较为详细的对比和点评。在该书中，读者很容易发现陈忠诚的译本在句式结构上总是比另外三个版本要清晰、简洁、精炼。例如第 25 条译文，④ 陈忠诚的译本比其他三个版本足足少了一行多

---

① 李克兴、张新红：《法律文本与法律翻译》，中国对外翻译出版公司 2006 年版，第 532 页。

② Enrique ALcaraz and Brian Hughes, *Legal Translation Explained*, 上海外语教育出版社 2008 年版，p. 18。

③ 李克兴、张新红：《法律文本与法律翻译》，中国对外翻译出版公司 2006 年版，第 30 页。

④ 《民法通则》第 25 条立法原文："被撤销死亡宣告的人有权请求返还财产。依照继承法取得他的财产的公民或组织，应当返还原物；原物不存在的，给予适当补偿。"国内官方译本："A person shall have the right to request the return of his property, if the declaration of his death has been revoked. Any citizen or organization that has obtained such property in accordance with the Law of Succession shall return the original items or make appropriate compensation if the original items no longer exist."澳洲 CCH 股份优先公司英译本："A person, the declaration of whose death has been cancelled, has the right to request return of his property. Any citizen or organization which has acquired the person's property in accordance with inheritance laws shall return the original property. If the original property no longer exists, appropriate compensation shall be made."美国 China Law Report 杂志英译本："A person whose declaration of death has been cancelled has the right request the restitution of his property. Citizens or organizations which have obtained the property from such a person through the law of succession should return the original property; if the original property is no longer existence, appropriate compensation shall be provided."陈忠诚先生译本："His death declaration revoked, a person is entitled to the restitution. A citizen or organization having acquired the person's property under the inheritance laws shall return the original property, or, failing which, compensate therefor adequately."

字。其他三个译本在词语表达上不够精练，在句式结构上也没有很好地调动代词和连词的有效表达功能：对于"原物不存在的"这一前文已经提及的已知信息，其他三个译本均未考虑使用"which"来指代，而是非常烦琐地使用"if"引导的条件句，将已知信息重复，使整个译本句式结构上变得很臃肿。类似的例子还有第 29 条、第 34 条、第 36 条的译文表达。① 这一法律等效亏欠情形主要还是因为译者英文法律文本撰写能力不够，无力有效地将各法律信息点以最地道、最有效的句子结构安排予以表达。

综上所述，句型结构选择不地道、主述位设置不当、句式结构表达不符合英文立法文本特点是汉语立法文本英译句法表达上法律等效亏欠最常见的三种类型。虽然一定程度上句法表达上的法律等效亏欠均与译者法律英文撰写能力不佳有关，但从句法表达上法律等效的亏欠分析中我们可以发现，若译者合理运用法律解释原则和方法，紧紧抓住法律等效的四项指标，译者就能有效地把握原文法律效果，在目的语中有方向地寻求恰当的句法结构表达，并就内容和方法等予以必要的译文表达效果验证，翻译活动就能有意识、有目的、有效率地逐项进行。可见，法律解释规则、法律等效内涵对汉语立法文本英译句法表达上的法律等效实现是有重要指导意义和实践操作价值的。

三　语篇表达上法律等效的亏欠

立法语篇的宏观结构是"一国法律文化和立法制度、法律体系在立法文本中一个宏观的表现参数，具有重要的法律意义"②，普通法系和大陆法系差别很大，③ 也形成了在法律解释上寻找法源方法的差别：习惯法、案例法的传统使得普通法系在法律解释上寻求的依据往往是有很强实际执行效力却非常具体、分布零散的习惯和案例，而我国立法文本英译活动中译者面对的是成文法。所以，我们应深入英美成文法和我国立法文本的宏观结构比对之中进行分析，通过对比发现，目前英译文本在宏观语篇表达上存在两项法律等效亏欠：

---

① 陈忠诚：《〈民法通则〉AAA 译本评析》，法律出版社 2008 年版，第 43—44 页。

② 张新红：《文本类型和法律文本》，《现代外语》2001 年第 2 期。

③ Deborah Cao, *Translating Law*, 上海外语教育出版社 2008 年版，pp. 7, 113。

（一）汉语语篇结构保留上法律等效表达的亏欠

虽然各国在立法语篇宏观结构安排上各有本国自己的特色和差异，但是结构要件却是非常类似的，"一般可分为：总则、分则（主要条款）和附件三部分"①，从各部分结构的功能上来说也是"由描述性成分过渡到规定性成分，由颁布命令和/或前言过渡到具体条文；其结构层次分明，都是采用从宏观到微观、从总论/总则到条文、从重要条文到次要条文的语篇结构"②。基于这些现实特点，在英译转换我国立法文本宏观结构时，译者应基本保留汉语原文的立法结构。从法律解释角度来说，我国立法文本的宏观布篇是我国立法制度、法律体系、法律文化的体现，向读者传达了某基本法或某部门法律适用的内在理性和逻辑安排，这是很重要的隐性法律信息，也是具有独特性的立法语言，同时也传达了宏观的立法意图（颁布信息部分或总则部分），为具体条文的法律适用提供了宏观上的方向指导与判断逻辑，因此根据法律解释的原则和方法，从法律等效角度来说，译者需要保留我国立法文本原文的宏观语篇结构。

具体而言，这里所说的保留有两层意思：

在宏观结构安排上，英译文本应该直接沿用汉语原文的结构安排，而不应按照英美成文法常有的结构来安排我国立法文本英译文本的结构，比如在英译文本中沿用我国立法文本常有的标题、制定、公布和实施信息、总则等宏观结构，③ 而对于英美成文法中常见的长标题、段标题、颁布条款等我国立法中没有的结构④则不应采用。对于这一点基本所有的英译文本均是这样操作的。

在具体立法条款的结构安排上，译者应保留汉语文本的分段和条款层次安排，不可以随意变换，确保法律适用过程中译文引用不会出现混乱。陈忠诚批判了美国《中国法律报道》对《中华人民共和国民法通则》第16条的译文⑤，就是因为译本将原文的第2款与第3款在译文里合并为了一款，这样引用时，若对第3款进行引用，就没有结构上的对应成分，无

① 李克兴、张新红：《法律文本与法律翻译》，中国对外翻译出版公司 2006 年版，第 510 页。

② 张新红：《汉语立法语篇的言语行为分析》，《现代外语》2000 年第 3 期。

③ 李克兴、张新红：《法律文本与法律翻译》，中国对外翻译出版公司 2006 年版，第 512 页。

④ 同上。

⑤ 陈忠诚：《〈民法通则〉AAA 译本评析》，法律出版社 2008 年版，第 20 页。

法实现法律等效了。

(二) 语篇结构上法律等效表达需要的创新

在保留宏观结构的基础上，为了能够帮助英译文本读者更好地理解我国法律、更准确地在我国法律语境下解释我国法律内涵，可以考虑在英译文本中借鉴英美成文法宏观结构安排，增添两项结构安排：

一是增加定义部分（the Definition Section），① 用以定义文本内出现的关键性术语，帮助译文读者明确术语的特定法律内涵，特别是在中国法律语境下特定法律领域内的真实法律内涵。

二是若立法技术成熟，也可以考虑增添解释原则部分（the Interpretation Definition Section/Dictionary），② 用以对具有中国特色或者法律适用中可能会出现解释分歧的重大原则单独列出，帮助英美译文读者更快、更准确地融入我国法律语境中，理解我国特有的法律适用原则和方法。这也许是在宏观语篇上很大的创新，目前在国内外的我国立法文本英译文本中均没有出现这样的尝试。为了不影响原文立法文本的结构和操作方便，这两项新的尝试只需在英译文本中体现，无须改动立法原文。这样的宏观结构创新能够形成真实等效的法律解释效果，更好地帮助译文读者准确理解我国法律。

在语篇结构上，为了保留汉语立法文本宏观语篇传递的立法意图、法律信息、立法语言语篇的独特性以及对法律适用的宏观指导，译者应该在英译文本表达的宏观结构上坚持汉语的立法语篇结构，但同时为了帮助译文读者更有效、更准确地作出吻合中国法律语境的法律解释、形成对等的法律效果，在译本上增添定义（the Definition Section）和解释原则（the Interpretation Definition Section/ Dictionary）部分也未必不可。这样虽然在形式上结构有添增，但能形成更好的法律等效效果。

综上所述，在确定了法律解释对汉语立法文本英译中译文表达法律等效的必要性和重要意义，并全面阐释了法律等效的概念和具体内涵基础上，我们针对现有国内外汉语立法文本英译文本中法律等效表达上的亏欠情形，从语词、句法和语篇三个层次进行了实证分析和研究；在法律解释

---

① 李克兴、张新红：《法律文本与法律翻译》，中国对外翻译出版公司 2006 年版，第517 页。

② Deborah Cao, *Translating Law*，上海外语教育出版社 2008 年版，pp. 7，114。

原则和方法指导下，我们以法律等效作为判断标准，厘析了译文表达上法律等效的亏欠点，归类总结了各层次常见的法律等效表达亏欠类型（词汇方面：词义表达上法律等效的亏欠、用词表达上法律等效的亏欠；句法方面：常见句型表达上的法律等效亏欠、译文主述位设置上的法律等效表达亏欠、句法表达上法律英语效果失真；语篇方面：语篇结构保留上法律等效表达的亏欠、语篇结构上法律等效表达需要的创新），并逐一举例说明论证。同时也在各种法律等效表达亏欠类型中揭示了法律等效表达亏欠的原因，主要包括翻译活动中（理解、转换、表达、验证）法律解释运用的缺失，如表达中的理解环节缺乏法律解释，译者英语、法律英语表达能力不强，法律等效意识不够，等等。

第三节　法律等效表达规则与方法

通过前面的论证与分析，理论上和实践中都明确了法律解释原则和方法对我国立法文本英译中法律等效表达的必要性和重要性，也证实了法律等效内涵对立法文本英译活动有效的指导性和操作性。为避免前文分析的法律等效表达亏欠，我们将立足法律解释原则和方法，以法律等效实现为目标和标准，综合运用语言学、语用学、翻译学、法律语言学理论与方法，进行法律等效译文表达实例演示，以搭建我国立法文本英译中具有操作性的法律等效表达常规程序和方法。

首先需要说明的是：（1）这里的讨论分析是建立在原文理解在语言、法律层面上准确全面、无理解失真基础上的，且只限于讨论译文表达的法律等效问题，不具体讨论法律文本翻译中的理解和验证环节问题。当然，理解和验证是表达的前期和后续环节，在表达构建和表达效果验证中会不可避免地涉及，但这里的讨论是以追求法律等效目标为目的的。（2）选用范例是为了阐明法律解释指导下的法律等效表达程序和方法，范例仅用来阐释常规程序、常用方法和普适性规则。不同立法文本的具体内容和形式各有差异，适宜法律解释方法、具体等效内容以及追求等效的具体方法自然也有相应的灵活性，但常规程序、方法和规则往往是通用性的，有普遍的指导意义和实际操作价值的。

我们将以第二章中提出的"法律解释运用下的法律翻译活动流程（图

2-1）"为基线，以《中华人民共和国民法通则》第41条的译文表达为例来展示法律解释运用下的法律等效表达程序和方法。该法条的立法原文是：

"全民所有制企业、集体所有制企业有符合国家规定的资金数额，有组织章程、组织机构和场所，能够独立承担民事责任，经主管机关核准，取得法人资格。

在中华人民共和国领域内设立的中外合资经营企业、中外合作经营企业和外资企业，具备法人条件的，依法经工商行政管理机关核准登记，取得中国法人资格。"

一　法律等效表达的操作起点

法律等效表达是以原文理解形成的真意法律效果为出发点和操作起点的。

（一）法律解释运用下的法律等效内涵分解：从法律等效目标出发，用法律解释方法理解原文的法律内涵

1. 立法意图（目的解释、体系解释）

该条文是出现在我国《中华人民共和国民法通则》第三章"法人"第二节"企业法人"部分的第一个条文，立法者希望通过该条文确定我国两类企业法人（全民所有制企业、集体所有制企业）和三类涉外企业法人（中外合资经营企业、中外合作经营企业、外资企业）在中国取得法人资格的实质要件和程序要求。

2. 法律信息（文义解释、体系解释）——两款、六个法律信息点

（1）全民所有制企业、集体所有制企业要取得法人资格。

在实质要件上须具备三个方面的要件：a. 有符合国家规定的资金数额；b. 有组织章程、组织机构和场所；c. 能够独立承担民事责任。

在程序上须经主管机关核准。

（2）中国境内的中外合资经营企业、中外合作经营企业和外资企业要在中国取得法人资格。

在实质要件上须具备法人条件。这里就有必要考证如何才能具备法人条件，查阅本章第一节第37条的规定发现法人须具备：依法成立、有必要财产或经费、有自己名称、组织结构和场所、能够独立承担民事责任的实质要件。相较于前款全民所有制企业、集体所有制企业，没有要求一定要有符合国家规定的资金数额。

在程序上须依法经工商行政管理机关核准登记。

3. 立法语言独特性（文义解释、体系解释）

独特性的法律术语：企业类型（全民所有制企业、集体所有制企业；中外合资经营企业、中外合作经营企业、外资企业）。译者需要在我国民法语境下考虑各术语的法律内涵，为术语表达用词选择奠定基础。

独特性的句法结构：重要信息后置，大量并列结构堆砌。

语篇结构：两款，不同法律主体，同性质的法律行为。

4. 法律适用效果（文义解释、目的解释）——法律语言学立法文本的操作分析

在考虑法律适用效果时，可以参考英国律师乔治·库德提出的四种成分解剖方式来分析条款中情形、条件、法律主体和法律行为。① 这是法律解释与法律语言学结合的分析方法，可以更有效地将条文中法律效果程式地准确提取出来。

具体到该条中：

第一款

情形：有符合国家规定的资金数额，有组织章程、组织机构和场所，能够独立承担民事责任，取得法人资格；

条件：经主管机关核准；

法律主体：全民所有制企业、集体所有制企业；

法律行为：取得法人资格。

第二款

情形：具备法人条件；

条件：依法经工商行政管理机关核准登记；

法律主体：在中华人民共和国领域内设立的中外合资经营企业、中外合作经营企业和外资企业；

法律行为：取得法人资格。

（二）形成原文真意法律效果

1. 立法意图

确定两类企业法人（全民所有制企业、集体所有制企业）和三类涉

---

① 参见李克兴、张新红《法律文本与法律翻译》，中国对外翻译出版公司 2006 年版，第535 页。

外企业法人（中外合资经营企业、中外合作经营企业、外资企业）在中国取得法人资格的实质要件和程序要求。

2. 法律信息——两款、六个法律信息点

（1）全民所有制企业、集体所有制企业要取得法人资格。

在实质要件上须具备三个方面的要件：a. 有符合国家规定的资金数额；b. 有组织章程、组织机构和场所；c. 能够独立承担民事责任。

在程序上须经主管机关核准。

（2）中国境内的中外合资经营企业、中外合作经营企业和外资企业要在中国取得法人资格。

在实质要件上须具备法人条件：依法成立、有必要财产或经费、有自己名称、组织结构和场所、能够独立承担民事责任。

在程序上须依法经工商行政管理机关核准登记。

3. 立法语言独特性

独特性的法律术语：企业类型（全民所有制企业、集体所有制企业；中外合资经营企业、中外合作经营企业、外资企业）。

独特性的句法结构：重要信息后置，大量并列结构堆砌。

语篇结构：两款，不同法律主体，同性质的法律行为。

4. 法律适用效果

第一款

情形：有符合国家规定的资金数额，有组织章程、组织机构和场所，能够独立承担民事责任；

条件：经主管机关核准；

法律主体：全民所有制企业、集体所有制企业；

法律行为：取得法人资格。

第二款

情形：具备法人条件；

条件：依法经工商行政管理机关核准登记；

法律主体：在中华人民共和国领域内设立的中外合资经营企业、中外合作经营企业和外资企业；

法律行为：取得法人资格。

二 法律等效表达的宏观策略

以转换过程中法律解释指导下的法律等效思考为前提，在原文真意法律效果基础上思考转换各项法律效果，以确定法律等效表达宏观策略。

（一）立法意图（普通法的字义解释规则）

要明确体现该条的立法意图，句式表达上要明确、清晰体现法律主体、法律行为，可以选用主谓宾的主干结构；实质要件和程序要求要明确、全面，用条件句来表达实质要件，用状语来表达程序要求。

（二）法律信息（普通法的字义解释规则，我国法律的体系解释）

句法结构上，前面已形成的宏观结构在法律信息层面再进一步具体化：第 1 款三个实质要件会形成并列结构，共用条件句的主语；程序要求可以形成并列结构（核准和登记）；第 2 款法律主体形成并列结构，共用状语表达地理范围上的限制，程序要求同样形成并列结构，实质要件未与其他条文规定相冲突，所以遵照原文表达。语词层面上，术语必须法律内涵准确，用词要精准、搭配得当。

（三）立法语言独特性（普通法的字义解释规则、黄金规则、除弊规则）

独特性的法律术语必须查实真实法律原意，表达选词在英美法律语境中不能形成歧义或者与其他概念相混淆，并体现中国法律特色。

独特性的句法结构：根据法律英语立法文本句法特点，重要信息前置，大量并列结构以从句或状语处理。

语篇结构：两款结构不变，不同法律主体，不同主语；同性质的法律行为，谓语、宾语相同。

（四）法律适用效果（普通法的字义解释规则）

法律主体、法律行为主干结构清晰，运用条件从句或者状语结构来表达条件和情形。

三　法律等效表达的具体构建

在法律解释指导下进行译文的选择和表达。

（一）从原文真意法律效果出发，根据转换中确定的表达宏观策略，构建语篇、句法结构

1. 语篇结构构建

两款语篇结构保留。

2. 句法结构构建

（1）两款的句法主干结构类似：法律主体做主语，法律行为由谓语、

宾语来承担，形成：主语+取得+（中国）法人资格的结构。

（2）第一款情形用"if"条件从句句引导，条件可以用分词结构作为状语来表达，形成："if it has"三项并列情形的从句（也可以考虑"when"引导的条件从句）和"approved by and registered with…"状语结构。

（3）第二款中的情形和条件均可以综合成为条件从句，形成："when approved by and registered with…as…"。

两款条件的内容不一，所以在句法结构安排上不同；形式结构虽然不同，可是法律上是等效的。第二款考虑将情形和条件融合成一个条件从句是"从法律语言表达简洁、精炼角度考虑的"①。

（二）从原文真意法律效果出发，根据转换中确定的表达宏观策略，选词表达

1. 法律专用术语②选词表达（我国法律解释的文义解释，普通法的字义规则、黄金规则、除弊规则）

（1）全民所有制企业、集体所有制企业：

a. 查证双语字典发现，全民所有制企业有"state-owned enterprise""enterprise owned by the whole people"③两种译法；

b. 核实我国法律语境下该术语的内涵："全民所有制企业是企业法人以生产资料所有制性质为标准而作出的一项分类"④，是生产资料归全民所有的企业形式。

c. 选词：由前两步可见，两种译法从法律内涵上来看均是等效的，但是第一种方式更加直观明了地体现了该企业所有制形式的本质特征，也很吻合法律英语简明清晰的形式要求，所以选择第一种译法。同理，集体

---

① 李克兴、张新红：《法律文本与法律翻译》，中国对外翻译出版公司2006年版，第201页。

② 法律术语分为两类：专用术语与人工术语。专业术语是指那些"具有明确、特定的法律上的含义，不会一词多义可以非常准确地表达复杂的法律概念，法律资讯负载量很大，其他词汇无可替代"的术语，而人工术语则是指"进入法律语言之后被赋予了特定的法律含义的民族共同语"。参见李克兴、张新红《法律文本与法律翻译》，中国对外翻译出版公司2006年版，第535页；李克兴《法律翻译——理论与实践》，北京大学出版社2007年版，第33页。

③ 程超凡主编：《英汉—汉英双向法律词典》，法律出版社2007年版，第286页。

④ 梁慧星：《民法总论》，法律出版社2004年第2版，第131页。

所有制则可以选择"collective-owned enterprise"。

d. 目的语验证：目前这种译法是主流译法，均已经获得普遍认可，但通常情况下对于创新性的专业术语，还需要再去英美法语境下验证选择的译文表达在目的语境中的法律效果，要避免与目的语境中已经存在的专业术语概念混淆或者可能存在的歧义、误解。

e. 确定选词并进行表达。经过在目的语境中验证核实，"state-owned""collective-owned enterprise"在目的语境中均无其他歧义或者可能存在的误解，可以选用。

（2）中外合资经营企业、中外合作经营企业、外资企业。

对于这一组词，同样也应遵循前例中的五个步骤来确定译文表达。而这一组是根据中外企业的具体合作模式来分类的，同前组的两类企业一样，在词语选择时要抓住概念的本质特征，选择可以体现其本质特征的语词表达，使目的语读者可以更为直观地进行字义解释，实现法律等效。中外合资经营企业是通过中外双方共同注资的方式来建立企业，实现对企业的管理，本质上这是一种合资合营的模式，所以这时候"合资"一词不应该直译成"joint capital"或者"joint investment"，《企业》也不应简单地选择"enterprise"，而应该理解成资本合营的合资企业。此时通过字义解释就会很自然地联想到"equity joint venture"，这一译文表达虽然不是词对词的对等，却抓住了概念的核心本质，并直观地表达出来，使目的语读者从字面上就可以解读出这种企业的核心特质，是实意对等的译法。同理，合作经营企业译成"cooperative joint venture"，虽然字面对等了，可是本质特征还没有体现，若能运用法律解释洞察到合营合同对该类企业合营的根本指导和规范作用，将"cooperative"换成"contractual"，其法律特征立马跃然纸上，一目了然，法律对等在目的语境中更有效率地实现了。

此外，同样的步骤和方法也应运用到其他专业术语表达中，比如组织章程、组织机构等，此处就不再一一赘述了。

2. 法律人工术语选词表达（我国法律解释的文义解释，普通法的字义规则、黄金规则、除弊规则）

这类术语在第41条里有法人资格中的"资格"。作为具有特定法律意义的词，人工术语与专用术语一样也需要经历五个步骤来选词、确定表达，但与专用术语不同的是，人工术语往往不一定是有严格一一对应的术语表达，其在原语中有能产生法律效果的特定意义，但是在目的语境中也许可以采用短语，甚至是不译的方式来处理。比如第 41 条中的"资格"与非法律语言中获得某项认证资格中的"资格"是不一样的，所以这里不能选用"qualification"。经过对原文的文义解释，我们可以清晰地看到该条文中的"资格"是一项法律主体状态的认定，译者便可联想到选用"obtain/acquire the status of"，陈忠诚更进一步地选择了"acquire legal personality"① 的译法，原文法律效果立刻准确清晰表达出来，让人感觉痛快淋漓。由此也可以看出，只有全面深刻地阐释了原文的法律效果，在精准译文表达能力作用下，法律等效的翻译才能实现。

3. 根据语词搭配规则和法律解释结果，选词表达

除了语法规则支配的语词搭配原则（动宾搭配、介词搭配等，如根据动宾搭配规则，条文中的"承担民事责任"可确定谓语动词为"bear"或者"assume"，因为宾语的中心词是"责任"）外，法律解释在选词上发挥着很重要的指导作用。例如，第 41 条第 1 款出现的"符合国家规定的"这一定语，根据英语句法结构，这一实质要件在句法结构构建中确定为 if 引导条件句的第一个情形，主干结构是："if it has sufficient funds"，那么作为定语修饰"funds"的"符合国家规定的"可以采用"as provided by the state"表达予以后置，这样句式结构上实现了地道的法律等效表达。有的译本对于"规定"两字，习惯选用"stipulate"这个词，但在法律英语语境中按字义规则释义"stipulate/ stipulation"的本义会发现其主要是用在合同约定行为之中，② 不具备表达法律规定的意思。虽然在汉语中其也常被翻译成"规定"，可这个"规定"是合同的规定而非法律的规定，所以这里不能选择"stipulate"。由此可见，选词不仅发生在语义层面，也发生在法律层面，二者缺一不可，而且法律层面有着更深层次的意义和对等价值。

（三）确定词语、句法、语篇表达选择后，初步表达

经过上文的 1、2 两步，从宏观到微观逐步确定了语篇、句法、词语的表达选择之后，译者要初步表达出完整的译文了。第 41 条的译文经过

---

① 陈忠诚：《〈民法通则〉AAA 译本评析》，法律出版社 2008 年版，第 49 页。

② Bryan A. Garner, *Black's Law Dictionary* (*Tenth Edition*), Thomson Reuters West Publishing Co. , 2004, p. 1641；薛波主编：《元照英美法词典》，法律出版社 2003 年版，第 1294 页。

前面 1、2 两步的分析和确定，可以初步表达为：

"A state - owned enterprise or a collective - owned enterprise acquires its legal personality upon being approved by and registered with the competent agency, if it has sufficient funds as provided by the State; its own articles of association, organizational structure and premises and full ability to bear civil liabilities.

A Sino - foreign equity joint venture or a Sino - foreign contractual joint venture or a fully foreign capital enterprise established within PRC territory acquires its PRC legal personality, when lawfully approved by and registered with the competent industry and commerce administration agency as competent juristic person. "

（四）从语言、法律等效层面审查初步表达，确定表达—— 验证环节的开始

在初步表达完成后，译者需要从语言层面（包括语义对等、语用效果对等、语法准确等）来重新审核初步表达，如在第 41 条初步表达中可以发现，在语言层面上两款译文的主语有可以共用的成分，可以进一步精简；在句法层面，第二款可以将谓语和宾语分开，将从句放置中间，这样整个句子结构可以更加均衡一些。

更重要的是译者还需要从法律等效的角度将译文表达独立地放到英美法律语境下进行解释，看是否能够与原文法律效果对等，这也是验证环节的开始。当译者发现有不对等情况时，还需要对译文表达再做调整。表达与验证是相辅相成的，并非完全各自独立的。在第 41 条的初步表达中，从语言层面来看，第一款的 "upon being approved by and registered with the competent agency" 这一译文表达是准确的，可是与法律语言精简高效的要求还有距离，译文可以进一步精简成："on approval by and registration with the competent agency"。采用名词结构虽然只比分词少了几个字，可是遣词的精确简洁感要强很多。

因此第 41 条的最终译文表达确定为：

"A state - or collective - owned enterprise acquires its legal personality on approval by and registration with the competent agency, if it has sufficient funds as provided by the State; its own articles of association, organizational structure and premises and full ability to bear civil liabilities.

A Sino - foreign equity, or contractual, joint venture or a fully foreign capital enterprise established within PRC territory acquires, when lawfully approved by and registered with the competent industry and commerce administration agency as competent juristic person, its PRC legal personality."

当然，译文表达的确定还只是验证环节的开始，译者还可以再次对译文进行更为深层次的语言、法律层面的理解和解释，核对译文与原文效果。在检验比对过程中，译者如果发现还有其他更佳的译法，可以再进一步优化译文表达，如就第 41 条的译文表达而言，陈忠诚对该条第 2 款的"具备法人条件"，选用了"full-fledged juristic person"[1] 这一译法。这个译法很生动，也是法律等效的，但过于艺术感，与法律语言的庄严、权威感不太相称，从立法语言独特性对等这一角度考虑，保留原来的"competent juristic person"译法可能会更好。

四　法律等效表达的方略总结

从前面的演绎中我们清晰地看到了在法律解释原则和方法指导和运用下，紧扣法律等效的具体内涵，汉语立法文本英译的法律等效表达需要经历如下步骤和环节：

第一步：法律等效表达的基础和出发点——原文理解形成的法律真意。

第二步：法律等效表达宏观策略确定——转换过程中法律解释指导下的法律等效思考。在原文真意法律效果基础上思考转换各项法律效果、确定表达宏观策略。

第三步：法律等效表达实际操作——法律解释指导下的译文选择和表达。

（一）从原文真意法律效果出发，根据转换中确定的表达宏观策略，构建语篇、句法结构

（二）从原文真意法律效果出发，根据转换中确定的表达宏观策略，选词表达

（1）法律专用术语选词表达。

（2）法律人工术语选词表达。

（3）根据词语搭配规则和法律解释结果，选词表达。

---

[1]　陈忠诚：《〈民法通则〉AAA 译本评析》，法律出版社 2008 年版，第 49 页。

（三）确定语词、句法、语篇表达选择后，初步表达

（四）从语言、法律等效层面审查初步表达，确定表达——验证环节的开始

这些常规步骤、环节中的每一步都在运用法律解释规则选用恰当的法律解释方法去面对各个语法层面的问题和选择，不断追求实际的法律等效；法律解释在这些固定步骤和环节中的灵活运用也可以帮助译者更准确地把握立法文本的真实法律内涵，从法律层面上有方向地、有效率地调动自己的翻译能力，选择最恰当、最等效的表达方式，使译文的表达活动变成了有意识、有步骤、有方法、有实际衡量标准的规律性操作行为，将汉语立法文本英译表达工作变成有程序、法律解释、法律等效保障的有序创作活动，能很好地将翻译的科学性和艺术性有机地融合在一起。

纵览本章讨论，从法律解释对汉语立法文本英译法律等效表达的理论基础供给出发，从理论和实例上分析了法律解释原则和方法对法律等效表达的必要性和重要性，并将奈达的等效理论在汉语立法文本翻译中进一步发展成法律等效，提出了法律等效的四项具体内涵：立法意图等效、法律信息等效、立法语言独特性等效、法律适用效果等效。同时，还论证了法律等效内涵与法律解释的互动关系，追求法律等效的过程也是法律解释原则和方法灵活运用的过程。以理论建构讨论为基础对现有国内外我国立法文本英译表达法律等效亏欠情形进行分析，运用法律等效内涵发现法律等效表达亏欠点，并从微观到宏观的语词、句法、语篇三个层次对法律等效表达亏欠情形进行分类，剖析了造成法律等效表达亏欠的原因，发现翻译活动（理解、转换、表达、验证）中缺乏法律解释的指导与运用、译者英语、法律英语表达能力不足、法律等效意识不够与运用缺乏是三大最重要的原因。为了在翻译实践中避免法律等效表达亏欠的发生，有效地保障法律解释的有序运用和法律等效的真实实现，在理论论证和实例说明的基础上，从宏观到微观系统、有序、全面地提出了汉语立法文本英译真意表达的步骤和方法；将法律解释方法、法律等效内涵有机地融入其中，构建起了明确的、有操作性的英译法律等效表达的具体步骤，并明确了各步骤中译者需要完成的任务和实现的目标，使整个译文表达活动在程序、法律解释、法律等效保障下，能有序发挥译者的创作和表达能力，将主观性较强的法律等效表达活动变成了有客观程序、标准、方法保障的创作活动。

第六章

法律解释与目标语言的达意验真

翻译验证是法律翻译最后的"对等检验"环节,旨在考量翻译文本是否达到了对原文再现的目标。翻译验证现有的理论主要局限于语言学和翻译学理论,这就使得法律翻译很少从法学理论出发进行验证。法律语言本身是一个重解释的语言,离开了法学理论的对等检验容易存在瑕疵,有时候甚至会产生致命的纰漏。目前,译者没有充分利用法律解释理论来为法律翻译实践服务,翻译验证因法律解释方法的缺位给法律翻译造成了巨大的障碍。在前几章所涉的理解与表达环节,立法文本翻译经过了"a. 原语环境下的原文理解","b. 形成原文效果(译者对原文的理解)","c. 思考将原文理解转化成译文","d. 按照译文规则编码表达"这四阶段,其后译文便进入至关重要的最后一个环节——"达意验真"。

"达意验真"源于普通翻译学中的"回译"概念,也可称为"反译",英文表达为"back translation",是指将译语再翻译回源语的过程。简单地说,回译就是把甲种语言译成乙种语言后,再把乙种语言译回成甲种语言。回译是另一种形式的翻译,在回译过程中,原来的译语变成了源语,而原来的源语变成了译语。"回译是个特殊的翻译过程,它是前一翻译过程的回逆。同正常的翻译过程相比,译者回译时的自由度要小得多。"①由于法律翻译的特殊性,在遵守翻译普遍原则的同时,法律翻译有基于自身特点的特殊原则,体现在法律翻译的"等效性、准确性、严谨性和专业

---

① 刘倩:《力求唯真求实——浅谈翻译中的"还原"问题回译》,载《福建省外文学会2007年会暨华东地区第四届外语教学研讨会论文集》,2007 年 12 月 1 日。

性"①上，所以法律翻译必然需要这样的"回译"过程。法律翻译最关键的标准和核心原则是准确不失真，法律等效是法律翻译追求的终极目标，因此在翻译验证环节利用法律解释规则对译文的法律等效表达进行达意验真，就显得特别重要，为此本书特提出"达意验真"这个概念，用以凸显性表述法律翻译的"回译"验证环节，强调法律效果对等检验以确保法律翻译准确不失真的重要性。法律翻译的"达意验真"包含"达意"和"验真"两方面内涵，要经历三个子步骤，分别是"a. 为了验证译文效果对译文进行译文环境下的理解""b. 形成译文效果（译者对译文的理解/译者预期读者对译文的理解）""c. 将译文效果与原文效果对比检验是否实现法律等效"。法律翻译的终极目标是实现译文效果与原文效果的法律对等，首先应求"达意"。"达意"相当于严复所提"信、达、雅"中的"达"，是普通翻译学中的概念，而"验真"中所需要检验的"真"则不仅限于"信、达、雅"中的"信"，它包括了法律层面的"等效"和一定程度的"雅"。具体而言，"验真"主要是检验以下三个维度的"真"：一是验证翻译过程的严谨性，此为"逻辑真"；二是验证翻译（解释）方法的合理性，此为"方法真"；三是验证译文结论的妥当性，此为"结论真"。第一、二个维度主要从程序上保证翻译过程的科学性，第三个维度则是从实际产生的效果上把握译文的法律等效性。二者结合起来检验整个翻译流程的合理性和所得出结论的"真"伪性，以期有效地避免法律翻译表达失真，更好地指导未来的法律翻译实践。法律解释视域下的"达意验真"旨在通过运用法律解释方法指导普通翻译学中的"回译"环节，形成法律解释视域下特有的"达意验真"环节，保证法律翻译的法律等效，"验真"中的任一环节都包含法律解释的验证参与，能够有针对性、更专业地验证法律文本翻译表达的法律等效效果。

第一节 传统翻译验证审视

  法律翻译虽然不同于法律适用，或是法律适用的前提条件，或是进行法学研究的一个工具，但是法律翻译仍然不可马虎，因为这可能直接影响

---

① 熊德米、熊淑丹：《法律翻译的特殊规则》，《西南政法大学学报》2011 年第 2 期。

到利用目的语的译文读者对法律文本内容的了解和掌握，甚至是在法律传承中以讹传讹造成不可挽回的错误。因此，法律翻译应该遵循法律适用中对法律条文理解和解释的准确严谨性要求，运用法律解释原则和方法在法律文本翻译最后环节将译文表达错误与失真扼杀在摇篮中。但目前法律解释理论只是在翻译的理解和表达环节中偶有涉及，在翻译验证环节的运用并不多见。离开法律解释的法律翻译和翻译验证，犹如穿着法律光鲜亮丽的外衣，实质却是一个没有法律灵魂内核的躯壳，不能终极地表达出法律的精髓。

一 翻译验证的传统方法

传统翻译验证方法理论主要来源于语言学和翻译学，具体的验证方法有基于语言学理论的方法和基于翻译理论的方法之分。

（一）基于语言学理论的验证方法

裁判者视角和职业化技能的强化使得立法文本的特征与普通文本的诗化特征和抒情特色冲突，取而代之的是庄重、严谨、规范的文本风格，艺术性也被其事务性取而代之。因此，语言学验证方法往往是基于以下五大语体特征来检验立法文本的译文表达，以求表现出立法文本特定的约束性和庄严性：第一，验证语言的规范性，措辞应达到简明和准确，严格选用法律术语；第二，验证是否符合法定化格式或程式化特征；第三，验证语体上的推理和逻辑体系，译文应当对相应的理由及其依据的法律条款进行科学严密的推理分析，内容表述应当具有逻辑性；第四，验证语词运用的模式化，应当采用通用语词和专业术语相结合的范式，排斥口语词和其他方言的使用；第五，验证句法是否完整严谨，不得采用疑问语气和感叹语气。[①]

（二）基于翻译理论的验证方法

基于翻译理论的验证方法，其理论基础主要是翻译学本体理论的"等效论"，其验证标准是译文是否达到与原文等效，等效的三个基本概念是：接受者概念、效果概念、对等概念。

一般而言，对翻译的探索仅是原文到译文的转化，翻译过程在译本得出后便结束了。但是，依据等效理论，翻译的完整过程必须包括译文被读

---

① 余素青：《法律语言与翻译》，复旦大学出版社 2011 年版，第 35 页。

者接纳，强调"接受者概念"。如果其中有一部分译文是读者无法体会的，那么这一部分就是"没有完整实现翻译的意图，没有完成翻译的目标"①。因此，在翻译验证时，译者需要清楚明了两种接受者的语言，依靠目的语语感来检验译文是否对读者起到同样效果，并对源语感的阻碍进行有效排除。

译文仅仅使接受者理解还不够，还必须能"使他们以行动作出反应"②。接受者的反应和行动是一个重要的反馈，可以说明读者对译本理解和感受的程度，译者可以在翻译完成之后从中检验译文的翻译质量。接受者从中所获得的一切理解和感受包括"主要精神、具体事实、意境气氛三大要素"③，验证翻译过程中是否真正以等效为目标，实际上就是验证这三大要素是否被全面实现。实践中，最常见的倾向是"重意境而轻事实，即译者把重心放在意境上，却忽略文章的精神实质"④。

翻译中的对等性是综合性的要求，对等并非是死板地对语义学、语言学等方面的对等性进行考量，而是要借助于文化积淀和语言艺术，整体考虑各方面因素。法律翻译的验证中需要"检验在法律效果上是否对等，这也是所有严肃的翻译人员追求的必然目标"⑤。

二　法律解释在传统翻译验证中的缺位

对于一般文本翻译，依靠翻译学和语言学的验证方法基本能够满足回译检验要求，以验证译文是否等效达意；对于法律翻译而言，无论是学术论文还是官方文本，尤其是法律文本，仅靠翻译学和语言学的验证方法则不足以满足翻译验证的要求。综观各项专著、科研报告、论文，暂未查阅到有关法学理论对法律翻译验证环节的研究痕迹，这说明法学理论在法律翻译验证上的运用还非常亏欠。对于法律文本翻译而言，相关法学理论需要被运用在翻译的全过程之中，如果回译的过程缺乏法律解释理论检视，则回译也只是架空在语言的躯壳上，无法触及法律的灵魂。以下早期中英

---

① 金隄：《等效翻译探索》（增订版），中国对外翻译出版公司 1998 年版，第 16 页。

② Eugene A. Nida and Charles R. Taber, *The theory and Practice of Translation*, Leiden: E. J. Brill, 1969, p. 24.

③ 金隄：《等效翻译探索》（增订版），中国对外翻译出版公司 1998 年版，第 18 页。

④ 同上书，第 19 页。

⑤ 同上书，第 22 页。

条约法律文本的误译问题充分说明：缺乏了法学理论参与的验证，法律翻译目标无法得以成功实现，可能严重影响国家之间的正常交往，甚至成为一项争论不休的历史问题。

表 6-1　　　　　　　　　　　　　《南京条约》误译列举①

序号	英文官本	中文官本	老麦回译英文本	屈文生官本中译本
第三条	Cede	给予	Bestow	割让
第十条	His majesty the emperor of China agrees to establish at all the ports which are, by the second article of this treaty, to be thrown open for the resort of British merchants, a fair and regular tariff of export and import customs and other dues, which tariff shall be publicly notified and promulgated for general information	前第二条内言明开关俾英国商民居住通商之广州等五处，应纳进口、出口货税、饷费，均宜秉公议定则例，由部颁发晓示	When according to the 2d article of the present treaty, the barriers are opened, and the merchants and people of England are allowed to dwell in the five ports of canton, & c., for the purpose of commercial intercourse, they must pay the import and export duties and charges, according to the tariff to be equitably arranged, and issued by the proper board, for general information	中国皇帝陛下同意制定一部公平、正常的进出口海关税和其他费用的关税表，以适用于依本条约第二条向不列颠商人开放的所有港口，且该关税表应予公布晓示

　　由于历史原因，清朝政府放弃使用本国译者的权利，因此中文官本是由外国译者汉译而成。"若以此中文官本英译得出的结论被大众所接受，后果将不堪设想"②，"老麦"的回译本中将"给予"译为"bestow"，"割让"的含义是被彻底淹没的。③ 若在当初拟定官本时就做好法律翻译验证工作，对其进行法律解释验证，这样的问题原本是可以避免的。

　　此项译本该如何进行法律解释验证？根据法律解释序位规则，我们首先采用文义解释方法对译本进行验证，由于英文官本和英文回译本的用词内涵和外延不确定，因此需要首先确定文义的可能范围。查《布莱克法律词典》（第 10 版），"cede"的含义为："1. to surrender or relinquish; 2. to assign or grant;"而"bestow"的含义为："to convey as a gift"。二词的核

---

① 屈文生：《早期中英条约的翻译问题》，《历史研究》2013 年第 6 期。

② 同上。

③ 同上。

心文义都是"给予",要澄清边缘文义的含义则需要借鉴历史解释和目的解释。历史解释是考察立法资料,具体确定立法者的意思来确定法条或文本内涵的一种解释。这里并无原始的立法资料,只有译本的官本材料,但根据史料和国人的常识,条约第 3 条规定把中国香港割让给英国,使得中国香港成为英国侵略中国的桥头堡。这里的"给予"绝非积极意义上的"赠与",而是消极意义上的"割让"。这时边缘文义便很容易确定下来了,"给予"的外延不能掩盖"消极程度",因此不应采用中立词,更不应采用积极意义的词汇;"给予"这个中立词汇有隐藏"赠与"意义积极词性的可能,是万万不可取的。由此可见,中文官本"给予"是个误译,在翻译逻辑和翻译结论层面严重失真,会让后人以及国际上对中英关系的认知产生误解,应该按照屈文生译本的译法译为"割让"。

此外,第 10 条中关于关税的制定,从英文官本"agrees to"一词中可见,是"同意制定"的含义,却在中文官本中定义为"议定",这便成为所谓"议定关税"的依据。该条原义仅是中国皇帝陛下"同意制定"一部关税表而非"议定"关税,但是却可能正因如此,近代中国因该条款丧失了关税自主权。①

由此可以说明运用法律解释原则和方法进行法律翻译验证是必需的,非常重要的。

三　法律解释验证方法缺失下的法律障碍

缺乏法律解释验证方法进行法律文本翻译验证容易导致译文表达的失真。失真的法律文本翻译不仅使得法律文化交流感到困难,影响到法律的教学传播,也会使得法律传承受阻,加大法律实施的障碍,最终威胁到法律实效的实现。

(一) 法律文化交流困难

国人在翻译"地主"概念时,常常会将其与"landlord"混为一谈。在社会主义主流文化里,"地主"属于贬义词汇,和"地主分子""地主阶级"等词性是相同的。然而在英美传统文化里,"landlord"却多是指那些举止优雅、有绅士风度的土地所有人或出租人,属于褒义词,或至少是中性词。因此,在法文化交流过程中导致许多中国读者一听到英美法的

---

① 屈文生:《早期中英条约的翻译问题》,《历史研究》2013 年第 6 期。

"landlord" 就联想到中国的 "地主"，然后将各种否定性含义加进自己的理解范畴，在国际交流中造成障碍。

我国一些译者将治安行动中的 "不准动" 直接译为西方国家常用的词语 "halt"，以体现目标语言的本土效果，方便大家理解。然而，美国各州的治安法与中国法律规定有一个重要区别，那就是 "丝毫不准动" 的内涵大不相同：中文的 "不准动" 的含义较宽松，被命令的人只要停止逃跑并不做大的反抗动作就可以；而美国法律规定中的 "halt" 却是相当严格，被命令的对象不准有任何躯体动作，包括手、身体其他部位，甚至语言。中国的赵某被美国警察喝令 "halt" 时，她马上站住，但是她把手放进包内掏护照的动作却 "引得美国警察对她进行武力行为"①。赵某和许多国人很难理解美国警察的行为，但是在当地文化意识下这种行为属于正当职务行为的范畴，是在正当履行公务。

由于我国法律与英美等普通法系在历史、传统、文化和体制上有很大的差异，在汉英法律翻译过程中必然会发生文化冲突和碰撞，翻译失真将给文化的交流带来巨大阻碍。为解决此种问题，译者必须熟悉和掌握法律语言语内解读和语际交流的策略和技巧，从法律解释理论出发在翻译回译中对译文表达作进一步的推敲与考量。

（二）法律教学传播谬误

"民事法律行为" 这一概念是一直让人感到困惑不解的一个概念，因为翻译过程中发生的表达失真使得不少人一直将 "法律行为" 和 "法律交易" 互相混淆。20 世纪的中国在制定民事法律过程中对西方制度进行了借鉴，但在有些方面并没有系统地对其进行研究，且没有深入地去了解西方的相关制度。我国曾在清末民初借鉴了日本的 "法律行为" 这个概念，但是殊不知日本的 "法律行为" 是在借鉴德国的 "法律交易" 得来的。"民事法律行为" 术语汉译失真可能源于德文法律术语的失真翻译。对于德文 "法律交易"（Rechtsgeschft）的英译有几种不同译法："juristic act" "legal transaction" 和 "legal act" 等。这些英文译法实际上都与德文表达的应有之义有一定程度的差别，尤其是 "legal act" 的译法与原文差别甚远，其含义实际上与德国法上的 "法律行为" 概念相对应。这对许

---

① 宋雷、张绍全：《英汉对比法律语言学——法律英语翻译进阶》，北京大学出版社 2010 年版，第 164 页。

多不了解德语法律文化的法律人容易产生误导，将"法律交易"的错误演绎得越来越远。这样的翻译失真对于法律传承所带来的影响是根深蒂固的，法律教学传播一旦出现某个环节的问题，则很容易以讹传讹，以后再想将其更正，则更是难上艰难。

（三）法律实施产生阻碍

法的实施是指法在社会生活中被人们实际的施行，法的实施包括执法、司法、守法和法律监督。法如果仅停留在规范范畴里，那只是一种书本上的法律，是应然状态的法律；法律的实施使其从抽象的行为模式变成人们的具体行为，使其从应然状态的法律成为实然状态的法律。

处理涉外案件时，如果所依据的外文法律文本翻译存有失真，则会大大加大涉外案件的处理难度，甚至造成裁判者的误判，因为借用外来法的时候往往需要将其译成中文文本，然后再加以利用。如果法律文本在翻译源头就出现了问题，后续的法律实施也就因此障碍重重，甚至无法进行。所以，法律翻译失真对法律实施的影响是不可小视的。

中国已以一个新兴大国姿态出现在世界舞台的今天，在"一带一路"倡议下，我国法律制度势必将大量地为域外国家或地区所关注，中国法律文本英译若出现过多的翻译失真问题，必然会阻碍相关法律制度的有效实施。译者在一定程度上肩负传播法律文化和制度性规定的使命，不允许有丝毫的马虎和大意。

（四）法律实现受到威胁

法的实现与从应然状态到实然状态的"法的实施"不同，法的实现须对法律实施情况进行评价，看法律究竟是否有实效以及实效是好或坏。要使法律产生实效必须以法的实施为条件，法律实现与法律实施的环节是紧紧相扣的，法律实施过程受阻将直接影响到法律实现的可能。法律实现的条件分为法律条件和社会条件，法律条件包括法律规范的科学和有效以及法律制度的健全和完善。法律规范和制度的科学和健全则要求法律文本必须规范、严谨，对于法律行业来讲，差之毫厘，谬以千里，因此欲良好地实现法律，必须有规范的法律文本，并且保证能够科学有效地被执行。由此可见，法律文本英译失真在一定程度上会阻碍法律的实施，必然会让法律的实现打折扣；一旦法律文本英译失真，法律的实现则会在不同程度上受到间接的威胁。

法律的文化交流、教学传播、实施与实现是环环相扣，缺一不可的。

一旦法律文本英译失真，接下来的环节就很容易脱节，甚至步步递推造成法律的扭曲。

第二节　法律解释于翻译验证之必要

法律翻译的验证是离不开法律解释方法运用的，因此法律翻译的最后一关"达意验真"需要译者具有卓越的源语言表达能力和相应的法律方法知识。对等检验是法律翻译的一个特别的独立步骤，在检验过程中译者应该做的"不仅是对自己的译文作出适当的语法分析和操作分析，应该依照翻译流程将自己的译文翻译成原文语言，然后检验其回译版本与原文的差别"①。现有法律翻译验证只靠一些翻译原则和语言学理论来进行是远远不够的，重要的是在翻译验证中加入法律解释的元素，将其与翻译验证有机结合在一起，成为翻译验证不可分割的部分。鉴于法律文本的特殊性，法律解释在此的使命是利用法律解释自身磅礴的生命力触及其特殊之处，成就一份完美的译本。对于法律翻译而言，违背立法原意、国家政策、法律常态的译文需要被舍弃，需要法律解释对法律文本译文进行修正。

一　回归立法原意

法律文本翻译须遵循立法本意，这也是翻译"忠实"原则对译者提出的更高要求，这就需要译者将立法者的意图和旨意原原本本地传达给译语读者。

《中华人民中外合作办学条例》第21条第2款规定"理事会、董事会或者联合管理委员会由5人以上组成，设理事长、副理事长，董事长、副董事长或者主任、副主任各1人。……"有译者英译为："The board of trustees, board of directors or the joint administrative committee shall be composed of five members or above with one chairperson and one vice-chairperson respectively…"

根据原文来看，理事长、副理事长，董事长、副董事长或者主任、副

---

① 李克兴：《英汉法律翻译案例讲评》，外文出版社2011年版，第97页。

主任等应当包括在"5 人以上"之内；而根据译文来理解，除了这"5 人以上"之外，还需要再设理事长、副理事长，董事长、副董事长或者主任、副主任各 1 人。这样一来，理事会、董事会或者联合管理委员会组成人员的基数就变成"7 人以上"了。这种翻译违背了立法者的原意，如果回译验证中不运用法律解释来帮助理解，是不容易被译者发现问题的。

如何做到忠实于原文且符合立法本意？在开始翻译时，译者需要认真体会原文，在必要时利用法律解释方法理解立法本意；在翻译完毕后，译者应该立即进行角色切换，化身为读者将译文与原文进行比对，以验证是否将原文全部信息正确迁移和转化传达。译者在阅读译文时首先要以原文的本意为标尺，来甄别译文中任何偏离立法本意之处；另外，译者又必须"忘记"原文的本意，假设自己对其一无所知，通过阅读译文来感知立法者的意图。

二　解释国家政策

我国立法文本往往会把那些长期稳定明确的国家政策法律化，立法文本英译中对法条的理解不应该与相关国家政策相背离。要做到符合国家政策，与符合立法原意的方法论相似，需利用法律解释原理去解读国家政策，不得胡诌和想当然地进行翻译。例如，我国《宪法》第 44 条规定，国家依照法律规定实行企业事业组织的职工和国家机关工作人员的退休制度。英译本译文为："The state prescribes by law the system of retirement for workers and staff in enterprises and undertakings and for functionaries of organs of state."原文很清楚地表达了国家是"实行"退休制度，但要"依照"法律规定，而原译文表达出来的意思仅包含"用"法律规定的退休制度，但似乎不必"实行"了，这使得译文与国家政策相违背。陈忠诚先生对此进行了改译："The state implements the retirement system both for workers, clerical or otherwise, of enterprises and for state functionaries in accordance with law."①通过"implements"对"prescribes"和"in accordance with"对"by"的替换则将原文"实行"和"依照"充分正确地体现出来，符合了我国的立法政策。

---

① 陈忠诚：《法窗译话》，中国对外翻译出版公司 1992 年版，第 162 页。

三　还原法律常态

局限性验证下的译文有时候会背离法律的常态，落为"法盲"译文，这在法律术语的规范统一上有较为明显的反映。译者由于缺乏扎实的法律功底，对英美法的了解亏欠，仅对中国的相关词汇知其然不知其所以然，得出的译文结论必然是解释痕迹明显的，无法达到"术语翻译术语"的程度，译文的规范化和专业化问题便会凸显出来。

如法律术语"侵权行为地法律"，我国的译者在《词语手册》（第70页）中给出的译法是："law of the place where the infringing act is committed"。该项译文在语法和内容上几乎还原了原义，但这样的英语表达尚不规范，在英美法上不该如此表达。遵照在目的语中有术语的情况下应该"以术语译术语"[①] 的翻译要求，我们应该以英美法上现成的法律术语"lex loci delicti"来翻译"侵权行为地法律"这一法律术语。具有一定英美法功底的译者完成了翻译之后，若能在查阅相关法律文献的基础上脱离自己的译文进行回译，就很容易发现英美法中的法律术语"lex loci delicti"与中国的"侵权行为地法律"是完全一致的，从而对译文进行修订，统一术语规范。

此例译文采用了法律解释方法进行翻译是可取的，但其解释性语言太过隆重。译文表达中的法律解释尤其要注意不能太痕迹化，以至于让译文读起来不自然，宛如教科书的口吻。解释应该尽量隐藏在字眼里，的确需要时才特别标注说明以更明确其题中应有之义。法律文字本来已经枯燥拗口，如果通篇都是解释性语句，则更让人觉得读来费力。因此，高明的译者应该学会将解释暗藏于文字之中，让译文读者读起来文字浑然天成，理解上又豁然开朗。

法律术语若长期、大量保持不统一，会使读者无法厘清概念与概念之间的关系，也使得译文不够专业，与法律文化融合不足。通过回译可以使译者跳出自己的思维，重新审视自己的译文，经过咀嚼和研究，将译文抛光甚至是升华。当然，这样的回译也是建立在译者具有扎实的中国法和英美法功底、具有强烈的钻研精神和认真对待翻译的态度基础之上的。法律

---

① 屈文生：《中国法律术语对外翻译面临的问题与成因反思——兼谈近年来我国法律术语译名规范化问题》，《翻译评论》2012年第6期。

与其他专业一样具有自身的常态，若总是表现出失常和错位，法律的严肃性和权威性也会受到质疑，因此，还原法律常态也是译者需要在回译过程中下大功夫之处。

第三节　法律解释于翻译验证之可能

从理论上讲，运用法律解释方法进行翻译验证对法律翻译是有着改良性功用的；在实践中，法律解释方法自身特征使得利用其进行翻译验证具有极强的可行性和易操作性。

一　法律解释方法符合翻译验证特性

法律解释是针对成文法所作的解释，是解释主体对法律文本进行阐释与说明的活动。从某种意义上来说，这或许就说明了"阐释与翻译之间的密切关系"①。法律翻译验证和法律解释具有很多共性，尽管二者也存有一些不同：翻译验证是将一种语言转译成另一种语言后的译语达意检验，而法律解释是对法律信息进行改造，将其源语言形式转化为单一的同语言形式。法律解释理论能否应用于法律翻译的验证之中取决于法律解释和法律翻译各自的特点，以及二者结合后互相协调、相互配合、共同推进而产生的新功能。

（一）法律解释与翻译验证活动本身存有共性

第一，具有共同的理解原则。语义原则是译者或解释者在理解原文本时需要共同遵循的一般理解原则。对于译者而言，追求的是一种法律人圈内的共识，"非法律人"（layman）的意识观念需要被杜绝，比如将刑法规定中的"缓刑"理解为"缓期执行"，把"假释"理解成"假释放"就是需要避免的。语法原则要求译者或解释者对文本的字词句进行合理分析以获知作者思路和本意。作者旨意原则要求译者或解释者探寻法律文本作者或立法者的意图。理性原则要求译者在翻译验证过程中以作者的立场对其译文进行重构性解读；法律解释者则需要在重现作者意图上对翻译漏

---

① 宋雷、张绍全：《英汉对比法律语言学——法律英语翻译进阶》，北京大学出版社 2010 年版，第 219 页。

洞和让读者困惑之处进行有效的阐释。

第二，都具有理解循环特征。对原文的理解和译文的验证并非纯逻辑的演绎，而是一个想象和移情的过程。从整体逻辑推导部分，又从部分把握整体的意义。无论是法律解释还是翻译验证，都具有理解循环特征。

第三，其对象文本都蕴含精神、意义和文字三要素。精神本身才是真正的生命，意义是精神的解释者，文字只是精神的躯壳。法律解释和法律翻译验证都应该从源语言文本的文字出发，透过文字了解其意义和精神，最后通过译文或者解释性文字表达出原文的旨意。

（二）法律解释与法律翻译的主体存有共性

法律解释者与法律翻译者都具有合法性特征和隐身性特征。合法性是指法律翻译的译文和法律解释的解释性文字都必须与法律的精神、价值和规定保持一致，合法性是翻译和解释文本的首要要求，因此，二者的主体本身都具有严格的限制性，甚至是法定性，同时又都应受到法律文本的严格限制，主观创造性小。法律翻译和法律解释都是立法之后的一种严谨行为，从主体、程序到结果都应符合法律的要求，起码不能违背法律。隐匿性是指法律翻译者和法律解释者均不能处于法律文本的表面，是潜存于法律文本背后的。这种隐匿性增强了阐释文字和翻译文本的中立、公正和权威性，是法律翻译区别于其他翻译，法律解释区别于一般解释的特征。

二　法律解释方法契合翻译验证原则

法律解释方法分别契合消极翻译验证原则和积极翻译验证原则。

（一）法律解释契合不分裂翻译的标准

法律解释运用在翻译验证中，经过了译者对裁判者解释的借鉴性利用，是完全遵循翻译标准的，甚至正是出于对翻译标准的考虑，利用法律解释进行翻译验证更有利于保证译文的准确不失真。例如，有译者将"公共财产"译为"Community property"，然而"Community property"这一概念是否以公共为主体？《科克伦法律词典》中表述为："Community property, property acquired by a husband and wife, or either of them, during covertures"[1]。由此得知，"Community property"实为"夫妻共同财产"，以此翻译"公共财产"是有失偏颇的。在验证过程中，我们运用法律解

---

[1]　陈忠诚：《法律用语辩证词典》，法律出版社 1999 年版，第 125 页。

释中的限缩解释方法将"Community property"的范围缩小至"夫妻"后发现不能以此表达"公共财产",避免了译文表达失真,这说明引入法律解释方法合乎"不分裂翻译标准"。

(二) 法律解释契合不分裂直译和意译原则

法律解释运用在翻译验证中便是为了在直译文本出现困难,让读者无法理解到立法原意的时候结合意译,或是在翻译解释过程中结合直译选择适合法律表现力的词汇,严谨严格、公正、不偏不倚地进行验证和改译,是将直译和意译糅合进法律翻译的验证方法。例如,我国译者常把"公司法人"译为"corporation aggregate",而在《简明英汉法律词典》1998 年版中"corporation aggregate"又被汉译为"普通法人"。二者虽不完全矛盾,但是含义有所出入。前者着重意译,将"公司"译为"aggregate";后者着重直译,将"aggregate"译成"普通"。但是,前者意译色彩过重,词汇本身只表达了人数众多但是并非公司;后者直译色彩过轻,并未将人数众多体现出来。这就需要运用法律解释方法进行验证,在《牛津法律词典》中表述为:"corporation aggregate consists a number of members who fluctuate from time to time"。按其界定,"corporation aggregate"所表达的含义是"由可随时流动的若干数量的自然人所组成的法人"。因此,"aggregate"无法对应完全意义上的"普通"或者"公司"。[①] 在验证过程中引入法律解释方法,明确了"aggregate"的真正表达意义为解释性语言"若干(而不止一个)人组成的法人"为最妥,不分裂直译和意译,也清楚地传达立法者原意。"公司法人"不能简单译为"corporation aggregate","corporation aggregate"也并非特指"普通法人","公司法人"是属于"corporation aggregate"中具有公司属性的那一部分法人,翻译中应对其进行注释说明,或另寻英译词条来对应此概念。

(三) 法律解释契合不完全据中文心理原则

法律解释的翻译验证应对此采取折中做法,一是验证翻译是否为死译、逐词翻译,如果是,则改译为依据中文心理的译法;二是若完全依据中文心理有失偏颇,则"与其失真,毋宁伤洁",大胆地取消该种译法,抑或采用已有外来词,抑或保守使用现有译法。例如,将"被绑票者"译为"blackmailee",这其实是在翻译过程中依据中文心理,认为绑票和

---

① 陈忠诚:《法律用语辩证词典》,法律出版社 1999 年版,第 139 页。

勒索往往是同时进行的，因此将两种意思并列列举在其中。然而，验证此项翻译的时候，我们从"blackmailee"出发，"blackmailee"由"blackmail"派生，故其基本词义取决于"blackmail"。在《汉译简明英国法律词典》中"blackmail"被译为"勒索"。在《英汉法律词汇》中"blackmail"被译为"讹诈、勒索"。由此观之，"blackmail"并无"绑架（票）"之义。因此，"blackmailee"被译作"被绑架者"可谓无本之木、无源之水，是过分依据中文心理造成的。在验证过程中运用法律解释中的限缩解释方法，在回译过程中将blackmail范围从"绑架、勒索"缩小至"勒索"，使得译文更加精准，说明引入法律解释方法合乎"不完全据中文心理"这一原则。

（四）法律解释契合内容与形式统一原则

法律解释的验证方法分别通过对内容和形式的验证来得出是否为合理译文表达的结论。验证期间必须让内容和形式同时得到保障，不偏重任何一方，否则容易偏内容而造成借意行文，或者偏形式而显得拘泥附会。在验证过程中引入法律解释中的文义解释方法，在保证内容不失真的前提下尽可能地统一形式，使得形式更加精简，符合法律表述习惯，引入法律解释方法进行验证符合"内容与形式须统一"的翻译原则。

（五）法律解释契合宁可信而"不顺"原则

法律解释的验证首先检验是否"信"，其次再保全是否"顺"，一旦二者不可兼得，则舍"顺"而保"信"。例如验证"blue law（s）"时，查《英汉国际政治经济法律词汇》，其对应含义为：基于宗教戒律的法律；查《英汉法律词典》则为：（美）清教徒法规；严酷的法律（尤其禁止星期日跳舞、宴会等的法规）。运用法律解释中的目的解释方法，并参考《科克伦法律词典》中对"Blue law"的解释"Sunday law, or Blue law, a legislative act requiring the cessation from labor and business on the Sabbath day"，可以得出这种立法的目的是在于限制或者禁止在礼拜天从事某些行为。这种立法确实是源于宗教的法律，但源于宗教的法律不以"blue law（s）"为限，也不以清教徒为限，故"基于宗教戒律的法律"和"清教徒法规"这两种译法都应舍弃。同时，"blue law（s）"也只是表达"严厉"的限制或者禁止在礼拜天从事某些行为的法律，与"严酷"无关，因此"严酷的法规"这一译法也必须得否定。以上三种翻译都是听上去很"顺"但实质不"信"的译法，通过目的解释验证后发现，很难同时保证"信"与"顺"，陈忠诚最终给出一个读起来拗口但却一目了然且不失真的译法："限制或禁止礼拜天从事某些活动的立法"①。这说明引入法律解释方法符合翻译中"宁可信而'不顺'"原则。

三　法律解释方法满足翻译验证需求

法律解释方法符合翻译验证的各项原则，是法律解释方法于翻译验证可行的充分条件；而法律解释方法能够满足翻译验证对法律解释的要求，是法律解释方法于翻译验证可行的必要条件。从法律解释的功能看，法律解释方法完全能满足翻译验证的需求。

（一）功能的全面性

法律解释有三大功能：自主整合与修复功能、信息交流与沟通功能、完善与发展功能。②

1. 自主整合与修复功能

法律解释的自主性强调了法律解释过程不受外界的干扰。这并非指法律人可以抛开法律的约束，而是指要不受干扰地按照自己对法律的理解来解释法律，即独立进行法律解释，不受来自社会的、上级的、当事人的干扰，因为法律人服从法律、受法律的约束是其天职。许多法律适用实践证明，面对刚性的法律规定，在法律解释自主性指引下，法律人没有死板地理解与解释，而是对法律信息进行重新整合，盘活了死去的法律意义，使个别正义得到声张。

法律解释的修复功能源于法律是一般性规定，而法律适用的情况则是无限的。法律用语的概括性可能使法律出现不模糊性和确定性，对于法律能否适用于给定的事实是需要运用解释来判断的。"面对法律与事实之间的裂缝，必须由法律解释来弥合，这种迎合法治的要求就是法律解释的恢复功能。"③ 这与法律翻译的翻译验证需求是吻合的，翻译验证需要解释者有相当的自主性以达到修复法律译本内容的目的。

2. 信息交流与沟通功能

这是与整合、修复相对应的一种功能。在信息交流过程中，解释承担

---

① 陈忠诚：《法律用语辩证词典》，法律出版社 1999 年版，第 142 页。

② 陈金钊：《法律解释学》，中国人民大学出版社 2011 年版，第 136 页。

③ 同上。

着法律内部、法律与正义和法律与社会关系中的修正功能。在处理各种信息的时候，法律人要考虑法律与社会、法律与伦理和法律与事实以及案件当事人间的各种各样关系。法律解释虽然主要是解释法律，但"法律不是孤立的文本，是社会关系中的法律，不能进行单纯的文义解释，而要通过法律解释盘活法律"①。这也与法律翻译的翻译验证需求不谋而合，翻译验证的过程即是对信息的交流、处理、整合的过程，正当性的翻译验证不是纯粹逻辑的推论，而应该是对各种信息处理后得出的结论。

　　在与国外法律人交流的过程中时常会因为沟通上出现各种问题而导致信息交流受阻。例如，曾经有一位法学的研究生在向美国律师介绍我国的"劳动改造"制度的时候，将"劳动改造"四个字一一对应地译为了"labor reform"。乍一听，似乎翻译得很忠实，每个字的含义都能对号入座。但是，缺乏中国法律背景的美国人无法理解其真实含义，容易将"labor reform"对应误解为美国体制下已有的"改造劳工"。通过法律解释可以发现，劳动改造的真正含义不是美国人理解的对劳工进行改造，而是通过劳动对罪犯进行改造，是中国罪犯管理的一种手段，通过对入狱者强制性的劳动来达到管理、教育、改造的目的。因此，将"劳动改造"翻译为"reform through labor"更为确切，利用"through"表达出劳动是改造的方式而不是对象。这样便解决了沟通上存在的国别障碍，信息交流因此也能变得通畅。

　　3. 完善与发展功能

　　法律解释是法律获得生命的表现，也是其发挥作用的契机。法律解释对法律的完善功能主要有：把模糊的法律解释成为清晰的法律；把不确定的法律解释成为明确的判断；把相互矛盾的法律解释成为一致的法律。法律解释对法律的发展表现为："填补法律之网的缝隙，适应社会的进步与正义要求；在一般性法律基础上，根据现实及正义的需要续造法律；通过对法律解释与应用发现的问题为立法者提供立法建议；通过法律论证'创造'法律。"②法律翻译的翻译验证亦是为了通过运用法律解释方法来完善与发展法律翻译，正如立法者不能创造一切，法律只能在解释中完善与发展，译者也不能照搬立法者原文，需要从法律解释中寻求法律文本的真

---

① 陈金钊：《法律解释学》，中国人民大学出版社 2011 年版，第 139 页。

② 同上书，第 140 页。

意，以便能精准地完成法律翻译。

例如，美国康涅狄格州法律规定的"larceny in the third degree"在我国没有相对应的罪名，直接将字面意思"三级盗窃罪"不添加任何说明地翻译进中文文本，读者无法从译文中得到对应罪名的感受，因此心理上会有一定的模糊感，概念不明晰。此时译者有必要对该名词作出适当的解释。"三级盗窃罪"是"最轻级别D级的重罪，主要指偷车、偷窃的财物超过1000美元的罪行"。[①] 解释者不能在中国创造他国法律，但是可以从解释中查明文本真意，在翻译中进行完善而不是照搬原文。因此，该罪名经过翻译解释后可表述为：三级盗窃罪（美国康涅狄格州法律下最轻级别D级的重罪，主要指偷车、偷窃的财物超过1000美元的罪行），这样读者读来一目了然，有效实现了法律解释的完善发展功能。

（二）规则的明确性

法律解释规则的一般性与概括性决定了法律解释规则的明确性。法律解释规则包括了递进的三层次法律解释方法序位：狭义的法律解释方法、不确定的概念和一般条款具体化方法、法律漏洞填补方法。

狭义的法律解释十大类方法普适、明确，对大多数含糊或者歧义法律条文的理解有相当的作用。除了狭义的法律解释方法之外，还可采用不确定概念和一般条款具体化的方法进行解释。最后一个层次是当狭义的解释无所适从的时候，采用漏洞填补的方法。明确的序位性决定了法律解释的适用明确、广泛、灵活，这对于法律翻译验证无疑是一个大好的机会。法律翻译的验证过程不需要含糊不清的概念和方法论，只需要结合法律领域里一个确切的、拿来可用的明确规则，辅以已有的翻译方法和语言手段，对法律翻译做更全面的改良。因此，法律解释规则的明确性大大降低了法律解释在法律翻译中的利用难度，翻译验证借鉴其中的原则和方法都是可行的。

（三）程序的易操作性

规则的特性之一是形式化。形式化的法律虽然失却了对具体情形的针对性，但却换来了抽象意义上的确定性：明确和安定，使得一些法律规定能在长时间里保持不变。稳定带来的好处便是使用者很容易掌握一套操作的标准和方法。法律人在运用法律解释规则对法律条文进行解释的易操作

---

① 李克兴：《法律翻译理论与实践》，北京大学出版社2007年版，第123页。

性决定了译者在运用法律解释进行翻译验证时容易掌握程序，便于借鉴的实现。例如，On Cheung's offer to assist police by testifying against Li, the judge said it could not be a mitigating factor unless the testimony has actual value. 原译文为：关于张愿意协助警方共同指控王琦一事，法官认为证供有实际价值，否则无法以此认定减刑。

在验证以上画线部分词汇的时候，很容易发现译者对法律专门术语"testifying"进行了欠额翻译，验证的过程十分简易，只需要直接借鉴限缩解释方法，对"指控"进行限缩，在该语境中的"指控"不是泛指的"指控"，而是通过"作证的方式"去检控别人。通过简易的操作，将欠额翻译的部分挑出并且进行更正，是除法律解释规则之外再无更佳的方法能带给法律翻译验证的便捷了。

综上，法律解释方法不仅在性质上与翻译验证有着极高的共性，也从其充分性程度上契合翻译验证的各项原则，功能的全面性、规则的明确性、程序的易操作性都与翻译验证的要求相吻合，能满足验证的各项需求，充分说明运用法律解释方法对于法律翻译进行验证是可行性的，也是容易操作的。

第四节　法律解释下的达意验真方略

法律解释的实现是通过运用法律解释的方法，经过一定的解释过程，最终得到一个妥当的解释结论；法律翻译的实现也相似地通过运用翻译方法和法律解释方法，经过相应的翻译过程，最终得到一个精准的翻译结论。法律翻译和法律解释在使命上有着惊人的一致，通过法律解释在法律翻译验证中的运用可以为法律翻译开辟新的验证道路，为此，本书特将法律翻译中的翻译验证环节表达为"达意验真"，旨在强化对译文表达进行法律翻译最后一关的对等检验，验证译文表达是否实现法律等效目标，以确保法律翻译准确不失真。

一　达意验真的主要维度

运用法律解释方法进行达意验真主要针对如下三大维度，进行层次递推的翻译验证。

（一）　验证翻译过程的严谨性

法律是一门逻辑性极强的学科，无论是法律的拟定还是法律的解释，其逻辑链条都应保持环环相扣，不得有一环脱节，否则便会沦为有漏洞的法律，不论漏洞的大小都无法完全实现法律的正义。对于训练有素的法律人，严谨性思维已经渗透进其血液，在完成相关的立法和解释任务时，都以专业的严谨思维在每一个环节仔细推敲，大多数时候能保证法律制定或者适用过程的严谨性。在法律翻译中译者绝大多数不是资深的法律专家，虽然大多数也有一定的法律专业知识，但是比起把法律当作职业的法律专业人士，译者的法律功底还甚浅，导致很多法律翻译结论容易出现各式各样的偏差。因此，在回译验证过程中，首先就是要对翻译过程的严谨性进行检验，验证方法主要是借鉴法律解释过程的严谨手法，运用法律人的思维对译文表达进行严格的推敲和思量。

过程的严谨首先在于形式的严谨。为体现法律的权威，法律的文本形式往往遵循惯常的程式，非常正式庄重，因循守旧。这样的语言带给人一种正义的联想，巧妙地体现出庄重和严谨感。在翻译验证过程中，译者需对各种立法文本的格式有一个完整备份，然后根据各项格式要求去检验翻译是否严谨、是否符合法律表述形式。

过程的严谨性还包括内容与逻辑的严谨。翻译涉及的内容无非在于单词、词组、句子。单词、词组、句子的严谨选择直接决定了内容与逻辑的严谨性。以法律翻译中极为典型的情态动词"shall"为例：当与第三人称连用时是情态动词，表示命令、义务、职责等，但在法律英语中它的作用相当于"must""be required to""be to（do）""have to"。译者在回译检验"shall"在法律文本翻译中是否用得恰当时，可用"must"或"be required to"去替代，若可被替代，则是情态动词，是法律上的用法。然而，"shall"在使用上存在很多不严谨的地方，在法律文本英译中常被滥用：本该用"may"的而用了"shall"，所以中文译本中也常有把"shall"翻译成"可"的现象。对于这种译法，译者只要用"may"去试代一下原文的"shall"，便可看出译文中的"可"是否妥当：只要原文是一种许可或选择而不是强制，则译文"shall"属于使用不当，此时译者则不能用"须"或"应"或"应当"去翻译，而应当先"正本清源"，① 然后再酌

---

① 李克兴：《法律翻译理论与实践》，北京大学出版社 2007 年版，第 116 页。

情处理。在验证的时候，译者应该遵从行业当前的用词惯例，遵照业界已经确立的相应规矩，从而使法律文本的翻译更加规范化。

（二）验证翻译（解释）方法的合理性

为了更好运用法律解释理论进行翻译验证，翻译验证的方法须结合法律解释的方法而确定。萨维尼指出："解释是一种技艺，此种技艺的养成通过我们所掌握的古代和现代的大量优秀典范而被促成。"① 法律解释方法最充分地体现了法律的技艺性特征，是人类实践理性的产物。在翻译验证过程中验证解释方法的合理性，也就是验证翻译的合理性，须包含以下四大方面：

1. 必须从法律文本出发

法律文本是立法者意图的直接载体，是立法者意思的直接体现，译者在翻译过程中必须牢固树立法律至上的观念，以尊重法律文本为基础，而不能舍弃文本随意发挥。但是，在文义解释出现复数解释，通过法律文本本身难以探究立法者意思时，可以借助其他法律解释方法来探求立法者意思，寻求立法者旨意。

2. 必须在可能文义范围内解释

以法律条文的可能文义作为解释的基础，也以其作为狭义法律解释的最大范围。译者在法律明确规定情况下不能突破可能的文义进行随意解释，但在法律存在复数解释可能，或者其字面含义违背立法者真意或目的情况下，就需要综合运用其他法律解释方法，以妥当确定法律条文的含义。

3. 须兼顾法律的妥当性和稳定性

通过法律解释使法律条文的含义具体化、明确化，并与特定的翻译情形相衔接，以服务于法律的安定性和稳定性。

4. 灵活运用各种解释方法

在解释的过程中必须在文义解释基础上综合运用其他方法，如目的解释、历史解释等方法探究立法者意图。通过验证翻译（解释）方法的合理性，将合理的法律解释方法运用到翻译验证过程中无疑是对翻译验证方法的一大改进，法律翻译中翻译验证环节因此而更加丰满可信。翻译过程经历原文理解—译文表达—翻译验证，到此已基本完成全面使命，使命最

---

① Savigny, *System des heutigen Römischen Rechts*, Berlin: Bd. 1, 1840, S. 211.

终的圆满还取决于以下一个维度的"真"，即验证"结论的妥当性"①。

（三）验证翻译结论的妥当性

结论的妥当性需要依托于方法的合理性，但是仅从合理的方法来判断结论是否妥当仍是有瑕疵的。采取了合理的方法，进行了严谨的过程，欲得到最终妥当的结论还需要保证结论产生之前没有其他妨碍因素导致结论的失当。

1. 唯一解释的妥当性

若最终的解释结论只有一个，则只需要验证其是否具有妥当性即可。所谓妥当性是指在价值取向多元化背景下具有较高可接受性的结论。可接受的程度越高，可接受的范围越广，解释结论越具有妥当性。然而，妥当性并不等于唯一正确性，在价值多元背景之下，不同主体在价值上具有不同的追求，因此不存在唯一的判断标准。就译者解释法律而言，本身是一种价值判断活动，且法律解释并不同于数学计算，在寻求解释结论方面只能依靠多数人的可接受性来确定其妥当性，而不能认定某一结论就具有唯一正确性。

2. 复数解释的妥当性

最终的结论有两个以上时，仅验证结论是否妥当则远远不够，需要在验证过程中再选择一个最恰当结论作为最妥当的解释结论，这是实现法的安定性的需要。用一个确定的解释结论进行翻译，这也是法律权威性的要求。如果不能从中确定一个最妥当结论，则法的公平性和合理性容易受到质疑。

确定最妥当的标准需要从以下几个方面考虑：

第一，密切联系性。在法律解释中对大前提的解释就是要使其与小前提发生对应和衔接，其联系性越密切，就越表明特定法律规范适用于具体情形的合理性越强，也就越能达成法律解释的目标。在寻求最妥当结论的时候，首先就要判断结论的密切联系性，选择与具体情形最密切相关的解释结论。法律翻译中验证法律解释结论的妥当性也是如此。

第二，忠实于法律文义和立法目的。如果核心文义是清晰的，就应当直接适用，而不应继续进行解释。在文义解释后出现了复数解释可能，就要对其进行立法目的的考量。

---

① 王利明：《法律解释学》，中国人民大学出版社 2009 年版，第 33 页。

第三，兼顾法的安定性和妥当性。译者在进行任何解释时都要考虑到两种基本价值：法的安定性和法的妥当性，并综合运用法律解释方法使这两种价值得到兼顾，从而得到既符合人们对法律的稳定预期又体现社会实际需要的妥当结论。

二　达意验真的具体程序

法律翻译的达意验真环节不同于翻译的理解和表达环节，前者需要较严格地遵循相应的步骤和原则，而后者可以相对自由地进行，但达意验真仍然需要依从一定的操作程序。不涉及特定专业领域的普通译文，如艺术、文学、学术类的翻译依照语言学验证方法和翻译理论验证方法这些传统验证方法进行验证即可。而对于特定专业领域翻译则需要根据其专业性质的验证方法进行填补，以求实现译文的"忠实"原则。对于法律翻译而言，首先应遵循传统翻译验证方法，在语言学和翻译学领域内进行验证，并据实补充法律解释方法进行验证。

（一）优先使用传统验证方法

传统的验证方法主要有语言学验证方法和翻译理论验证方法。翻译的本质是将一种语言信息转变成另一种语言信息，首先运用语言学验证方法对译本进行验证是翻译验证的题中应有之义。语言学验证方法是基于五大语体特征来检验的，以求表现出译本特定的权威和约束力。运用语言学验证方法需要对以下内容进行验证：第一，验证语言的规范性；第二，验证译文的篇章是否具备程式化特征和满足法定化格式要求；第三，验证译文语体上的逻辑体系和推理原则；第四，验证词语运用的模式化；第五，验证句法是否完整严谨。

同时，法律文本翻译既为翻译，则应当遵照翻译基本原理进行验证。翻译理论的本体论为"等效论"，它要求验证翻译时作者需要清楚明了两种接受者的语言，检验译文是否对读者起到了与作者自身感受相同的效果。

（二）补充使用法律解释验证方法

在传统翻译验证方法不能有效地对法律文本翻译进行验证时引入法律解释验证方法，对法律文本的翻译是大有裨益的，但应注意：在运用法律解释验证方法进行验证时要遵循验证的相应步骤与程序。

达意验真的法律解释验证方法分为狭义的法律解释验证方法和广义的

法律解释验证方法。狭义解释验证方法是描述性和解释性的，与漏洞填补方法验证的创造性和补充性相反，是在法律文义的可能范围之内进行解释验证。狭义法律解释验证方法主要包括：文义解释验证、体系解释验证、当然解释验证、反面解释验证、目的解释验证、限缩解释验证、扩张解释验证、历史解释验证、社会学解释验证、合宪性解释验证十种。各种狭义法律解释验证方法都有自己的着重点和具体的运用范式：文义解释验证主要运用语言学等方法阐释文义，体系解释验证和反面解释验证则注重采用形式逻辑的方式解释文义，目的解释验证注重探求法律条文背后的立法目的来解释文义，历史解释验证则注重借助立法史考察方法来阐释文义，社会学解释验证方法则着重于通过社会效果的考量来解释，等等。广义法律解释验证方法是在法律文义的可能范围之外进行的解释验证，包括不确定概念和一般条款的具体化验证与漏洞填补验证。

在具体法律解释验证方法的选择上也需要遵循相应的要求：首先，根据待验证的具体内容选取具体的验证方法。然后进行狭义法律解释方法验证，并依照文义解释→体系解释→立法者意图或目的解释→历史解释→社会学解释等法律解释序位依次选择具体的法律解释方法。这一方法选择上的序位性是法律解释原理中解释逻辑顺序性所要求的。最后，据实进行广义法律解释验证，包括不确定概念和一般条款的具体化方法验证与漏洞填补方法验证。

至此，翻译过程已经完整地经历了"原文理解—译文表达—翻译验证"三大环节，法律解释原则和方法已经灵活地被糅合进了翻译的全过程，包括达意验真之中。最终的法律翻译结论突破了语言学和翻译学验证的局限，成为名副其实的"法律翻译"。

三　达意验真的实操演示

对法律文本英译进行达意验真，首先需要译者具有相当的法律素养，将自己视为译文的初始读者，通过常识、常理、常情和训练有素的法律语言感觉对译文进行初步感知。如果对一些术语和表达产生疑惑，可先批注待验。然后，译者化身为译文的再译者，将译文作为新的源语言开始回译过程。为了验证译文的对等法律效果，在译文环境下理解译文时，译者面对的是英语译文，需要从译文读者（主要是英美法系的法律专业人士）角度来解读译文，这时需要在英美法视域下对译文进行法律解释。若将中国的法律语境生硬地搬给英美法读者，会让他们感到晦涩不解。只有站在他们的角度来理解和解释译文，才有可能品出译文的"真"意。在法律文本英译实践中，往往需要综合运用多种法律解释方法，并结合验证的内容灵活选择具体的法律解释方法，合理地运用到达意验真的具体过程之中。

例一：最高人民法院《关于办理死刑复核案件听取辩护律师意见的办法》第1条。(北大法宝—英文译本检索系统，2017年2月3日检索)

(原文) 第1条　死刑复核案件的辩护律师可以向最高人民法院<u>立案庭</u>查询立案信息。辩护律师查询时，应当提供本人姓名、律师事务所名称、被告人姓名、案由，以及报请复核的高级人民法院的名称及案号。

最高人民法院<u>立案庭</u>能够立即答复的，应当立即答复，不能立即答复的，应当在二个工作日内答复，答复内容为案件是否立案及承办案件的审判庭。

(译文) Article 1　The defense lawyer in a death penalty review case may consult case filing information with the Case Acceptance <u>Tribunal</u> of the Supreme People's Court. In the consultation, the defense lawyer shall provide his or her name, the title of his or her law firm, the name of the defendant, the cause of action as well as the name of the higher people's court that submits the case for review and the case number.

Where the Case Acceptance <u>Tribunal</u> of the Supreme People's Court is capable of replying immediately, it shall reply immediately; if it fails to do so, it shall reply within two workdays and the reply shall cover whether the case can be placed on file and the trial tribunal handling the case.

在读到"tribunal"时，读者可能对该词汇产生法律语感上的不适了，你可能会开始疑惑，译者放这个段落里的这个词语要传递给自己是字面意义上的"立案""法庭"这个意思吗？用于立案的机构确实为一个"法庭"吗？究竟是一个怎样的法庭？诸多疑问下，我们确立了一个需要进行验证的词汇："tribunal"。按照狭义法律解释序位规则，首先应进行文义解释验证。查《布莱克法律词典》(第10版)，"tribunal"有两层含义："1. A court of justice or other adjudicatory body; 2. The seat, bench, or place where a judge sits"。两层含义的核心文义都是围绕"审判"展开 (adjudicatory——裁判的; judge——法官、裁判、审判员; court——法庭、法院）。文义解释规则确定了"tribunal"一词的核心文义。此方法还不足以得出最后的验证结论，需要通过其他法律解释方法寻找证据链上的下一个要素。在中国语境中，对于"立案庭"，具一定法律常识的人都应该知道：法院通常有刑事审判庭、民事审判庭、行政审判庭、立案庭、审判监督庭、执行庭、办公室、政治处、法警大队等，立案庭是指法院部门的名称，它通常与审判庭关系密切，是审判的前置程序，但是绝不负有审判的职能。于是，通过运用目的解释方法，我们很容易在文义解释的基础上进一步厘清"tribunal"的概念。"立案庭"的目的是让法院能够根据管辖权的要求及时地对符合立案条件的案件予以受理，"仅仅是开启或者启动审判程序的前提，立案庭并不承担审判的功能"①。在进行目的解释验证后，我们就能清晰得判定"tribunal"与"立案庭"的对应是翻译失真的译文了，不能实现法律等效，问题的缘由是不符合"逻辑的合理性"：包含关系与并列关系混淆，立案庭的"庭"与审判庭的"庭"不属于同一类别性质的"庭"，不具有内在的包含关系而应是并列关系，是两个有关联但不同质的机构，只是在表述上恰好近似而已。法律翻译中采用目的解释方法进行翻译验证能通过探求立法目的，唤醒立法者的真意，来保证译文在迁移和表达原文的所有信息时不遗漏，为读者架起一座便于理解法律文本原文内涵的桥梁，保证法律翻译能真正传达不与法律目的相违背的原文真意，实现法律等效表达。

在确定译文表达失真后，我们开始考虑是否有一个更贴切的词汇来取代失真表达。这时便需要借用广义法律解释方法。广义解释方法应在穷尽狭义法律解释方法下采用，尤其是针对漏洞填补，只有在穷尽一切狭义解释的可能还不足以对法律进行合理解释时，才能进一步地发挥解释者的主观能动进行更为广义的法律解释，这样才能有效地避免自由裁量权的滥用，更好地保证在合理前提下解决法律翻译实践中的棘手难题。由于"立案庭"在中国是一个创设，在英美法国家并没有与之含义一致的机构，译者需要仿效裁判者解释法律的做法对"翻译漏洞"进行法律解释的"填补"。通过比较英美法的审判法庭得知，"tribunal"常用来表在特殊时期特定环境下在一定时间内存在并享有特定审判权的审判组织，如"卢旺达

---

① 李立、郭旭：《〈中国的司法改革〉英文本若干翻译问题之探讨》，《中国翻译》2013年第1期。

问题国际刑事法庭——International Criminal Tribunal for Rwanda，远东国际军事法庭—— International Military Tribunal for the Far East"①。这样的法庭存在的时间相对较短，在完成了特殊使命后便停止运行。例如，远东国际军事法庭设立于东京，主要审判日本的战争罪犯，由美国、苏联、英国、法国、荷兰、中国、澳洲、新西兰、加拿大、印度和菲律宾这些胜利的同盟国共同任命法官审理，审判于 1946 年 5 月 3 日开始进行至 1948 年 11 月 12 日结束，历时两年半；该法庭共开庭 818 次，出庭证人达 419 名，书面证人 779 名，受理证据在 4300 件以上，判决书 1212 页；判决书对日本帝国主义策划、准备和发动对中国和亚洲、太平洋战争的罪行进行了揭露，并宣判 25 名被告有罪。在英美国家的法院中，通常只有一个具有审判功能的法庭称为"court"，不负责审判的机构一般不称作"法庭"，而是称其为"办公室"，英文为"office"。② 通过广义法律解释中的"比较法填补"这一漏洞填补方法，我们最终确定可用新的对应词汇"office"来取代失真表达"tribunal"。

　　至此，通过狭义法律解释中的文义解释与目的解释方法和广义解释中漏洞填补的比较法填补方法完成了对"tribunal"一词的检验验证，并且找到了恰当的替代词汇来还原源语文本本义，实现了法律等效表达。整个翻译验证的所有子步骤结束，最终形成了契合于法律语境和原文真意的译文表达，这样在中文和英文语境下的读者都能达到法律原文传递法意的契合了。

　　尽管我们利用多重法律解释方法验证了一个语词，并长篇论述了一个语词的验证问题，实际上，在真正的翻译验证过程中当译者具备一定的法律和语言素养时，这些法律解释方法是大脑中自动排序后几秒钟或者是几分钟查阅相关资料后就可得出的综合结论。对于多重法律解释而言，张志铭说："在法律解释实践中，各种法律解释方法的效用尽管不能相提并论，但从总体上来看，没有哪一种是绝对有效的；各种法律解释方法相互作用，没有一种处于独立主导地位而不具有辅助意义，也没有哪种是完全

---

　　① 李立、郭旭：《〈中国的司法改革〉英文本若干翻译问题之探讨》，《中国翻译》2013 年第 1 期。

　　② 同上。

处于辅助地位的。"①因此，译者应该像裁判者那样能够将法律解释方法和规则有机糅合进法律翻译中的"证据链"里，最终作出契合原文本意的翻译验证结论，以实现法律等效表达。

例二（北大法宝—英文译本检索系统，2016 年 11 月 5 日检索）：

1. （原文）全国人民代表大会常务委员会关于批准《巴黎协定》的决定。

（译文）Decision of the Standing Committee of the National People's Congress on Ratifying the Paris Agreement.

2. （原文）《全国人民代表大会常务委员会关于修改〈中华人民共和国商业银行法〉的决定》已由中华人民共和国第十二届全国人民代表大会常务委员会第十六次会议于 2015 年 8 月 29 日通过，现予公布，自 2015 年 10 月 1 日起施行。

（译文）The Decision of the Standing Committee of the National People's Congress on Amending the Law of the People's Republic of China on Commercial Banks, as adopted at the 16th Session of the Standing Committee of the Twelfth National People's Congress of the People's Republic of China on August 29, 2015, is hereby issued, and shall come into force on October 1, 2015.

众所周知，法律有着教育指引的功能，法由文字作为载体对人们进行潜移默化的教育。如前文所述，法律教学的传播一旦出现某个环节的问题，则很容易以讹传讹，其后再想将其更正便难上加难了。上述列举便是鲜活的例子，读者现在可能已经很少会在看到这样类似的标题时去审视翻译的正误了。从"北大法宝"可见，关于人大及其常委会的"决定"几乎都是用的"decision"来表达，人们也习以为常了，但当把它作为问题提出来时，读者可能会开始感到疑虑了：是"decision"这个词看起来太过普通不属于法律格式范畴，还是"decision"的程度与人大及其常委会决定所处的地位不匹配？基于这些疑惑，我们开始对"决定——decision"的这一翻译表达进行达意验真。

首先，法律翻译需要使用规范的法律词汇。任何非规范的法律词汇在有法律词汇的前提下都应尽量避免，我们需要验证"decision"是否属于法律格式词范畴。查《布莱克法律词典》（第 10 版），"decision"有两层

---

① 张志铭：《法律解释的操作分析》，中国政法大学出版社 1994 年版。

含义："1. a judicial or agency determination after consideration of the facts and the law；2. opinion"。由此得出法律词典中能找到"decision"的法律属性，它是一个法律格式词汇。

其次，进一步验证该词的程度性问题。如果说一个词的程度与使用该词的主体不匹配，那就说明它很有可能违反了一定的法律位阶。针对法律位阶的验证，我们可以使用法律解释中的体系解释方法来进行。如前所述，体系解释适用于文义解释出现复数解释结论的时候，当可能文义的范围确定下来后，边缘区域的模糊性可由体系解释来澄清。这里"decision"的文义解释在核心文义"决定"之外，包含多个位阶可能性的"决定"，如立法位阶、司法位阶、执法位阶、守法位阶等。人大及其常委会所做决定的法律位阶究竟属于以上哪个边缘区域，这需要通过体系解释方法来澄清。翻译解释和法律解释的体系解释所要解释的对象和效果是相似的。体系解释包含四个子维度：一是根据同一法律部门内部不同法律的体系进行解释；二是根据同一法律内部不同法律制度的体系进行解释；三是根据法律部门内部不同法律的体系进行解释；四是依据法律部门的体系进行解释。前三个子维度与这里的翻译解释和验证需求并不吻合，所以我们参照第四个子维度，依据法律部门的体系进行翻译解释。查《布莱克法律词典》（第 10 版）中对"decision"的第一层含义后有一些示例："a judicial or agency determination after consideration of the facts and the law；esp.，a ruling，order，or judgment pronounced by a court when considering or disposing of a case"。经过文义解释很容易得出，"decision"主要是与法院的判决相关联的决定，由此可知"decision"在英美法上相当于中国"司法解释"的法律位阶，而我国的人大及其常委会属于立法机构，其"决定"理应属于"立法位阶"层面，尽管人大及其常委会的"决定"和"法律"不同质，但是在"立法"层面的同质性是毫无争议的。因此，用"司法"位阶的"decision"来表达"立法"位阶的"决定"，在法律位阶体系上来讲是有失偏颇的；从法律解释层面看，用"decision"对"决定"进行翻译不能实现法律等效表达，属于翻译失真问题，需要进行更正。有人对此曾提出过一些建议，例如将"条例""规则""办法""决定"等统一译作"NPC rule"。①我们继续对此进行验证发现："rule"一词在英美法上含

---

① 陈小全、强凤华：《法律位阶与汉语法律名称的英译》，《中国翻译》2012 年第 5 期。

义较为宽泛，《布莱克法律词典》（第 10 版）中对"rule"的释义有："1. generally, an established and authoritative standard or principle; 2. a regulation governing a court's or an agency's internal procedures; 3. parliamentary law; 4. a judicial order, decree, or direction"。由此可见，"rule"具有多重含义，将"决定"统一译为"rule"，在文义和位阶上应该是不存在问题的。但是，有一定法律英语语感的读者一定会感到这个词的含义太广而凸显不出"决定"的意味。"决定"与"规则"以及"通则"和"条例"统一译为"rule"，虽然在逻辑上没有错误，也符合体系解释验证中的法律位阶原则，但是彼此之间的细微区别没有显现出来，只能说是一项正确的译文，但并不是一项精确的译文。要进一步对这些细微区别作出界定，并作出更精确的回译建议，还需要限缩解释方法的介入。

例三：工业和信息化部《关于港澳服务提供者在内地开展电信业务有关问题的通告》第 2 条。（北大法宝—英文译本检索系统，2016 年 11 月 7 日检索）

（原文）二、允许港澳服务提供者在内地设立合资企业，提供下列增值电信业务，港澳资股权比例不超过 50%：

（译文）II. Service providers from Hong Kong and Macao are allowed to establish equity joint ventures in the mainland to provide the following value-added telecommunications services, in which the equity held by investors from Hong Kong and Macao shall not exceed 50%.

略去前面该有的文义解释步骤，续上例体系解释方法分析的第三个子维度，根据法律部门内部不同法律的体系进行进一步的体系解释方法验证。从我国民法内部的体系来看，经营方式包含了短期的合伙经营和长期的公司法人。在回译"joint venture"的时候很容易发现，法律英语中已现有这样的一个词语，意思是"短期合营"，如辞书《科克伦法律词典》*Cochran's Law Lexicon* 中对"joint venture"的解释："A partnership of a temporary nature e. g., as where merchants in different countries join an export transaction on their joint account. On completion of the venture the partnership comes to an end"；洪土豪的辞书《英汉法律辞典新编》中对"joint venture"的解释为："合伙；短期合营"。法条原文欲传递给读者的"合资企业"并非短期的、公司组织的法人，但是译文中选用的"joint venture"却是短期的合伙经营，"二者貌合而神离"①。因此，在这里将"合资企业"翻译为"joint venture"，是有违我国民法内部的法律体系的，易对读者尤其是那些有法律英语背景的国外读者造成巨大的误解。经过体系解释验证后，译者有必要否定先前的译文表达并将译文进行及时修正。

可见，体系解释验证方法在翻译验证中运用得比较多，经过体系解释的翻译验证更容易得出精确的翻译结论，以实现法律等效表达；法律翻译采用体系解释方法进行翻译验证能技巧性地找准原法条表达的真意，通过法律规范之间的体系联系来有效地避免法律文本英译翻译失真的问题。

例四：《中华人民共和国宪法》第 8 条。（北大法宝——英文译本检索系统，2016 年 11 月 7 日检索）

（原文）第 8 条 农村人民公社、农业生产合作社和其他生产、供销、信用、消费等各种形式的合作经济，是社会主义劳动群众集体所有制经济。参加农村集体经济组织的劳动者，有权在法律规定的范围内经营自留地、自留山、家庭副业和饲养自留畜。

（译文）Article 8 In rural areas the responsibility system, the main form of which is household contract that links remuneration to output, and other forms of cooperative economy, such as producers´, supply and marketing, credit and consumers cooperatives, belong to the sector of socialist economy under collective ownership by the working people. Working people who are members of rural economic collectives have the right, within the limits prescribed by law, to farm plots of cropland and hilly land allotted for their private use, engage in household sideline production andraise privately-owned livestock.

《中华人民共和国宪法》英译已经存有很多版本。对于该法第 8 条第一款中的一句原文："……经营自留地、自留山、家庭副业和饲养自留畜"，当时发表在《中国日报》的《中华人民共和国宪法》单行译本曾将其译为："…to farm private plots of cropland and hilly land, engage in house-hold side—line production and raise private owned livestock"（译文一），而同时期于 1983 年北京外文出版社出版的《中华人民共和国宪法》单行译本为："…to farm plots of cropland and hilly land allotted for private use, …raise privately—owned livestock"（译文二），这也是现在官方采用的译本。

---

① 陈忠诚：《法窗译话》，中国对外翻译出版公司 1992 年版，第 74 页。

　　哪种版本才是最精确的译文呢？通过翻译验证可以发现：译文一中的"private plots"依据英文习惯，其含义为"私人所有土地"；译文二中的"private use"则义为"并非私有，但是归私人使用"。① 上述翻译涉及有关宪法的规范，可依据法律解释的合宪解释方法选择和排除法律解释中的可能结论，容易得知译文二是符合宪法精神的，而译文一则是失真的翻译表达。因此，经过翻译验证过后应该采取译文二作为法律文本的翻译结论。

　　又如，《中华人民共和国宪法草案》第 73 条原文："全国人民代表大会代表，非经全国人民代表大会会议主席团许可，在全国人民代表大会闭会期间非经全国人民代表大会常务委员会许可，不受逮捕或者刑事审判。"当时译文为："No deputy to the National People's Congress may be arrested or placed on trial without the consent of, the Presidium of the current session of the National People's Congress or when the National People's Congress is not in session, the consent of its Standing Committee. "此项翻译也是有关宪法的规范，因此运用法律解释的合宪解释方法进行验证发现：原文的"刑事审判"在《中华人民共和国宪法草案》的译文中被译为"on trial"，包括"民事审判在内的一切审判"②，这是不符合宪法原意的，应该将译文更正为"on criminal trial"，才是合宪的译法。陈忠诚在 1992 年出版的《法窗译话》中已经明确提出这个修改建议，检视现在的译本发现已经对此进行了修订，《中华人民共和国宪法草案》第 73 条为现行《中华人民共和国宪法》第 74 条：

　　（原文）第 74 条　全国人民代表大会代表，非经全国人民代表大会会议主席团许可，在全国人民代表大会闭会期间非经全国人民代表大会常务委员会许可，不受逮捕或者<u>刑事审判</u>。

　　（译文）Article 74　No deputy to the National People's Congress may be arrested or placed <u>on criminal trial</u> without the consent of the Presidium of the current session of the National People's Congress or, when the National People's Congress is not in session, without the consent of its Standing Committee.

　　法律翻译采用合宪解释方法进行翻译验证，能利用宪法的原则、价

---

　　① 陈忠诚：《法窗译话》，中国对外翻译出版公司 1992 年版，第 148 页。

　　② 同上书，145—146 页。

值、规则等依据来确定译文表达的正确性和法律等效性，从而得出与宪法精神一致的翻译结论；合宪解释方法通过比照宪法的精神来验证译文表达，能快速有效地避免法律翻译的失真问题。

例五（北大法宝—英文译本检索系统，2016 年 11 月 9 日检索）：

1.《拘留所条例》第 19 条 。

（原文）第 19 条　拘留所发现被拘留人有下列情形之一的，应当建议拘留决定机关作出停止执行拘留的决定：

（一）患有精神病或者患有传染病需要隔离治疗的；

……

（译文）Article 19　Upon finding that a detainee falls under any of the following circumstances, the detention facility shall recommend to the organ that made the decision on detention to make a decision on terminating the detention：

（1）suffers from mental illness or a contagious disease that requires isolated medical treatment; or

……

2.《中华人民共和国全国人民代表大会和地方各级人民代表大会选举法》（2015 修正）第 26 条。

（原文）第 26 条　……精神病患者不能行使选举权利的，经选举委员会确认，不列入选民名单。

（译文）Article 26　…Citizens who suffer from mental illness and are incapable of exercising their electoral rights shall, upon determination by the election committee, not be included in the roll of voters.

3.《机动车驾驶证申领和使用规定》（2016 修改）第 13 条。

（原文）第 13 条　有下列情形之一的，不得申请机动车驾驶证：

（一）有器质性心脏病、癫痫病、美尼尔氏症、眩晕症、癔病、震颤麻痹、精神病、痴呆以及影响肢体活动的神经系统疾病等妨碍安全驾驶疾病的；

……

（译文）Article 13　Anyone falling under any of the following circumstances may not apply for a motor vehicle driving license：

（1）He or she has organic heart disease, epilepsy, Meniere's syndrome, vertigo, hysteria, parkinsonism, mental disease, dementia, or nervous system disease that affects the movement of limbs, or any other disease that impedes safe driving;

　　……

　　4. 《人民检察院强制医疗执行检察办法（试行）》第 27 条。

　　（原文）第 27 条　被强制医疗人是指被人民法院依照刑事诉讼法的规定决定强制医疗并送强制医疗机构执行的精神病人。

　　（译文）Article 27　The "person subject to involuntary medical treatment" means a mental patient on whom the people's court makes an involuntary medical treatment decision in accordance with the provisions of the Criminal Procedure Law and who is sent to an involuntary medical treatment institution for treatment.

　　（原文）第 28 条　对 2012 年 12 月 31 日以前公安机关依据《中华人民共和国刑法》第十八条的规定决定强制医疗且 2013 年 1 月 1 日以后仍在强制医疗机构被执行强制医疗的精神病人，人民检察院应当对其被执行强制医疗的活动实行监督。

　　（译文）Article 28　For a metal patient on whom an involuntary medical treatment decision is made by the public security authority in accordance with the provision of Article 18 of the Criminal Law of the People's Republic of China before December 31, 2012 and is subject to involuntary medical treatment by the involuntary medical treatment institution after January 1, 2013, the people's procuratorate shall conduct supervision of involuntary medical treatment against the patient.

　　（原文）第 29 条　公安机关在强制医疗机构内对涉案精神病人采取临时保护性约束措施的，人民检察院参照本办法对临时保护性约束措施的执行活动实行监督，发现违法情形的，应当提出纠正意见。

　　（译文）Article 29　Where the public security authority takes any temporary protective restrictive measure against a metal patient involved in a case at an involuntary medical treatment institution, the people's procuratorate shall conduct supervision of execution of the temporary protective restrictive measure by reference to these Measures, and offer correction opinion if it finds any violation of law.

　　从上述译文来看，我国立法文本的英译本存在严重的术语不统一现象。同样是对"精神病"的翻译，但是第 1、2 法条译为"mental illness"，第 3 法条译为"mental disease"，第 4 法条更甚，将"精神病人"

在连续三个条款里的拼写表述不一致，甚至拼写错误，分别写为"mental patient"和"metal patient"。除此以外，对"精神病"的译法还有其他版本，限于篇幅，不一一列举，只列举以上 4 个特征明显的译法以做说明。

首先，英译表达应该避免拼写错误。英文字母缺失，意义就大相径庭了，也许只是一个滑稽的错误，也许会造成严重的后果。第 4 法条里的"metal patient"绝对不可能是字面意义的"金属病人"。官方译文应该像宪法文本一样字斟句酌，书写上的错误是万万不可出现的。

其次，法律术语的翻译统一也是法律翻译中至关重要的。立法文本卷帙浩繁，如果一些意义确定的常用词汇尚不能形成统一的译法，那还有许多有差异的词汇需要读者去做区分，这样的阅读效果是大打折扣的。采用何种办法进行术语统一，是后一步的问题。在此，我们首先对出现的不同翻译表达做一个翻译验证，以确定其是否正确还原了法律文本本意和哪种译法实现了表达上的法律等效。译文中出现得最多的当属"mental illness"和"mental disease"。查任何相关英文字典，都能发现二者属于同义词，因此其核心文义为"精神病"并不存在任何问题。但是二者有一定的细微差别。查《韦氏法律专业词汇词典》："mental disease and mental illness are in general use synonymous，but mental disease has developed a settled meaning in criminal law while mental illness is often explained or defined by reference to the medical community's understanding of the term"[1]，"mental disease"多限于法律事务中，现在已经发展为"专指刑法上导致反复的刑事犯罪或反社会行为的一种非正常精神病状"[2]。此时便需要对"mental disease"进行限缩解释。在"精神病"的核心文义下限缩为法律层面的"精神病"术语，而在这一层面下则一般不包括医学上的"精神病"。根据《韦氏法律专业词汇词典》的解析，"mental illness"更多指医学界所认知的"精神上的疾病或病症"。[3]此时需对"mental illness"进行扩张解释，"mental illness"包含了医学层面的精神病含义，还包括了"mental disease"在法律层面的精神病含义，但是由于"mental disease"在法律层面使用的惯

---

[1]　Cf. Linda Picard Wood，*Merriam Webster's Dictionary of Law*，Merriam-Webster：Incorporated，1996，p. 311.

[2]　宋雷：《法律术语翻译要略》，中国政法大学出版社 2011 年版，第 291 页。

[3]　同上。

例，更多地在法律层面避免使用"mental illness"。从逻辑学角度看，在法律翻译领域，"mental disease"可以说是"mental illness"范围内的一个子集，专门在法律层面使用；而"mental illness"则不限于传统医学意义上的精神病含义，它还包括作为法律术语使用的精神病含义，只是由于"mental disease"的使用惯例而尽可能回避。因此，对"精神病"一词的不同译法可以做一个建议，统一使用"mental disease"这一法律术语来进行翻译表达。

例六（北大法宝—英文译本检索系统，2017 年 2 月 5 日检索）：

1. 全国人大常委会《关于香港特别行政区行政长官普选问题和 2016 年立法会产生办法的决定》。

（原文）会议认为，实行行政长官普选，是香港民主发展的历史性进步，也是香港特别行政区政治体制的重大变革，关系到香港长期繁荣稳定，关系到国家主权、安全和发展利益，必须审慎、稳步推进。

（译文）The Session is of the opinion that the selection of the Chief Executive by universal suffrage is a historical progress in the democratic development of Hong Kong and an important reform of the political system of the Hong Kong Special Administrative Region, is related to the long-term prosperity and stability of Hong Kong, and is related to national sovereignty, security and development interests, so it must be advanced in a prudent and steady manner.

2. 全国人大常委会《关于澳门特别行政区 2013 年立法会产生办法和 2014 年行政长官产生办法有关问题的决定》。

（原文）有关澳门特别行政区行政长官产生办法和立法会产生办法的任何修改，都应当符合澳门基本法的上述规定，并遵循从澳门的实际情况出发，有利于保持澳门特别行政区基本政治制度的稳定，有利于行政主导政治体制的有效运作，有利于兼顾澳门社会各阶层各界别的利益，有利于保持澳门的长期繁荣稳定和发展等原则。

（译文）Any amendment to the methods for selecting the Chief Executive and forming the Legislative Council of the Macao Special Administrative Region shall conform to the above-mentioned provisions of the Basic Law of Macao and follow the principles of being based on the actual situation in Macao, being conducive to maintaining the stability of the basic political system of the Macao Special Administrative Region, being conducive to the efficient operation of the executive-led political mechanism，being conducive to taking account the interests of all classes and sectors of society in Macao，and being conducive to maintaining the long-term prosperity，stability and development of Macao.

3.《中华人民共和国民族区域自治法》（2001 修正）。

（原文）序言

中华人民共和国是全国各族人民共同缔造的统一的多民族国家。民族区域自治是中国共产党运用马克思列宁主义解决我国民族问题的基本政策，是国家的一项基本政治制度。

（译文）Preface

The People's Republic of China is a unitary multinational State created jointly by the people of all its nationalities. Regional national autonomy is the basic policy adopted by the Communist Party of China for the solution of the national question in China through its application of Marxism–Leninism；it is a basic political system of the State.

由上可以发现，法律翻译中具有政治色彩的词汇不仅存在术语不统一的情况，还有相互混淆的问题。屈文生曾指出，"在《中国的司法改革》白皮书中，'政治体制'和'政治制度'二词都被译作了'political system'"①，在我国立法文本翻译中也存在类似情形。第 1 法条中对"政治体制"术语的翻译和第 2 法条中对"政治体制"术语的翻译不统一，分别译为"political system""political mechanism"；第 1 法条中对"政治体制"术语的翻译与第 3 法条中对"政治制度"的翻译又相混淆，都译为了"political system"。

首先，对"政治体制"和"政治制度"进行文义解释发现，要探求其核心文义是非常困难的，二词都是具有政治色彩的模糊词汇，与"善良风俗""显失公平""公序良俗"等类似，没有严格的具体内涵界定，只有抽象的模糊概念，其外延非常宽，需要译者在翻译验证过程中参照法律价值指引规则，结合社会生活与政治观念等予以价值补充，进行具体化。这种解释办法超出了狭义解释的核心文义范围，因此对这二词进行翻译验证时需要引入广义法律解释的"不确定概念"具体化验证方法。如前文所述，"不确定概念"的具体化在法律解释中有以下几个步骤：第一，考

① 屈文生：《也谈〈中国的司法改革〉白皮书的翻译》，《中国翻译》2013 年第 3 期。

量具体情形所涉及的各项因素，如法律条款中的规定、立法目的和立法意图、社会生活经验、社会发展需要等。第二，根据上述考量因素进行类型化。"不确定概念本身需要解释者进行解释，解释者有极大的自由裁量空间。"①译者在遇到这类词汇的翻译时，应该对具体情形通过对既有情形的归纳整理来得出结论。第三，将具体化的结论与待译情形进行衔接，其目的在于通过具体化使不确定概念明晰。

运用法律解释中"不确定概念"具体化的验证方法考量"政治体制"和"政治制度"二词的选词意图与政治色彩，译者需要有一双敏锐的"法眼"，能够洞悉法文化下词语所承载的法律内涵，不能望文生义。我国学者赵景刚对这二词提出的见解可谓一般大众理解层面下的"政治体制"和"政治制度"。从政治法律常识来看，我们说"要坚持长久以来确立的'政治制度'，改革不能与时俱进的'政治体制'"②，这就暗含了二词的逻辑内涵，"政治体制"是"政治制度"的具体化，官方是在"肯定政治制度优越性的基础上论述政治体制之弊端的"③。具体而言，政治体制改革的对象是具有弊端的那部分政治体制，而不是我国的根本政治制度。

厘清了二词的逻辑内涵后，我们进入对"system"和"mechanism"的回译验证环节。香港律政司出版的第三版《英汉法律词条》（下册）中"system"词条下有："（衡平法）制度、（衡平法）系统"的含义解析；法律出版社出版的宋雷主编的《英汉法律用语大辞典》词条"mechanism"下有："机制、方法、措施、手段"的含义解析。由此可以得出，将"system"翻译为"制度"非常精准，在英美法背景下也不会对读者造成困扰和误解，前第 2 法条中将"政治体制"译为"political mechanism"太过牵强。首先，"mechanism"词条下的"机制"是指类似（变革）机制、（合作）机制等具体的方式方法，是一种工具性的具体化很强的措施，与抽象感极强的"体制"差异颇大。其次，通过前第 1 法条和前第 3 法条也能看出，前第 2 法条似有规避在同一段落同时出现两个"system"的嫌疑，因此将"政治体制"译为"political mechanism"，但这

---

① ［瑞士］迪特儿·施瓦布：《民法导论》，郑冲译，法律出版社 2006 年版，第 75 页。

② 赵景刚：《十余年来的中国政治体制改革研究述评》，《学术界》2006 年第 6 期。

③ 同上。

种译法却是失真的，没有实现法律等效表达。

屈文生提出，将"政治制度"译为"political system"，而将"政治体制"译为"political institution and structure"。[①] "institution"和"structure"这两个词是否满足"体制"内涵的要求，也是需要验证检验的。首先，从词性上来看，"institution"和"structure"都是中性词，褒贬兼具，因此符合上述政治体制改革的对象是具有弊端的那部分政治体制的潜在要求，不像"制度"那样具有浓厚的政治正确倾向。其次，《布莱克法律词典》（第10版）中词条"institution"有一条解析为："an elementary principle"，这点是与体制的"具体性"和"基础性"相匹配的。《布莱克法律词典》（第10版）中"structure"词条有一条解析为："any construction, production, or piece of work artificially built up or composed of parts purposefully joined together"，这点与"目的性"和"构成性"要求也是吻合的。因此，我们可以得出，屈文生将"政治体制"译为"political institution and structure"更为贴切。

在对"政治体制"和"政治制度"的翻译验证中，我们运用了广义法律解释验证方法中的"不确定概念"具体化的验证方法，将不确定的概念通过与相关知识的对比衔接，将其相对具体化，再对其进行翻译表达。这种解释性的翻译策略并不适用于所有的法律翻译，因为法律术语更倾向于使用现有词汇，但是对于政治词汇是需要"警惕貌合神离的'伪对应'的"[②]；对于不确定概念具体化中的关键环节：价值补充，需要译者十分过硬的法律功底，才能作出最正确的选择。

例七（北大法宝—英文译本检索系统，2017年2月5日检索）：

1. （原文）北京市房屋拆迁单位<u>管理办法</u>。

（译文）<u>Measures</u> of Beijing Municipality for the Administration of House Demolishing Entities.

2. （原文）中国银行外汇兑换券暂行<u>管理办法</u>。

（译文）Provisional <u>Regulations</u> of the Bank of China of Foreign Exchange Certificate.

3. （原文）外汇（转）贷款登记<u>管理办法</u>。

（译文）The SAEC <u>Rule</u> on Administration of Foreign Exchange（Trans-

---

① 屈文生：《也谈〈中国的司法改革〉白皮书的翻译》，《中国翻译》2013年第3期。

② 同上。

ferred）Loans.

　　由于"管理办法"一词是极具中国特色的法律词汇，因此需要符合"译名同一律"要求。①从北大法宝的搜索来看，"管理办法"被翻译得最多的表达为"measures"，也有被译为"regulations"和"rules"的。对于这三种译法，已有学者从对语言文字感性的感受角度来探讨其翻译失真的问题，从法律解释角度来看，这三种译文各自的优劣是非常明了的。

　　第一，关于"measures"的译法。"管理办法"是具有法律效力的，是根据宪法和法律制定的从属于法律的规范性文件，违反它就要带来相应的法律后果。"measures"虽能体现出汉语"管理办法"的"措施、手段、方法"内涵，但是要比汉语中"办法"的词性强硬很多。②根据《中华人民共和国立法法》，有权制定这类规范性文件的机关及其权限是：各级国家权力机关——人大及其常委会制定法律和地方性法规，国务院制定全国性的行政法规，国务院部委制定部门规章，各省、直辖市、自治区政府制定地方性规章，各级政府及其部门均可依法制定规范性文件。"measures"应该是处于较低位阶的文件，其程度必定轻于法律（law）以及规章（rule）。因此，需要找词性的强硬程度较"轻"的词汇来表达"办法"。《元照英美法词典》对"measures"词条的解析有"（教会法）法；法案"的意思；《英汉法律用语大辞典》对"measures"词条的解析中将"长老会法令、法律、立法"的含义与"手段、办法、措施"并列排放。这说明"measures"对"措施、方法"暗含的词性程度与"法律"接近，是一个强硬程度较重的词汇，而"管理办法"在法律位阶上是低于"法律"的。

　　我们运用法律解释中的当然解释方法来验证以上译文表达。当然解释有两种："举重以明轻，举轻以明重"。"举重以明轻"，也称为"以大推小"，即根据法律规定的目的来考虑，如果"其事实较之于法律所规定的情况更轻，就可以直接适用该法律规定"③。"举重以明轻"的适用应当遵循三个基本要求：两种情况须存在共性；两种情况之间存在"轻"与"重"的差别；法律的规定须适合适用于待决情形。因此，教会法法案和长老会法令被译作"measures"，那么"管理办法"在逻辑上当然不可译

---

① 刘法公：《法规文件名称"管理办法"的英译探讨》，《中国翻译》2012 年第 5 期。

② 同上。

③ 杨仁寿：《法学方法论》，三民书局 1986 年版，第 146 页。

作"measures"。

第二，关于"regulations"和"rules"的译法。从法律体系解释来看，基于制定管理办法的主体所处位阶，"管理办法"应为处于较低位阶的文件，其程度必定轻于法律（law）以及规章（rule）。同时，在实践中一般用"regulations"翻译"条例"，"rules"翻译"规章"，如

"中华人民共和国无线电管理条例（2016 修订）"译为"Radio Regulation of the People's Republic of China（2016 Revision）"，"国家林业局关于修改部分部门规章的决定（2016）"，译为"Decision of the State Forestry Administration on Amending Some Departmental Rules（2016）"。（北大法宝—英文译本检索系统，2017 年 2 月 5 日检索）

根据体系解释原理，条例的制定主体为国家权力机关或行政机关，规章的制定主体为国务院及其下属各个部门和地方政府，此二者的位阶皆大于管理办法的制定主体。条例尚且被译作"regulation"，规章也仅被译作"rule"，结合当然解释中"举重以明轻"的具体内涵要求，管理办法当然要低于"regulation"和"rule"，由此可见，前第 2、3 法条的翻译表达在法律内在逻辑上是说不通的。因此，对于"管理办法"一词的翻译，用"measure（s）""regulation（s）"和"rule（s）"予以表达均不能实现法律等效，皆为翻译失真。为此，刘法公建议将上海市法规的统一译法"procedures of"的模式扩展到所有对"管理办法"的翻译中，①其探索与论证较为合理，可考虑将其采纳并推广统一。

至此，达意验真三个子步骤已经通过实例进行了充分的验证解析，包括"为了验证译文效果对译文进行译文环境下的理解"，然后形成译文效果（译者对译文的理解/译者预期读者对译文的理解），最后将译文效果与原文效果对比验证是否实现法律等效。上述列举分析分别以此顺序对译语的翻译表达进行了对照检验，最终发现，这些法律文本翻译中的相关表达均没有实现法律等效，都存在不同程度和维度的翻译失真，并有针对性地提出修正改译建议。此顺序并非机械的操作顺序，每一个环节都需要调动译者自己的英语功底和法律素养，需要不失时机地选择正确合理的法律解释方法和语言学方法进行杂糅，将法律解释理论充分运用进法律翻译之中，以确保译文的法律等效表达和法律文本翻译的准确不失真。

---

① 刘法公：《法规文件名称"管理办法"的英译探讨》，《中国翻译》2012 年第 5 期。

第七章

结论与展望

第一节　研究结论

　　立足于法律文本的局部语境、缺少法律解释指引是造成法律文本译文失真的重要原因之一。当前的法律翻译研究更多的是针对翻译中所涉及的语言、翻译理论而展开，将法律解释理论系统地用于法律文本汉译英翻译实践的研究并不多见。通过研究传统法律语言、翻译理论和实践的弊端与不足，探索将法律解释理论引入法律翻译实践进行理论填充，以构建更为合理的法律翻译各主要环节的方略，不仅具有理论层面的创新性价值，也有助于消解实践层面的法律失真障碍。将法学理论与语言学、翻译学理论有机结合指引法律文本汉译英翻译实践，将法律解释理论运用于法律文本汉译英活动中的"理解、表达、验证"三大环节，以实现法律文本翻译的法律等效，必将开拓译者的视野，扩大法律解释理论和法律翻译理论疆界，有利于解决法律文本翻译失真这一现实问题，也有助于法律翻译事业的发展。

　　在法律文本翻译实践中对源语言进行正确通透理解、准确等效表达译文，并对译文进行有效的翻译验证，确保法律翻译准确不失真，以最终实现法进程的畅通无阻，是学界和实务中都最关注也是最亟待解决的重大难题。法律翻译实践，尤其是法律文本的翻译，需要法学理论、语言理论、翻译理论的指引和运用。通观现实，法律翻译中存在的问题不仅产生于翻译活动的"原文的理解"和"译文的表达"环节，还存在于"达意的验证"环节，不仅是对源语言的理解出现偏差和译文表达的不到位，还在于忽略了翻译活动的"达意验真"所致，未能在理解和表达后及时、正确地进行翻译检验。在关键性的翻译验证环节，仅使用非法律解释验证方法不足以使法律翻译目标成功实现，容易导致法律翻译的失真。法谚云"法律不重诵读，而重解释"，法律解释有利于作者对源语言的准确解读、有助于译文的等效表达和对译文的达意验真。

作为一种专门技术语言，法律语言具有自己的解码规则和范式。法律解释属于法学概念范畴，而法律翻译、翻译验证则属于翻译学概念范畴，但是它们并非完全分离与对立，它们的共性结合成为法学和语言学、翻译学的交叉学科，互相在对方的领域内渗透影响、汲取优势，进而使得彼此能够在一定程度上融合，指导各方实践。法律翻译中翻译解释的交叉性尤为明显，法律解释理论对法律翻译发挥着法学指导作用，法律翻译和翻译验证又能通过对文本的精确翻译促进法律解释功能的充分发挥，保障法律实效的全面实现。法律翻译要遵守法律翻译的表达原则，做到准确不失真、清晰简明、前后一致、语体规范；同时，在法律翻译活动中，原文理解下的法律解释、译文表达时的法律解释、达意验证中的法律解释还要遵循法律翻译的理解原则。立法文本翻译一般要经历如下步骤：原语环境下的原文理解；形成原文效果（译者对原文的理解）；思考将原文理解转化成译文；按照译文规则编码表达；为了验证译文效果对译文进行译文环境下的理解；形成译文效果（译者对译文的理解/译者预期读者对译文的理解；将译文效果与原文效果对比检验是否实现法律等效。相比其他翻译活动，法律解释运用下的法律翻译活动具有如下三大显性特征：非职业领域能力（CG）和职业领域能力（CP）共同作用形成真意理解、真意表达，实现法律等效；法律解释在不同的法文化和法语境中以各自的规则指导译者；实现译文效果与原文效果在法律层面的对等。

法律翻译的首要标准是准确不失真，该标准贯穿法律英译的三个环节：原文理解环节、译文表达环节和达意验证环节。理解是基础，是表达的前提；没有准确透彻的理解，就不可能有法律等效的表达。表达是理解的结果，但理解正确并不意味着必然能表达正确。达意验证是理解与表达的进一步深化，是对原文内容进一步核实和对译文进一步推敲的必要环节。对法律文本英译准确不失真的追求不仅体现在法律用语，尤其是法律术语翻译上，还需要从法律解释学中寻求更多的法律方法论指引，以实现法律文本英译中原文含义准确不失真地全面迁移和表达，最终达成法律等效目标，准确不失真标准的核心内涵就是法律等效。从非法律解释视角实证检视中国法律法规英译文本发现，语言失真、逻辑失真和文化失真是主要的失真表现和原因；从法律解释视角实证分析，文义失真、体系失真、目的失真、历史失真、社会学解释失真最为典型。

立法文本英译中，需要正确通透理解原文，探究源语言的真实含义，方能正确地用英语语言进行法律等效表达，源语言的理解离不开法律解释原理的指引。尽管法律翻译中的法律解释与法律适用中的法律解释有质的不同，但其原则与方法是可以相互参用的。无论是法律翻译解释还是法律适用解释，同属广义的法律解释范畴，都需要重视法律文本，要本着清晰文本本身无须解释原则、文义与法义相统一原则、历史与现实相统一原则，特别是要遵循准确严谨原则、合理性原则和整体性原则等等；都要忠实于立法目的和立法意图，妥当地进行价值判断，兼顾法的安定性和妥当性；都要运用法律解释的一般方法，狭义法律解释方法和广义法律解释方法在源语言理解上都可以发挥作用。运用法律解释方法帮助理解法律文本原文时要遵循一定的先后顺序：首先进行文义解释，在文义解释出现复数解释结论时，通过其他狭义解释方法来明确文本的含义；在这些方法运用之后如果仍存在复数解释结论时，可采用目的解释、历史解释等方法来探求立法目的和意图以确定文义；当文本的含义与现实社会发生脱节时可借助社会学解释方法来进行社会效果等考量。最后还可能需要采用合宪性解释对各种解释结论进行评价和控制，必要时得辅以广义法律解释方法探寻法律文本原文的真意。

追求法律等效是法律翻译的终极目标，奈达动态对等理论是法律等效的理论基础；法律等效在立法文本翻译中是基于四个方面的等效实现：立法意图、法律信息、立法语言的独特性和法律适用效果。译者在翻译过程中要实现这四个方面的等效就必须用好法律解释原则和方法。首先考察原文的立法目的（目的解释），探明立法意图，然后视情况恰当运用狭义和广义法律解释方法分析得出准确全面的法律信息；在预期法律适用效果时要更灵活地选用法律解释原则和方法来明确立法文本在适用中的具体法律效果。译者在追求法律等效过程中，法律解释是有效的指导原则和判断工具，能帮助译者准确理解原文、进行有效的语言转换、选择适当的表达方式、验证实际的译文效果。法律解释是实现法律等效的指导和方法，法律等效是法律解释运用追求的结果和目标。两者是相辅相成的，是目标和实现目标方法的关系。法律等效内涵与法律解释是互动关系，追求法律等效的过程也是法律解释原则和方法灵活运用的过程。要实现法律等效，从长远来看，我国立法文本译者与法律适用中的法律解释主体之间需有良性的互动关系；就法律文本英译而言，法律翻译中的法律解释活动聚焦、追求的是两个法律环境下以法律价值为首、文化社会等多元价值综合的等效，译者不可超出译者角色随意更改原文的各种价值，尤其是法律价值；在原文转换、译文表达和等效验证中，普通法里常用的字义规则是译者翻译活动经常运用的规则；不模糊、无异议，法律效果清晰明确，实现立法意图的等效迁移与转达，是译者翻译活动必须追求的目标。但是，从法律文本汉译英的实证分析看，目前现有不少国内外汉语立法文本英译在语词、句法和语篇三个层次上都存在法律等效表达上的亏欠；法律文本翻译活动缺乏法律解释的指导与运用、译者英语和法律英语表达能力不强、法律等效意识不够与运用缺乏是译文法律等效表达亏欠的三大主要原因。为了有效地保障法律解释的有序运用和法律等效的真实实现，避免法律文本翻译中出现法律等效表达的亏欠，应将法律解释方法、法律等效内涵有机地融入法律文本翻译之中，使整个法律文本翻译活动在程序、法律解释、法律等效保障下有序发挥译者的创作和表达能力，让主观性较强的法律等效表达活动变成有客观程序、标准、方法保障的活动。法律文本英译活动的法律等效表达需要经历如下步骤：法律等效表达的基础和出发点——原文理解形成的法律真意；法律等效表达宏观策略确定——转换过程中法律解释指导下的法律等效思考；法律等效表达实际操作——法律解释指导下的译文选择和法律等效表达。

　　"达意验真"是法律翻译活动的最后一关——"对等检验"环节，旨在考量翻译文本是否达到了对原文再现的目标。将法律翻译中的翻译验证环节凸显为"达意验真"，意在强调"对译文表达是否实现法律等效"这一终极目标的检验验证，以确保法律翻译准确不失真。译文是否翻译失真可以通过"回译"进行检验，但传统的翻译验证理论主要来源于语言学和翻译学，法律解释在传统翻译验证中是缺位的，容易导致法律文化交流困难、法律教学传播谬误、法律实施产生阻碍以及法律实现受到威胁。法律解释与翻译解释有共同的理解原则，都具有解释学循环特征，法律解释者与法律翻译者也有诸多共性；法律解释方法符合翻译验证特性，契合翻译验证原则，适应翻译验证需求。因此，法律解释于翻译验证有充分的必要性和可行性。法律翻译的达意验真包含"达意"和"验真"两方面的内涵，要经历三个子步骤：为了验证译文效果对译文进行译文环境下的理解；形成译文效果（译者对译文的理解/译者预期读者对译文的理解）；将译文效果与原文效果对比检验是否实现法律等效。法律翻译的终极目标是实现译文效果与原文效果的法律对等，首先应求"达意"。"达意"相当于严复所提"信、达、雅"中的"达"，是普通翻译学中的概念，而"验真"中所需要检验的"真"则不仅限于"信、达、雅"中的"信"，它包括了法律层面的"等效"和一定程度的"雅"。"验真"主要检验以下三个维度的"真"：验证翻译过程的严谨性，此为"逻辑真"；验证翻译（解释）方法的合理性，此为"方法真"；验证译文结论的妥当性，此为"结论真"。"验真"中的任一维度都包含着法律解释的验证参与，能够有针对性、更专业地检验法律文本翻译的法律等效效果。翻译验证环节不同于原文理解和表达环节，前者需要较严格地遵循相应的步骤和程序，而后者更容易被自由灵活地展开。当然，翻译验证也需要遵循相应的操作步骤与程序。对于法律文本翻译的达意验真而言，首先应以传统翻译验证方法进行验证，在传统翻译验证方法不能有效地对法律文本进行对等检验时，辅以法律解释验证方法是大有裨益的。具体而言，应根据待验证的内容灵活选取并综合运用法律解释验证方法，首先进行狭义法律解释方法验证，按照文义解释→体系解释→立法者意图或目的解释→历史解释→社会学解释等序位依次运用具体法律解释方法进行验证，然后再进行不确定概念和一般条款的具体化方法验证和漏洞填补方法验证。

第二节　未来展望

　　作为研究人类语言与社会行为规范的跨学科研究，本书研究主要围绕着利用法律解释进行翻译实践这一重点内容展开，通过借鉴法律解释原理，析出法律翻译中的法律解释价值，进而厘清法律解释与翻译解释的界限，探讨法律解释与翻译解释的共性和差异，并让译者在翻译过程中与法官在适用法律时的解释思路产生共情，以此为出发点进行翻译理论新探索，最终将法律解释理论引入法律翻译实践。法律解释通过发挥其本身所固有的功能，如明确法律含义、填补法律漏洞、辅助法律实现，不仅搭建了法律解释学的理论框架，提供了解释与翻译之间的借鉴桥梁，成为依据法律原理进行法律文本英译的中心场域，更成为引导传统翻译理论从法意缺失到法理介入，从法律翻译理论架构走向法律翻译实践的媒介。作为翻译学的一个分支，法律翻译绝非单纯的翻译"法律"，其不仅是一种旨在运用法律理解文本源语、译介目的语，还是源语和目的语之间在法律上的等效切换，更是实现法的价值过程中必不可少的一环，承载着比普通翻译更广阔和深层次的法律价值目标，保障着不同法域、不同地域之间法律精神的传播和传承效果。将法律解释作为法律文本翻译的核心指导环节，不仅是法律翻译语义下的必然推演与实现法律翻译目标的必然逻辑，亦是遵循法律实践、翻译实践运行之规律，实现法律译本不失真、法律文化得以优良传播的根本保障。

法律翻译实践要求充分调动具备职业领域能力译者的专业优势，发挥法律解释原理在源语理解、译文表达、达意验真三大翻译环节中的决定性作用，保证文义失真、体系失真、目的失真、历史失真、社会学失真等失真样态的大幅减少，形成真意理解、真意表达、实现法律等效，确保译文效果与原文效果在法律层面对等的实现。在法律翻译实践中已有不少学者提出要提高译者的法律认知、增强译者的法律理论修养，然而长期以来却仅仅停留在观念上。一方面，译者对法律学习往往一知半解，将对法律语言的释义等同于法律解释，将查阅法律字典的释义等价于文义解释的标准，等等。当下的法律翻译实践对法律解释与法律翻译的结合并不具有实质性的意义，而是带有明显仪式化的剧场效应和象征意味，演变为一道为完成法律翻译而不得不履行的"法律手续"而已，这样的困境是当下法律实践不可避免且长期存在的。另一方面，尽管随着法律翻译者对法律原理意识的加强，并且明确作为法律翻译者须深谙法学功夫，并下大力气去攻读第二学位或者参加法律职业资格考试等，对法律本土教育的理解达到了一定程度的提高，但是，仅仅通晓中国法律的译者缺乏英美法体系下的相应认知，尚未达到能够应对跨国法的翻译要求。因此，单纯为了翻译去弥补中国法律知识，或者孤立地学习英美法知识对于法律翻译实践来说都是片面低效的。高水平法律翻译人才的缺失与法律翻译需求日益增长的矛盾，成为当今法律翻译实践亟须解决的问题。

法律解释本身是一个复杂的理论综合体，其内在地包括了狭义法律解释和广义法律解释，其中又包含了文义解释、历史解释、体系解释、目的解释、漏洞填补解释、类推解释等多元主线，因此法律语言的全部重大问题都可能与法律解释中的某项或者某些解释方略息息相关。立足于我国当下的法律解释实践，如何全面地认识法律解释原理与方法，进而在法律解释导向下，着力于三大法律翻译环节内实现宏观层面的法律解释指引和微观层面的法律解释借鉴就显得更为现实和紧迫。法律解释在翻译实践中的完善与推进应当以"兼容并蓄"的理念展开。

　　本书研究不仅旨在为我国法律翻译实践的推动提供一种可选择的方式和进路，更在于将法律解释的基本理论与法律文本翻译实践相结合，运用在选样和比较分析基础上的吸收、借鉴、创造等基本方法解决我国当下法律翻译实践的现实问题。我们期待，随着法律解释学理论对法律翻译理论的不断渗透和推进，法律翻译必将在回归立法原义、还原法律常态、避免译文失真等方面有长足进步，以"逻辑真""方法真""结论真"的"三真"译文呈现给未来广大的法律翻译受众群体。

参考文献

一　著作类

〔英〕艾伦·艾萨克斯：《麦克米伦百科全书》，郭建中、江昭明、毛华奋等译，浙江人民出版社 2002 年版。

陈辰：《物权法热点问题解答》，中国方正出版社 2007 年版。

陈金钊：《法律解释的哲理》，山东人民出版社 1999 年版。

陈金钊：《法律解释学》，中国人民大学出版社 2011 年版。

陈忠诚：《〈民法通则〉AAA 译本评析》，法律出版社 2008 年版。

陈忠诚：《法窗译话》，中国对外翻译出版公司 1992 年版。

〔瑞士〕迪特儿·施瓦布：《民法导论》，郑冲译，法律出版社 2006 年版。

〔德〕伽达默尔：《伽达默尔集》，邓安庆等译，上海远东出版社 2003 年版。

〔荷〕格老秀斯：《战争与和平法》，何勤华译，上海人民出版社 2005 年版。

葛洪义：《法理学》，中国政法大学出版社 1991 年版。

管新平、何志平：《汉英等效翻译》，华南理工大学出版社 2006 年版。

国家司法考试中心：《国家司法考试辅导用书》全 3 卷，法律出版社 2007 年版。

国务院法制办公室：《中华人民共和国常用法律法规全书——中英文版》（上册），中国法制出版社 2011 年版。

黄茂荣:《法学方法与现代民法》,中国政法大学出版社 2001 年版。

姜治文、文军:《翻译标准论》,四川人民出版社 2000 年版。

金隄:《等效翻译探索》(增订版),中国对外翻译公司 1998 年版。

〔德〕拉伦茨:《法学方法论》,陈爱娥译,商务印书馆 2005 年版。

李克兴:《法律翻译——理论与实践》,北京大学出版社 2007 年版。

李克兴:《高级法律翻译与写作》,北京大学出版社 2013 年版。

李克兴:《英汉法律翻译案例讲评》,外文出版社 2011 年版。

李克兴、张新红:《法律文本与法律翻译》,中国对外翻译出版公司
2006 年版。

梁慧星:《裁判的方法》,法律出版社 2003 年版。

梁慧星:《民法律解释学》,法律出版社 2009 年版。

梁慧星:《民法总论》,法律出版社 2004 年版。

梁治平:《法律解释问题》,法律出版社 1998 年版。

卢敏:《英语法律文本的语言特点与翻译》,上海交通大学出版社
2010 年版。

潘庆云:《跨世纪的中国法律语言》,华东理工大学出版社 1997
年版。

彭万林:《民法学》,中国政法大学出版社 1999 年版。

沈宗灵:《法理学》,北京大学出版社 2001 年版。

沈宗灵、罗玉中、张骐编:《法理学与比较法学论集:沈宗灵学术思
想暨当代中国法理学的改革与发展》,北京大学出版社 2000 年版。

宋雷:《法律术语翻译要略》,中国政法大学出版社 2011 年版。

宋雷、张绍全:《英汉对比法律语言学——法律英语翻译进阶》,北京
大学出版社 2010 年版。

孙懿华:《法律语言学》,湖南人民出版社 2006 年版。

孙致礼:《新编英汉翻译教程》,上海外语教育出版社 2003 年版。

王利明:《法律解释学》,中国人民大学出版社 2009 年版。

王利明:《合同法研究》(第 1 卷),中国人民大学出版社 2002 年版。

徐国栋:《民法基本原则解释——成文法局限性之克服》(增订本),
中国政法大学出版社 2001 年版。

杨仁寿:《法学方法论》,三民书局 1986 年版。

余冰清编:《中华人民共和国合同法》,外文出版社 1999 年版。

余素青：《律语言与翻译》，复旦大学出版社 2011 年版。

张明楷：《刑法学》，法律出版社 2011 年版。

张培基：《英汉翻译教程》，上海外语教育出版社 1980 年版。

张思洁：《法律英语翻译读本》，南京大学出版社 2012 年版。

张志铭：《法律解释的操作分析》，中国政法大学出版社 1994 年版。

赵俊英：《现代英语语法大全》，上海交通大学出版社 2008 年版。

Deborah Cao, *Translating Law*，上海外语教育出版社 2008 年版。

Enrique ALcarazand Brian Hughes, *Legal Translation Explained*，上海外语教育出版社 2008 年版。

Eugene A. Nada and Charles R. Taber, *The theory and Practice of Translation*, Leiden：E. J. Brill, 1969.

Eugene A. Nada, *Toward a Science of Translating*，上海外语教育出版社 2004 年版。

Halliday, M. A. K, *An Introduction to Functional Grammar*, 2nd ed., London：Edward Amold, 1994.

Mathesius V., *Functional Sentence Perspective*, Prague：Academia, 1939.

Newmark, Peter, *A Textbook of Translation*，上海外语教育出版社 2001 年版。

Sarcevic Suan, *New Approach to Legal Translation*, NED：Kluwer Law International, 1997.

Savigny, *System des heutigen RÖmischen Rechts*, Berlin：Bd. 1, 1840.

二　期刊类

蔡毅：《翻译理论的言语学派》，《翻译通讯》1982 年第 6 期。

陈金钊：《法律解释及其基本特征》，《法律科学》2000 年第 6 期。

陈金钊：《论法律解释权的构成要素》，《政治与法律》2004 年第 1 期。

陈金钊：《目的解释方法及其意义》，《法律科学》2004 年第 5 期。

陈小全、强凤华：《法律位阶与汉语法律名称的英译》，《中国翻译》2012 年第 5 期。

陈雄根：《略谈我国的法律解释与法律适用的关系》，《江苏市场经济》2002 年第 3 期。

陈中绳：《法律译文要力求精练》，《上海科技翻译》1995 年第 1 期。

陈忠诚：《法律英译的失真问题》，《外国语》1990 年第 1 期。

程宗璋：《试论我国合同法中的"交易习惯"》，《燕山大学学报》（哲学社会科学版）2001 年第 2 期。

戴拥军：《司法解释观照下的〈中华人民共和国合同法〉翻译研究》，《改革与开放》2011 年第 22 期。

杜金榜：《法律交流原则与法律翻译》，《广东外语外贸大学学报》2005 年第 4 期。

杜金榜、张福、袁亮：《中国法律法规英译的问题和解决》，《中国翻译》2004 年第 5 期。

傅伟良：《合同法律文件翻译谈——谈〈中华人民共和国合同法〉的部分译文》，《中国翻译》2002 年第 5 期。

韩宁：《术语学视角下的法律术语翻译——以〈合同法〉英译为例》，《时代教育》2015 年第 3 期。

胡道华：《法律文本翻译标准——以文本类型论为视角》，《探索与争鸣》2011 年第 3 期。

黄巍：《议法律翻译中译者的创造性》，《中国翻译》2002 年第 2 期。

焦宝乾：《论法律解释的目标》，《法律方法》2005 年第 4 期。

金朝武、胡爱平：《试论我国当前法律翻译中存在的问题》，《中国翻译》2000 年第 3 期。

金晓燕：《法律术语的英译问题探究》，《常州工学院学报》（社科版）2013 年第 2 期。

［美］卡多佐：《司法中的类推》，苏力译，《外国法译评》1998 年第 1 期。

李德凤、胡牧：《法律翻译研究——现状与前瞻》，《中国科技翻译》2006 年第 3 期。

李立、郭旭：《〈中国的司法改革〉英文本若干翻译问题之探讨》，《中国翻译》2013 年第 1 期。

李丽：《法律英语词汇的特点及其翻译》，《中国科技翻译》2005 年第 18 卷第 3 期。

李楠：《法律法规中指示语翻译的研究》，《广东外语外贸大学学报》2005 年第 16 卷第 1 期。

梁慧星：《论产品制造者、销售者的严格责任》，《法学研究》1990 年第 5 期。

刘法公：《法规文件名称"管理办法"的英译探讨》，《中国翻译》2012 年第 5 期。

刘会春：《试论法律逻辑对汉语法律条文英译的影响》，《中国翻译》2005 年第 6 期。

刘金龙：《中西法律文化交流视角下的翻译史研究——〈从词典出发：法律术语译名统一与规范化的翻译史研究〉评述》，《中国翻译》2014 年第 3 期。

陆丽英：《基于法律文化语境的法律英语翻译原则与策略》，《长江师范学院学报》2012 年第 1 期。

罗筱琦：《"交易习惯"研究》，《现代法学》2002 年第 2 期。

蒙启红：《地方性法规英译的若干问题和解决》，《学理论》2008 年第 24 期。

孟强：《论我国〈物权法〉上的商事留置权》，《政治与法律》2008 年第 10 期。

屈文生：《也谈〈中国的司法改革〉白皮书的翻译》，《中国翻译》2013 年第 3 期。

屈文生：《早期中英条约的翻译问题》，《历史研究》2013 年第 6 期。

屈文生：《中国法律术语对外翻译面临的问题与成因反思——兼谈近年来我国法律术语译名规范化问题》，《中国翻译》2012 年第 6 期。

宋雷：《法律翻译理解之哲理——从法律诠释角度透视原文本的理解》，《四川外语学院学报》2006 年第 1 期。

孙建安：《侦查学中几个易混淆名词概念辨析》，《犯罪研究》2012 年第 6 期。

孙晓丹、程仁、刘佩：《影响中国法律术语英译的因素分析》，《法制与社会》2015 年第 3 期。

吐火加、包建华、陈宝贵：《论证据调查与证明责任的关系》，《法律适用》2014 年第 5 期。

王静、张自伟：《略论中国现行法律法规英译词语的选择》，《皖西学院学报》2006 年第 6 期。

魏玮：《英国法律解释三大规则之适用》，《法律适用》2002 年第

2 期。

　　肖坤学：《识解解读：翻译中原文理解的认知语言学视角》，《广州大学学报》2010 年第 11 期。

　　熊德米、熊淑丹：《法律翻译的特殊规则》，《西南政法大学学报》2011 年第 2 期。

　　徐学银：《论我国合同法中情势变更原则的确立》，《求索》2007 年第 7 期。

　　杨晓琼：《试论主位和述位理论对翻译的启示》，《科技信息》2009 年第 18 期。

　　应飞虎：《知假买假行为适用惩罚性赔偿的思考——基于法经济学和法社会学的视角》，《中国法学》2004 年第 6 期。

　　游文丽、张萱：《农村承包经营户的法律地位问题探究》，《北京化工大学学报》（社会科学版）2013 年第 2 期。

　　张法连：《法律文体翻译基本原则探究》，《中国翻译》2009 年第 5 期。

　　张法连：《法律英语翻译中的文化因素探析》，《中国翻译》2009 年第 6 期。

　　张娇东：《合同法交易习惯之司法适用》，《黑龙江省政法管理干部学院学报》2011 年第 2 期。

　　张骐：《试论指导性案例的"指导性"》，《法制与社会发展》2007 年第 6 期。

　　张天飞：《法律法规的英译文本现状探析》，《考试周刊》2009 年第 46 期。

　　张新红：《汉语立法语篇的言语行为分析》，《现代外语》2000 年第 3 期。

　　张新红：《文本类型和法律文本》，《现代外语》2001 年第 2 期。

　　张新红、姜琳琳：《论法律翻译中的语用充实》，《外语研究》2008 年第 1 期。

　　张志铭：《法律解释的原理》，《国家检察官学院学报》2007 年第 6 期。

　　赵荟杰：《"订金"非"定金"一字之差引纠纷》，《人民调解》2013 年第 1 期。

Alexander and Saikrishna Prakash, "Is that English You're Speaking? Some Arguments for the Primacy of Intent in Interpretation", *San Diego Law Review*, 2004.

Hart, "H. L. A. Definition and Theory in Jurisprudence", *The Law Quarterly Review*, Vol. 70, 1954.

Tetley William, "Mixed Jurisdictions: Common Law V. S Civil Law (Codified and Uncodified) ", *Louisiana Law Review*, Vol. 60, 2000.

三 其他

陈光中:《中华法学大辞典》(诉讼法学卷),中国检察出版社 1995 年版。

陈忠诚:《法律用语辩证词典》,法律出版社 1999 年版。

程超凡主编:《英汉—汉英双向法律词典》,法律出版社 2007 年版。

大众法律图书中心:《新编常用法律词典》,中国法制出版社 2013 年版。

[英]戴维·M. 沃克:《牛津法律词典》,李双元等译,法律出版社 2003 年版。

顾维忱、张军英:《中国法律法规标题英译问题与对策研究》,载《第七届河北省社会科学学术年会论文专辑》,2012 年。

江苏省盐城市亭湖区人民法院(2007)亭民一初字第 2876 号。

孔颖达:《春秋左传正义》卷 43,北京大学出版社 2000 年版。

栗劲、李放主编:《中华实用法学大辞典》,吉林大学出版社 1988 年版。

梁慧星:《民商法论丛》,法律出版社 1994 年版。

梁慧星主编:《民商法论丛》第 2 卷,法律出版社 1994 年版。

刘海藩主编:《现代领导百科全书·法律与哲学卷》,中共中央党校出版社 2008 年版。

刘建明主编:《宣传舆论学大辞典》,经济日报出版社 1993 年版。

刘倩:《力求唯真求实——浅谈翻译中的"还原"问题回译》,载《福建省外文学会 2007 年会暨华东地区第四届外语教学研讨会论文集》,2007 年。

潘熙祥主编:《英汉双解英语反义词辞典》,武汉大学出版社 1987 年版。

彭克宏主编：《社会科学大词典》，中国国际广播出版社 1989 年版。

天津市和平区人民法院（1993）和民初字第 440 号，《最高人民法院公报》1995 年第 2 期。

薛波主编：《元照英美法词典》，法律出版社 2003 年版。

张福：《我国法律法规规章对外翻译基本情况》（http：//www. tac-online. org. cn/ ch /tran/2011-10/17/ content ＿ 4548684. htm）。

张清源主编：《现代汉语常用词词典》，四川人民出版社 1992 年版。

中国翻译研究院、中国翻译协会：《2016 中国语言服务行业发展报告》，外文出版社有限责任公司 2017 年版。

中国社会科学院语言研究所词典编辑室编：《现代汉语词典》，商务印书馆 1994 年版。

卓名信、厉新光、徐继昌主编：《军事大辞海》（下卷），长城出版社 2000 年版。

邹瑜、顾明主编：《法学大辞典》，中国政法大学出版社 1991 年版。

Bryan A. Garner, *Black's Law Dictionary* (10th Ed.), Thomson Reuters West Publishing Co. , 2004.

Cf. Linda Picard Wood, *Merriam Webster's Dictionary*, Merriam-Webster：Incorporated, 1996.

后　　记

　　从语言理论和翻译理论视野研究法律翻译问题是惯常的法律翻译研究路径，但从"法律解释"视野来系统深入研究法律翻译问题目前鲜见，这是一全新的交叉学科研究领域，为此，笔者将"法解释论视域下的法律文本汉译英研究"申报国家社会科学基金项目，并获得立项资助（批准号：14XFX002）；作为国家社会科学基金项目的最终成果，本书研究内容填补了这一研究空白。本书以法律解释理论为视角和基准，着眼于法律文本汉译英活动的三大关键环节——原文的理解、译文的表达和达意的验证，以问题分析为出发点，以理论构建讨论为重心，以原则、标准与方法提炼为依归，研究"运用法律解释理论来指引法律文本汉译英活动中的'理解、表达、验证'三大环节，以实现法律文本翻译的法律等效表达"这一新命题，意在将法学理论与语言、翻译学理论有机结合，系统地运用法律解释理论来指引法律文本汉译英翻译实践。这是迥异于传统的法律文本汉译英研究思路，是理论建构与实证分析于一体的综合性研究、探索性的法学与语言学交叉学科研究，将开拓译者的视野，扩大法律解释理论和法律翻译理论疆界，有助于解决法律文本翻译失真这一现实问题，有利于法律翻译事业的发展。本书首先对"法律解释视域下的法律翻译命题"进行了理论建构讨论，以此为理论基础探讨了以下四大方面内容：法律文本翻译的失真问题剖析、法律文本翻译的源语言真意探究、法律文本翻译译文的法律等效表达和法律文本翻译的目标语言达意验真。

　　本书由重庆大学法学院教授杨署东负责研究的理论基础奠定、框架构建和对合著作者初稿的补充、修改与完善及其研究指导，以及全书的统筹、整合与定稿工作。参与研究与撰写的人员还包括：长沙学院外国语学院讲师邹婷芳；重庆大学外语学院讲师刘世平；西南政法大学法学院讲师赵以；重庆大学法学院博士研究生汪云遥。这些研究人员大多具有法学与英语语言学双学缘背景及（或）双学科研究与教学经历经验。本书研究与撰写的具体分工如下：第一章（杨署东）；第二章（杨署东、邹婷芳、汪云遥）；第三章（刘世平、杨署东）；第四章（杨署东、赵以、汪云遥）；第五章（邹婷芳、杨署东）；第六章（汪云遥、杨署东）；第七章（杨署东）。

杨署东

重庆大学法学院

2019 年 11 月